国企中长期激励
实战100问

GUOQI ZHONGCHANGQI JILI
SHIZHAN 100WEN

企业管理出版社
ENTERPRISE MANAGEMENT PUBLISHING HOUSE

图书在版编目（CIP）数据

国企中长期激励实战 100 问 / 张利国等著. —北京：企业管理出版社，2022.12
ISBN 978-7-5164-2750-7

Ⅰ. ①国… Ⅱ. ①张… Ⅲ. ①国有企业—人事管理—激励—中国—问题解答 Ⅳ. ① F279.241-44

中国版本图书馆 CIP 数据核字 (2022) 第 210149 号

书　　名：	国企中长期激励实战 100 问
书　　号：	ISBN 978-7-5164-2750-7
作　　者：	张利国　张　军　孙　超　孙博晖
责任编辑：	徐金凤　黄　爽
出版发行：	企业管理出版社
经　　销：	新华书店
地　　址：	北京市海淀区紫竹院南路 17 号　　邮　编：100048
网　　址：	http://www.emph.cn　　电子信箱：emph001@163.com
电　　话：	编辑部（010）68701638　　发行部（010）68701816
印　　刷：	北京虎彩文化传播有限公司
版　　次：	2022 年 12 月第 1 版
印　　次：	2024 年 8 月第 2 次印刷
开　　本：	710mm×1000mm　1/16
印　　张：	24.25 印张
字　　数：	360 千字
定　　价：	88.00 元

版权所有　翻印必究　·　印装有误　负责调换

序 一
PREFACE

企业薪酬分配制度改革向来都是国企改革的重要内容之一。这不仅关系到国有企业广大干部员工的利益，更关系到国有企业活力效率的提升。在新一轮国企深化改革过程中，国有企业中长期激励机制改革作为国企薪酬分配制度改革的重要内容，尘封多年再度重启，很快成为国企改革中最受关注、关心的焦点内容。

而在改革实践中，国有企业中长期激励机制改革成为很多国有企业又欣喜、又头疼的内容。欣喜是因为国有企业能够适应市场化规律推行中长期激励机制，并让广大干部员工共享改革红利、共担发展风险，进而促进企业持续快速发展；头疼是因为国有企业中长期激励机制改革面临政策要求的合规性考验，面临兼顾效率与公平的合理性考验，面临激励实施范围水平选择的适度性考验，一旦操作不当，可能会带来负面效果。

改革实践中面临的困境和难点，需要我们理性审视国有企业中长期激励机制的本质特点：一是国有企业实施中长期激励机制需要兼顾市场化规律和国有企业特性要求，既要遵循市场化规律，按价值贡献进行激励，也要适应国有企业特点，满足防止国有资产流失及无序的国有资本控制权变更的要求；二是国有企业实施中长期激励机制需要正视其发挥的作用，中长期激励机制旨在通过价值分配的优化促进价值创造，是解决国有企业活力和动力的措施之一，并不存在"一招灵"，不能误信依靠中长期激励机制可以解决企业发展的全部问题；三是国有企业实施中长期激励机制的工具不少，但没有最好的激励工具，只有最适合的激励工具，选择对了、选择好了才能达到预期的效果。

为了帮助广大国有企业用对、用足、用好国有企业中长期激励"政策包""工具箱"，北京知本创业管理咨询有限公司（以下简称知本咨询）的专家团队结合长期对国有企业中长期激励政策的系统性研究，以及诸多咨询实践案例的经验总结，紧跟深化改革进程，历经多次完善优化，最终完成了国企改革100问系列之《国企中长期激励实践100问》。

一个目标：授之以渔

本书秉承知本咨询国企改革100问系列的基本目标导向，聚焦于解决国有企业实施中长期激励机制改革中面临的实际问题，并提供可借鉴、可实施的解决方法。

首先，找准问题是解决问题最关键的环节之一。本书提出的问题主要来自两个渠道：一是在我们咨询实践的案例中，多数企业直接面临或提出的问题；二是在我们对政策、案例的系统性研究过程中开展前瞻性思考的问题。这些问题既包括政策理解层面的问题，也包括实践操作层面的问题，旨在帮助国有企业在澄清"为什么"的基础上，找到"怎么做"的方法。

其次，解决问题方法的源泉是企业实践。本书针对各个问题的思考，不仅仅停留在"是什么"或"为什么"的解释说明层面，更多笔墨落脚于"怎么做"的层面。在"怎么做"层面，当然也不仅仅提出概念性、思路性的解决方案，更多的是结合优秀企业实践，提出了具体的方法论和具体的操作方式，以期达到帮助国有企业自主设计实施中长期激励机制的目的。

两大基础：政策解析、实践经验

我们知道，国有企业中长期激励机制改革要兼顾市场化规律和国有企业性质特点。由此，本书编写的基本逻辑是以系统性政策解析为基础，结合改革实践经验梳理问题并提出解决方案。

政策解析方面：我们对于政策的梳理与解析，从纵横两个方向展开。针对各个激励工具对应的主要依据政策，我们纵向梳理解析了相关历史政策，以洞悉政策变化及延续性，帮助国有企业准确理解政策使用的现实性变化和要求；我们横向解析了支持细节操作的相关配套政策，帮助国有企业全息把握政策并助力其操作实施。

实践经验方面：我们在提供问题解决方案时，一是借鉴已经严格按照政策要求完成的改革实践案例；二是借鉴了基于政策导向但部分操作细节无明确政策要求实施的改革实践案例；三是借鉴了基于政策导向实施创新性激励措施的改革实践案例。通过不同级次的实践案例借鉴，以期帮助国有企业提供广泛的、可操作的解决方案。

三个导向：合规导向、系统导向、实用导向

为了增强对广大国有企业实施中长期激励机制改革的借鉴性，在本书的编写过程中，我们坚持底线思维基础并力求全面实用。

合规导向：结合国有企业实施中长期激励机制改革具有显著的政策约束性要求，我们提出的所有解决方案力保底线，即首先满足政策合规性要求。我们深知，国有企业实施中长期激励机制最大的风险就是合规性风险。由此，本书在编写及审核过程中，优先确保所有提出的解决方案均满足政策明确规定要求；而对于明显与政策规定冲突或曲解政策要求等的解决方法，我们都没有纳入对应问题的解决方案中，从而最大限度地保障国有企业参考时规避合规性风险。

系统导向：虽然本书是以提问题的方式进行编写处理的，但为了帮助国有企业系统性地理解并实施中长期激励机制改革工作，在内容范围上，我们基本覆盖了国有企业可适用的所有政策及激励工具，主要包括国有控股混合所有制企业员工持股、国有科技型企业股权激励（股权出售、股权奖励、股权期权）和分红激励（岗位分红、项目分红）、国有控股上市公司股权激励（限制性股票、股票期权、股票增值权）、国企超额利润分享机制、跟投机制、虚拟股权激励，以及实践中创新开展的战略配售、制度激励、虚拟产值激励、揭榜挂帅机制等。在内容排序上，我们关注了两个方面的设计：一是总体上以激励政策或工具为主要分类进行章节安排，针对各个激励工具涉及的问题集中体现；二是针对各种激励工具，我们一般会以政策理解和要求为起点，力求完整、全面地说明激励工具实施涉及的各个内容或环节操作要点。

从而方便广大国有企业在参阅时都能够找到可借鉴的内容，也更容易找寻问题答案。

实用导向：结合解决问题的基本目标，本书主要定位于工具书类别，期望达到拿来就可以参考使用的程度，而不仅仅是理解理论知识或政策要求。由此，本书中提供了大量具体的操作方法、设计工具等内容。这些方法和工具也都是经过实践应用和检验的，而不是理论性的设计，均具有直接的参考使用价值。

本书涉及的内容力求最大限度地帮助国有企业解决实施中长期激励机制改革中面临的问题和困惑，力求为国有企业提供比较全面、合规、合理的解决方案或建议。但鉴于各家国有企业面临的实际问题千差万别，以及受我们接触或研究的实践案例有限性约束，势必存在一些不足的方面，各位国有企业朋友参阅时，可以结合本企业的特点有所取舍并参考借鉴。

国企中长期激励机制改革作用发挥仍存在巨大的潜力空间，围绕国有企业活力和效率提升需要，国有企业需要结合政策导向创新性地探索实施更多激励机制，从而为深化国企改革提供更多的实践经验，最终促进国有企业高质量发展，并持续达成国有企业做强、做优、做大的目标。

张利国
知本咨询执行董事

序 二

PREFACE

国企中长期激励机制改革是国企改革中的一个重要领域，也是广大国有企业十分关心的一项重要内容。因为中长期激励关系到国有企业长期的经营活力，也关系到员工的切实利益。知本咨询为了更好地研究中长期激励这一改革领域，将中长期激励作为公司九大业务线之一，集中资源进行培育发展。同时，在2022年1月正式成立国企激励研究院，专门负责中长期激励的研究与交付工作。

自党的十八届三中全会以来，我们能够看到中长期激励相关政策不断出台，中长期激励工具逐步多样。作为本轮国企改革"1+N"政策文件的顶层文件，《关于深化国有企业改革的指导意见》（中发〔2015〕22号）中提及的中长期激励工具仅有混合所有制企业员工持股一种，而到2022年知本咨询总结出本轮国企改革的中长期激励工具已经达到十多种，国有企业的选择空间更加开阔。

同时，国企改革三年行动鼓励国有企业开展中长期激励。2020年9月29日，国资委召开视频会议，对中央企业改革三年行动工作进行动员部署。会议在突出抓好健全市场化经营机制方面，提出要"灵活开展多种方式的中长期激励，充分用好已有明确政策，并支持探索超额利润分享机制、骨干员工跟投机制，实施更加多样、更加符合市场规律和企业实际的激励方式"。

现在已是2022年年末，我们迎来了国企改革三年行动的收官之年，国企改革已经进入全面应用和落地改革政策的行动阶段，从重过程向重成效全面转换。而对于中长期激励这一改革领域，也从政策研读学习进入了落地实操阶段，从选择单一激励工具向建立中长期激励体系转变。基于这样一个改革背景，知本咨询将近年来中长期激励领域的理论研究及实践经验进行梳理总结，编制形成《国企中长期激励实战100问》。

本书包含了知本咨询三个层面的思考与智慧。一是政策层面，二是理论层面，三是实践层面。在政策层面，我们对中长期激励政策的相关要求进行解读，将相对简洁书面的文字变成更加详尽且通俗易懂的内容，帮助企业梳理关键要点。更重要的是，对于一些文字背后蕴含的要求及一些相对模糊的内容进行了更加直白的解读。知本咨询希望通过政策解读帮助国有企业合规设计改革方案并完成改革落地工作。

在理论层面，我们基于对激励理论的研究及上百个中长期激励方案的设计，将看似一企一策的方案总结抽象形成中长期激励方法论，指导企业科学合理地设计中长期激励方案。比如在最关键的激励对象选择与激励额度分配环节，知本咨询设计形成激励系数模型，建议企业综合考虑核心员工的岗位价值、历史贡献和未来贡献，确定每名员工的激励额度，尽可能实现公平合理。

在实践层面，我们基于上百个中长期激励项目的落地实操，将国有企业实践中面临的共性难点和个性问题进行梳理总结，提出合理可行的解决方案，为更多国有企业的中长期激励实践提供经验借鉴。比如大家普遍遇到的方案审批问题，不同的中长期激励方案应该由谁负责编制，分别在公司本级和上级单位履行怎样的审批程序？

本书还包含了中长期激励的常见工具和创新工具。在常见工具方面，覆盖了中长期激励政策提及的所有工具，包括股权类工具中的国有科技型企业股权激励、混合所有制企业员工持股、国有控股上市公司股权激励和员工持股等，投资类工具中的跟投机制等，以及现金类工具中的项目分红、岗位分红和超额利润分享等。常见工具是国有企业实践最多的中长期激励工具，每一项工具都有对应的政策文件，本书的章节安排也十分方便国有企业查阅感兴趣的工具内容。

在创新工具方面，我们增加了一些近年来备受国有企业关注的新型中长期激励工具。比如科创板及创业板上市公司可以开展的战略配售，科技型企业用于科技成果研发及转化的揭榜挂帅，以及科研院所用于科学考核分配的虚拟产值激励。这些创新工具有的并没有明确的政策文件，但经过部分国有企业的实践发现具有不错的激励效果，能够帮助一些特殊类型的企业解决其激励面临的问题，因此我们也将其纳入本书供大家参考。

从政策层面到理论层面，再到实践层面，从常见工具到创新工具，知本咨询将中长期激励领域中拥有的重要知识和经验都倾注到《国企中长期激励实战100问》这本书中。我们在近二十年的国企改革实践中，发现很多国有企业不是不想改而是不会改，不是不能改而是不敢改。希望本书的内容能够让更多的国有企业充分了解中长期激励，指导国有企业学会怎么改，也希望本书的内容能够让更多的国有企业有效规避中长期激励可能带来的风险，助力国有企业走向敢于改、擅于改的局面。

孙 超

知本咨询国企激励研究院副院长

目 录
CONTENTS

第 1 章
国企中长期激励政策解读 / 1

第 1 问　国有企业中长期激励相关政策有哪些？适用范围及操作关注要点是什么？ / 2

第 2 问　国企中长期激励工具有多少种，如何选择应用？ / 10

第 3 问　如何探索虚拟股权激励等暂无专项政策的激励方式呢？ / 18

第 4 问　《企业国有资产交易监督管理办法》有哪些规定与股权类激励有关系？ / 20

第 2 章
国有科技型企业股权激励 / 23

第 5 问　国有科技型企业股权激励的关联政策文件有哪些？ / 24

第 6 问　国有科技型企业股权激励的实施要义是什么？ / 26

第 7 问　国有科技型企业如何界定？ / 28

第 8 问　国有科技型企业股权激励的实施条件是什么？ / 30

第 9 问　国有科技型企业股权激励实施前应该进行哪些准备工作？ / 32

第 10 问　国有科技型企业股权激励对激励对象有哪些要求？如何合理确定？ / 34

第 11 问　国有科技型企业股权激励的股权来源有哪些？如何合理选择？ / 37

第 12 问　国有科技型企业股权激励是否需要建立"股权池"？"股权池"如何建立？ / 39

第 13 问　国有科技型企业股权激励的激励方式有哪些？各有什么特点？ / 41

第 14 问　国有科技型企业股权奖励设计实施的关键要点是什么？ / 44

第 15 问　国有科技型企业股权奖励设计的股份支付问题如何处理？ / 49

第 16 问　国有科技型企业股权激励共有多少种激励方式组合？哪些组合方式值得关注呢？ / 55

第 17 问　国有科技型企业股权激励如何确定激励总额？ / 58

第 18 问　国有科技型企业股权激励如何确定个人持股额度？ / 60

第 19 问　国有科技型企业股权激励如何确定入股价格？员工出资有何要求？ / 62

第 20 问　国有科技型企业股权激励的持股方式有哪些？如何进行选择？ / 64

第 21 问　国有科技型企业股权激励的持股平台如何进行设计和管理？ / 66

第 22 问　国有科技型企业股权激励的管理主体如何设计？ / 69

第 23 问　如何理解国有科技型企业股权激励的锁定期管理？锁定期内外流转有何差异？ / 71

第 24 问　国有科技型企业股权激励在非上市与上市期间退出有何差异？如何进行处理？ / 73

第 25 问　国有科技型企业股权激励的实施时机如何选择？ / 74

第 26 问　国有科技型企业股权激励的审批流程是什么？ / 80

第 3 章
国有控股混合所有制企业员工持股 / 83

第 27 问　混合所有制企业员工持股关联政策文件有哪些？／ 84

第 28 问　如何从整体上把握混合所有制企业员工持股？／ 86

第 29 问　混合所有制企业员工持股政策及实施要义是什么？政策导向如何？／ 92

第 30 问　混合所有制企业员工持股的实施条件是什么？／ 94

第 31 问　混合所有制企业员工持股对激励对象有哪些要求？如何合理确定？／ 96

第 32 问　混合所有制企业员工持股的股权来源有哪些？如何合理确定？／ 99

第 33 问　混合所有制企业员工持股如何确定持股比例？／ 100

第 34 问　混合所有制企业员工持股如何理解和处理预留股权问题？／ 102

第 35 问　混合所有制企业员工持股如何确定入股价格？员工出资有何要求？／ 105

第 36 问　如何理解混合所有制企业员工持股的锁定期管理？锁定期内外流转有何差异？／ 107

第 37 问　如何处理好员工持股股份上市交易问题？／ 111

第 38 问　员工持股平台管理涉及哪些主要事项？／ 114

第 39 问　哪些企业不适宜开展员工持股？／ 119

第 40 问　员工持股操作方案中需谨防哪些雷区？／ 124

第 4 章
国有控股上市公司股权激励和员工持股 / 129

第 41 问　国有控股上市公司实施股权激励前需要了解哪些基础性问题？／ 130

第 42 问　国有控股上市公司实施股权激励涉及哪些关键问题？ / 134

第 43 问　国有控股上市公司发行限制性股票的基本操作流程是什么？ / 143

第 44 问　国有控股上市公司发行限制性股票如何制订激励计划？ / 147

第 45 问　国有控股上市公司如何设计实施员工持股计划？ / 151

第 5 章
国有企业虚拟股权 / 155

第 46 问　什么是虚拟股权激励？ / 156

第 47 问　如何设计实施虚拟股权激励机制？ / 158

第 48 问　虚拟股权的入股模式、收益模式和退出模式有哪些？ / 161

第 49 问　国有企业推行虚拟股权需要考虑哪些风险？ / 166

第 50 问　如何学习华为虚拟股权？ / 168

第 6 章
国有企业跟投机制 / 177

第 51 问　国有企业项目跟投的基本政策导向是什么？ / 178

第 52 问　为什么要实施创新跟投？ / 180

第 53 问　什么样的项目适合实施创新跟投？ / 182

第 54 问　什么人可以参与创新跟投？ / 185

第 55 问　选择什么方式进行创新跟投？ / 188

第 56 问　如何确定创新跟投出资额？ / 190

第 57 问　如何设置跟投人员的流转机制 / 192

第 7 章
国有科技型企业项目分红 / 195

第 58 问　科技型企业项目分红的关联政策文件有哪些？／ 196
第 59 问　哪些企业适合实施项目分红激励？／ 198
第 60 问　项目分红的实施条件是什么？／ 199
第 61 问　项目分红的实施要义是什么？／ 202
第 62 问　企业如何实现项目的独立核算？／ 204
第 63 问　企业实施项目分红如何选择科技成果转化方式？／ 207
第 64 问　企业实施项目分红如何选择激励项目？／ 208
第 65 问　企业实施项目分红如何选择激励对象？／ 209
第 66 问　企业实施项目分红是否可以调整激励对象？／ 211
第 67 问　企业实施项目分红如何核算激励总额提取基数？／ 214
第 68 问　企业实施项目分红如何选择激励总额提取方式？／ 217
第 69 问　企业实施项目分红如何设计激励总额提取比例？／ 219
第 70 问　企业实施项目分红如何设计个人激励额度？／ 220
第 71 问　企业实施项目分红如何进行绩效考核？／ 223
第 72 问　企业实施项目分红如何进行分红兑现？／ 225
第 73 问　企业实施项目分红如何设计退出与约束机制？／ 227

第 8 章
国有科技型企业岗位分红 / 229

第 74 问　国有科技型企业岗位分红的实施条件是什么？／ 230
第 75 问　国有科技型企业岗位分红政策及实施要义是什么？／ 232
第 76 问　企业如何理解建立规范的岗位管理和评估体系要求？／ 235

第 77 问　国有科技型企业岗位分红的激励对象有哪些要求，如何合理确定？　/ 237

第 78 问　如何理解通过市场化方式产生岗位分红激励对象？　/ 240

第 79 问　激励对象变动是否需要重新履行岗位分红激励方案审批程序？　/ 243

第 80 问　国有科技型企业岗位分红的激励额度确定原则是什么？　/ 245

第 81 问　国有科技型企业岗位分红的激励额度计提模式是什么？　/ 247

第 82 问　国有科技型企业岗位分红的业绩考核要求如何理解？　/ 250

第 83 问　国有科技型企业岗位分红的业绩考核目标怎么定？　/ 252

第 84 问　国有科技型企业岗位分红的内部分配如何设置？　/ 255

第 85 问　企业实施岗位分红如何进行分红兑现？　/ 257

第 9 章
国有企业超额利润分享　/ 259

第 86 问　国有企业超额利润分享关联政策文件有哪些？　/ 260

第 87 问　国有企业超额利润分享政策及实施要义是什么？　/ 263

第 88 问　《超额利润分享操作指引》有哪些创新和突破？　/ 268

第 89 问　如何正确把握超额利润分享的基本原则？　/ 272

第 90 问　制定目标利润需要考虑哪些关键因素？　/ 275

第 91 问　计算超额利润需要关注哪些问题？　/ 278

第 92 问　确定超额利润分享比例需要关注哪些问题？　/ 281

第 93 问　如何确定关键岗位核心人才的超额利润分享激励？　/ 284

第 94 问　"超额利润分享"的"利润"如何理解？　/ 288

第 95 问　如何确定企业是否符合超额利润分享的实施条件？　/ 292

第 96 问　如何确定超额利润分享的激励对象？　/ 296

第 97 问　如何确定目标利润？　/ 300

第 98 问　如何确定超额利润？／ 304

第 99 问　如何确定超额利润分享比例？／ 307

第 100 问　超额利润分享的实施流程有哪些步骤？／ 311

第 101 问　超额利润分享机制中递延支付如何操作？／ 315

第 102 问　超额利润分享机制的退出规定和约束条件有哪些？／ 318

第 10 章
国企实践其他中长期激励工具　／ 321

第 103 问　战略配售是什么，如何设计实施？／ 322

第 104 问　如何开展"制度激励"？／ 328

第 105 问　如何开展揭榜挂帅？／ 332

第 106 问　如何用好虚拟产值激励？／ 336

第 11 章
国企中长期激励机制选择实施常见问题　／ 341

第 107 问　员工持股与科技型股权激励有何区别，如何选择？／ 342

第 108 问　岗位分红与超额利润分享有何区别，如何选择？／ 347

第 109 问　中长期激励机制有关"上持下"的政策要求是什么，如何把握？／ 352

第 110 问　避免重复激励的政策要求有哪些，如何理解把握？／ 355

第 111 问　中长期激励方式如何组合应用，兼顾合规性和激励性？／ 358

第 112 问　如何"破解"工资总额限制建立中长期激励机制？／ 359

第 113 问　如何检查员工持股是否规范，能否上市？／ 363

第1章

CHAPTER 1

国企中长期激励政策解读

第1问 国有企业中长期激励相关政策有哪些？适用范围及操作关注要点是什么？

伴随着《国企改革三年行动方案（2020—2022年）》的全面部署和深化落实，国有企业改革从大面积试点阶段正式转入全面深化落实阶段。与此同时，作为"1+N"国企改革政策体系重要组成部分的国有企业中长期激励政策体系也日趋完备。大家对于国有企业的中长期激励主要政策基本了解，但真正用对、用好、用足中长期激励政策不仅要看主要政策文件，还需要充分研读主要政策文件的配套或延伸政策文件。鉴于此，知本咨询围绕国有企业中长期激励政策整理形成了"3+2+1"全息政策图谱（见图1-1），即三大政策、两大确定方式、一种探索方式，供大家参考使用。

这张政策图谱包括三大主要政策文件，即《关于国有控股混合所有制企业开展员工持股试点的意见》（国资发改革〔2016〕133号）（以下简称133号文）、《国有科技型企业股权和分红激励暂行办法》（财资〔2016〕4号）（以下简称4号文）和《关于进一步做好中央企业控股上市公司股权激励工作有关事项的通知》（国资发考分规〔2019〕102号）（以下简称102号文）；两大确定方式，即超额利润分享、项目跟投，其中超额利润分享出台了专项政策《"双百企业"和"科改示范企业"超额利润分享机制操作指引》（国企改办发〔2021〕1号）（以下简称1号文），项目跟投分享出台了专项政策《关于中央企业在创新领域开展跟投试点的意见》（以下简称42号文）；还包括一种探索性激励方式，即虚拟股权，对应的专项政策文件仍处于酝酿阶段。另外，在一些综合性的政策文件中也围绕"3+2+1"的中长期激励机制明确了灵活开展多种中长期激励的基本导向。要点说明如下：

国有控股混合所有制企业员工持股（133号文）	国有科技型企业股权和分红激励政策（4号文）	国有控股上市公司股权激励政策（102号文）
《关于国有控股混合所有制企业开展员工持股试点的意见》（国资发改革〔2016〕133号）	《国有科技型企业股权和分红激励暂行办法》（财资〔2016〕4号）	《关于进一步做好中央企业控股上市公司股权激励工作有关事项的通知》（国资发考分规〔2019〕102号）
项目跟投（42号文）	超额利润分享（1号文）	虚拟股权
《关于中央企业在创新领域开展跟投试点的意见》（国资发考分〔2022〕42号）	《"双百企业"和"科改示范企业"超额利润分享机制操作指引》（国企改办发〔2021〕1号）	（政策待定）

《中央企业混合所有制改革操作指引》（国资产权〔2019〕653号）

《关于支持鼓励"双百企业"进一步加大改革创新力度有关事项的通知》（国资改办〔2019〕302号）

《国务院关于印发改革国有资本授权经营体制方案的通知》（国发〔2019〕9号）

《百户科技型企业深化市场化改革提升自主创新能力专项行动方案》（国企改办发〔2019〕2号）

图1-1　国有企业中长期激励"3+2+1"全息政策图谱

一、国有控股混合所有制企业员工持股政策（133号文）

（一）员工持股政策适用范围关键词

国有控股：只有国有控股的企业才适用于该政策，而国有参股的企业可以参考该政策的要求，但严格来说，已经不属于该政策范围。而是否为国有控股企业，需要参照《企业国有资产交易监督管理办法》（以下简称第32号令）界定。

混合所有制企业：有非公资本参与，并占有一定股权比例。同时，非公资本需要作为积极股东参与公司治理。注意，无非公资本参与的股权多元化国有企业是无法依据该政策实施员工持股计划的。

90%条件约束：营业收入和利润90%以上来自所在企业集团外部市场。

（二）员工持股实操要点关键词

增量引入：实施员工持股只能采取增资扩股或新股的方式，不能进行股权转让。但需要说明的是，有些已经是混合所有制的企业，试图通过非国有股东转让其所持股权开展员工持股，该种方式政策中尚未明确，需要以国资监管机构认定为准，谨慎开展。

同股同价：员工入股价格必须与企业同步引入外部战略投资者的价格水平保持一致。当然，入股价格不得低于经核准或备案的每股净资产评估值仍是底线。另外，对于已经是混合所有制企业实施员工持股时，不同步引入外部战略投资者情况下，入股价格如何确定呢？实践中，当企业已经是混合所有制企业的情况下实施员工持股，没必要为找到入股价格而违背战略意图，并通过公开挂牌引进战略投资者。在这种情况下，直接以经核准或备案的每股净资产评估值作为员工持股价格即可。

动态调整：即确定持股员工的持股额度时，先以岗位确定持股比例，再对应到具体的人员。当持股员工发生岗位变动时，对应的持股股权也应该适时调整。一般有以下两种处理情况：一是企业人员在企业内部有岗位调整时，需进行持股股权调整，但现实操作难度较大，一般企业按要求调整的不是很多；二是企业人员离开企业时，无论是因为什么原因离开，在这种情况下，持股员工必须按约定退出股权，从而可避免产生持股人员退出企业而不退出股权造成的诸多不利影响。

二、国有科技型企业股权和分红激励政策（4号文）

（一）科技型企业股权和分红激励政策适用范围关键词

国有科技型企业：4号文仅适用于国有科技型企业。其中什么是科技型企业，要结合4号文及作为政策补充的《关于扩大国有科技型企业股权和分红激励暂行办法实施范围等有关事项的通知》（以下简称54号文）合并来判定，主要包括国家认定的高新技术企业等五种类型企业，具体针对不同类型的企业有关研发费用和研发人员占比有不同的规定要求。需要补充说明的是，该政策的适用企业必须为非上市企业，所有上市企业法人主体本身均不能以该政策为依据实施对应的中长期激励方式，但上市公司旗下的非上市企业属于科技型企业的，可以依据该政策实施。

（二）科技型企业股权和分红激励实操要点关键词

多种激励方式：针对非上市科技型企业的4号文涵盖的激励方式最多，既包括股权类的，也包括现金分红类的，具体包括股权出售、股权奖励、股权期权及项目分红、岗位分红五种方式。企业可结合实际情况择优选择，也可以进行必要的组合使用。

非公开协议转让：基于创新导向的要求，对于国有科技型企业可以采取股权转让的方式进行股权类激励，而且不要求必须有非公资本参与，不要求必须进行挂牌交易，即按4号文实施股权类激励时，可以采取线下非公开协议股权转让的方式实施股权出售。当然，员工股权激励的价格水平也不得低于经核准或备案的每股净资产评估值。

奖励成分：4号文股权激励中提到了股权奖励，即企业实施股权激励时，可以以不低于1∶1的配比进行股权奖励，体现了奖励的成分。当然，对于实施股权奖励的企业，要求股权奖励不能单独实施，必须与股权出售搭配进行，且对于股权奖励的总额及单个激励对象的额度都有上限要求。

三、国有控股上市公司股权激励政策（102号文）

（一）上市公司股权激励政策适用范围关键词

国有控股上市公司：基本界定方式仍以第32号令有关国有控股的规定为准。需要说明的是，要尤其关注相对控股或实际控制的情况，即国有资本作为第一大股东，虽然股权比例不高（可以低于34%），但鉴于上市公司股权分布相对分散的情况，在国有资本仍保持实际控制地位的情况下，也属于国有控股的范畴。

（二）上市公司股权激励实操要点关键词

多种激励方式：上市公司股权激励包括限制性股票、股票期权，以及股票增值权三种方式。其中，股票增值权仅适用于在境内注册、香港上市（H股）企业。

激励比例放大：102号文中针对中小市值企业或科技创新型公司给予了更大的激励力度支持。如：中小市值上市公司及科技创新型上市公司，首次实施股权激励计划授予的权益数量占公司股本总额的比重，最高可以由1%上浮至3%。上市公司两个完整年度内累计授予的权益数量一般在公司总股本的3%以内，公司有重大战略转型等特殊需要的可以适当放宽至总股本的5%以内。

收益上限不封顶：102号文明确了股权激励对象实际获得的收益，属于投资性收益，不再设置调控上限。针对纳入激励范围的董事、高级管理人员而言，调控不设上限，激励力度明显得到了有效提升。

四、项目跟投机制（42号文）

跟投机制源于金融领域，兴盛于房地产开发领域，当前成为国企改革创新领域的重要激励工具之一。结合42号文的基本要求，以及部分标杆国有企业正在实施的跟投机制来看，有关项目跟投机制的适用范围及实操要点如下。

（一）项目跟投机制的适用范围关键词

企业要求：在《国务院关于印发改革国有资本授权经营体制方案的通知》（国发〔2019〕9号）（以下简称9号文）中首次提出跟投机制，"支持国有创业投资企业、创业投资管理企业等新产业、新业态、新商业模式类企业的核心团队持股和跟投"，提出了首先在国有创投类公司开展跟投机制。而根据42号文的要求，实施企业除满足基本的规范管理要求外，还需要满足有关发明专利、研发经费投入强度、经营活动现金流量等方面的定量标准要求，核心指向创新能力突出的科技型企业。

项目要求：跟投机制政策导向主要指向创新领域，即新产业、新业态、新商业模式（三新业务），以及具有较大不确定性和风险较高的业务。核心旨在推动创新领域开展跟投机制，尤其对于科技成果转化或产业化的项目更为适合。

（二）项目跟投机制实操要点关键词

分类跟投：跟投机制中参与项目跟投的人员一般分为强制跟投人员和自愿跟投人员。其中，强制跟投人员又区分为项目所在企业的强制跟投人员和项目公司的强制跟投人员，项目所在企业强制跟投人员要求强制跟投所有创新项目，项目公司强制跟投人员仅要求强制跟投相关项目公司；而自愿跟投人员范围在项目公司内部，可结合自身意愿参与项目公司跟投。需要说明的是，跟投人员原则上需要与项目公司决策、经营等有直接影响关系，而不是有钱就可以跟投。即使是自愿跟投人员，也需要与项目公司经营有直接关系。

约定退出：不同于133号文或4号文涉及的股权类激励，项目跟投机制一般允许约定退出条件，不仅包括跟投人员离开企业的退出机制，而且还包括仍在职情况下的退出机制。退出机制的约定一般包括两个方面：一是约定跟投有效期，即期满情况下是可以退出的；二是业绩目标达成，即在约定的跟投锁定期满后，在科技创新和经营效益考核目标完成的情况下，是可以约定退出的。

上持下：鉴于项目跟投机制本身有初创、培育、不确定性等特点，实施项目跟投都需要项目所在企业从决策到培育发展给予项目公司在管理、技术、资金等方面的大力支持。由此，项目所在企业关键决策人员参与项目跟投成为有效达成项目公司良性发展的重要基础，上持下成为跟投机制必然的选择，利大于弊。上持下也是项目跟投机制最显著的特点之一。

五、超额利润分享机制（1号文）

1号文于2021年正式发布，对于丰富国企中长期激励工具箱起到了积极的作用。该指引以适用范围广、增量共享强、激励约束结合好等特点，成为众多国有企业实施中长期激励机制的重要选项之一。

（一）超额利润分享的适用范围关键词

商业一类：不同于其他政策对企业要求较多的情况，超额利润分享对于商业一类企业均可以参照政策要求实施，适用范围较大。需要说明的是，虽然文件中冠以"双百企业"和"科改示范企业"，但商业一类企业在满足1号文相关要求条件下，也是可以参照实施的。

成长型企业：从超额利润分享操作指引的政策中可以看出，尤其是针对目标利润要求的"四个不低于"要求，超额利润分享机制更适用于成长型的企业，即只有持续、高速增长的企业才能更好地实现超额利润，才能够通过超额利润分享达到激励效果并促进企业更快速地成长。

（二）超额利润分享的实操要点关键词

战略引领：虽然超额利润分享强调创造超额、共享超额，但回归于中长期激励的本质要求，还是要围绕并有利于企业战略目标达成的。由此，超额利润分享要与企业的战略目标相匹配。其明显的标志是：超额利润分享在制定业绩目标时要与战略发展规划的目标相匹配；实施周期不能是一年，而是三年；超额利润共享额兑现时需要延期分期兑付等。

市场导向：按市场评价贡献、贡献决定报酬的原则，谁为企业利润贡献得多，谁就应该成为主要的超额利润共享者。鉴于此，在实操中，企业并不一定以岗位级别的高低来决定超额利润共享的水平。换句话说，岗位级别低的人员若对利润实现做出较大贡献时，完全允许其获得比岗位级别高的人员更多的激励额度。

增量激励：区别于其他激励政策及工具，超额利润共享额全部源于企业创造的增量利润，不存在存量利润分享的嫌疑。能够更好地体现国有资本与激励对象共创、共享的双赢效果。

四个不低于：超额利润共享机制最为关键的是目标利润的制定，直接决定超额利润及超额利润分享的水平，也是容易出现国有资产间接流失问题的关键所在。在操作指引中对目标利润提出了相对严格的"四个不低于"要求，即不仅要求企业利润比历史水平高，还要求比行业水平高。同时，还明确排除了由于实施期间可能的资本性追加投入的影响因素，从而让激励对象实实在在共享增量利润。

六、虚拟股权（政策待定）

虚拟股权激励在众多的综合性文件中有所提及，但到目前为止，也仅仅是提出探索实施虚拟股权，具体尚无专项政策或明确要求。

知本咨询认为，虚拟股权作为介于分红类激励和股权类激励中间的一种模式，操作的变形模式较多，如虚拟股权分红权、虚拟股权增值权、虚拟股权期权等；出资方式灵活，如出资的虚拟股权、折价出资的虚拟股权、不出资的虚拟股权等；出资资金规范性管理要求复杂，如代持方式、往来账户管理等。鉴于虚拟股权实施的灵活性和复杂度，对于防止国有资产流失、专项操作性政策制定等都提出了较大的挑战。由此，虚拟股权作为一种探索性激励方式，应以小规模、小范围进行经验探索和积累为主，期间也需要配套更多有关规范管理的政策或要求。

以上的政策及激励方式在一些综合性的文件中也有所提及，进一步明确了基本要求和导向，如《中央企业混合所有制改革操作指引》（以下简称653号文），针对"双百企业"和"科改示范企业"专项政策等，尤其支持"双百企业"和"科改示范企业"在满足政策条件下可优先实施或探索推进。

国有企业中长期激励机制改革作为本轮国企改革最关键的内容之一，国有企业需要系统性地了解政策全貌，更需要深刻理解不同激励政策和方式的适用条件及操作要点，做到合规、合理、合适有序实施，以企业战略发展为出发点，要用足政策，更要用好政策。

第2问 国企中长期激励工具有多少种，如何选择应用？

随着国企改革三年行动的持续深化落实，找差距、补短板、强弱项，是国企推动改革走深、走实的主旋律，在这个过程中，重要的不再是期待更多的改革政策出台，而是把现有国企改革"1+N"政策体系理解透，工具使用好，措施做到位。

激发国企经营活力，在薪酬激励分配中要充分体现劳动、知识、资本、技术、数据等要素的价值，一企一策做好中长期激励体系的设计和落地，是重要的一个方面。

在本轮国企改革已经走过的几年时间里，有关中长期激励政策已经出台很多，从133号文到4号文，再到《中央企业控股上市公司实施股权激励工作指引》（以下简称178号文）等一系列文件，从整体上已经涵盖了国企实施落地中长期激励的大部分领域。

现在我们面临的问题是，国家的政策给国有企业提供了丰富的激励工具，每家国有企业到底该如何选择自己最适用的激励工具呢？

多数国有企业已经对4号文、133号文不再陌生，但还有两个具体的困惑：一是想整体了解现在可以选用的中长期激励工具到底有哪些；二是希望能明确每个激励工具在设计和落地时要关注哪些核心实操问题。

一、十四种基础激励工具

国企中长期激励工具箱里到底有多少种激励工具呢？根据知本咨询初步的分类和统计，主要有三类十四种激励工具。

这些政策工具有哪些特点，分别适用的企业和范围是什么，请参见知本咨询总结的国企中长期激励机制概要分析表（见表1-1）。

表 1-1　知本咨询国企中长期激励机制概要分析表（截至 2022 年）

激励名称		政策依据	核心要点	适用条件
1.股权类激励				
1.1	员工持股	《关于国有控股混合所有制企业开展员工持股试点的意见》	在国有控股混合所有制企业试点推行员工持股。①持股对象：核心岗位，人数不超过30%。②股权比例：单一持股不超过1%，总股比不超过30%。③持股对价：增资扩股，挂牌价格，同股同价。④持股平台：可以采用个人名义、公司制企业、合伙制企业、资产管理计划等。⑤持股过程：解决员工身份和合同变更问题	①混合所有制企业，非公资本占一定比例，董事会有制衡；②系统内营收和利润占比不超过10%
1.2	股权出售	《国有科技型企业股权和分红激励暂行办法》《关于扩大国有科技型企业股权和分红激励暂行办法实施范围等有关事项的通知》	在国有控股科技型企业，国有股东应按不低于资产评估结果的价格，以协议方式将企业股权有偿出售给激励对象。①持股对象：本企业签订劳动合同的重要技术人员和经营管理人员。②股权比例：大型企业的股权激励总额不超过企业总股本的5%；中型企业的股权激励总额不超过企业总股本的10%；小、微型企业的股权激励总额不超过企业总股本的30%，且单个激励对象获得的激励股权不得超过企业总股本的3%。③持股对价：协议转让。④持股平台：采用直接或间接方式持有激励股权。⑤持股过程：没有特别要求	①国家认定的高新技术企业；②转制院所企业及所投资的科技企业；③高等院校和科研院所投资的科技企业；④纳入科技部"全国科技型中小企业信息库"的企业；⑤国家和省级认定的科技服务机构
1.3	股权奖励	《国有科技型企业股权和分红激励暂行办法》	在国有控股科技型企业进行股权奖励，与股权出售的区别是：用于股权奖励的激励额不超过近3年税后利润累计形成的净资产增值额的15%。企业实施股权奖励，必须与股权出售相结合；股权奖励的激励对象，仅限于在本企业连续工作3年以上的重要技术人员。单个获得股权奖励的激励对象，必须以不低于1∶1的比例购买企业股权，且获得的股权奖励按激励实施时的评估价值折算，累计不超过300万元。其他内容同股权出售	除了高新企业认证外，还需要补充条件：近3年税后利润累计形成的净资产增值额应当占近3年年初净资产总额的20%以上，实施激励当年年初未分配利润为正数

续表

激励名称		政策依据	核心要点	适用条件
1.4	股权期权	《国有科技型企业股权和分红激励暂行办法》	确定行权价格时,不低于制订股权期权激励方案时经核准或者备案的每股评估价值。约定股权期权授予和行权的业绩考核目标等条件。股权期权的有效期不得超过5年。企业以股权期权方式授予的股权,激励对象分期缴纳相应出资额的,以实际出资额对应的股权参与企业利润分配	只适用于小、微型科技型企业,大、中型企业不得采取股权期权的激励方式
1.5	科技成果转化入股	《中华人民共和国促进科技成果转化法》《国有科技型企业股权和分红激励暂行办法》	利用职务科技成果作价投资的,从该项科技成果形成的股份或者出资比例中提取不低于50%的比例	明确与外部机构合资,并利用职务科技成果评估作价入股
1.6	虚拟股权	暂未出台详细的政策指引	国有企业推进虚拟股权激励,即给激励对象的不是实体股份,而是以虚拟记账方式享受股权收益或股权增值的激励方式,其主要特点包括以下几点。①激励对象:核心管理和技术团队。②股权比例:根据企业实际情况,参考其他股权激励控制范围。③持股对价:按照某一特定时点的评估价值。④收益获得方式:以分红收益为主	独立核算,不便于采用实体股权激励方式的企业
1.7	新三板挂牌公司股权激励和员工持股	《非上市公众公司监管指引第6号——股权激励和员工持股计划的监管要求(试行)》	结合非上市公司和上市公司股权激励的政策特点	新三板挂牌企业和准备在新三板上市挂牌的公司
1.8	限制性股票	《中央企业控股上市公司实施股权激励工作指引》《上市公司股权激励管理办法》	激励对象按照股权激励计划规定的条件,获得的转让等部分权利受到限制的本公司股票。限制性股票在解除限售前不得转让、用于担保或偿还债务。股票价格可以用授予前的股价平均值,一般以不低于50%的折扣计算	上市公司

续表

激励名称		政策依据	核心要点	适用条件
1.9	股票期权	《中央企业控股上市公司实施股权激励工作指引》《上市公司股权激励管理办法》	上市公司授予激励对象在未来一定期限内以预先确定的条件购买本公司一定数量股份的权利。行权价格不得低于政策规定时期的交易价格平均值	上市公司
1.10	股票增值权	《中央企业控股上市公司实施股权激励工作指引》《上市公司股权激励管理办法》	约定在完成一定绩效目标的情况下，根据公司股票的价格增长情况，给激励对象以现金形式兑现奖励	H股上市公司
2. 现金分红类激励				
2.1	岗位分红	《国有科技型企业股权和分红激励暂行办法》《中央科技型企业实施分红激励工作指引》	企业年度岗位分红激励总额不高于当年税后利润的15%；激励对象应当在该岗位上连续工作1年以上，且原则上每次激励人数不超过企业在岗职工总数的30%；激励对象获得的岗位分红所得不高于其薪酬总额的2/3	国有科技型企业；近3年税后利润累计形成的净资产增值额应当占企业近3年年初净资产总额的10%以上，且实施激励当年年初未分配利润为正数
2.2	项目分红	《国有科技型企业股权和分红激励暂行办法》《中央科技型企业实施分红激励工作指引》	将该项职务科技成果转让、许可给他人实施的，从该项职务科技成果转让净收入或者许可净收入中提取不低于50%的比例；职务科技成果自行实施或者与他人合作实施的，应当在实施转化成功投产后连续3至5年，每年从实施该项科技成果的营业利润中提取不低于5%的比例或约定比例	明确的科技成果转化项目边界，项目独立收益核算

续表

激励名称		政策依据	核心要点	适用条件
2.3	超额利润分享	《"双百企业"和"科改示范企业"超额利润分享机制操作指引》	规定在企业实现一定利润目标的基础上，超额部分提取一定比例进行三年周期激励。①激励对象：企业价值贡献者，不超过企业在岗职工总数的30%。②目标利润：原则上"四个不低于"。③激励比例：不超过超额利润的30%。④个人激励限制：高管层一般不超过超额利润分享额的30%，单人无上限限制	适用于充分竞争领域，直接创造利润的组织单元，收益增长速度较快的企业更适合
3. 投资类激励				
3.1	项目跟投	《关于中央企业在创新领域开展跟投试点的意见》	①项目类型："三新"产业或高风险、不确定性的创新业务。②跟投比例：项目跟投总额不高于项目公司总股本的30%，项目个人跟投额原则上不高于项目公司总股本的1%，保持国有控股。③跟投主体：强制跟投和自愿跟投。④跟投有效期：一般不少于5年，有效期满方可退出。⑤持股方式：以平台持股为主	创新业务

在十四种中长期激励工具中，第一类中长期激励方式是"股权类"，激励工具最多，达到了十种。整体来说，133号文规定的员工持股是一种；4号文规定的股权激励类型比较多，包括股权出售、股权奖励、股权期权、科技成果转化入股四种；可以在上市公司或者新三板企业采用的有三种，分别是限制性股票、股票期权、股票增值权；另外，对于国有企业也可以采用虚拟股权激励的方式，虽然目前没有详细的政策指引类文件，但实践中已经有了一定的探索。

第二类中长期激励的形式是"现金分红类"，也就是不涉及企业股权价值，只在收益权等方面进行激励设计的工具，这个方面的工具有三种，分别是岗位分红、项目分红和超额利润分享。

第三类中长期激励的形式是"投资类"，通过企业和核心团队员工进行利益绑定共同投资创新类业务或者项目的模式实现激励，目前最为典型的方式是"项目跟投"。

以上这十四种激励工具，共同构成了目前政策允许和鼓励的中长期激励工具箱。

二、恰当选择激励工具思考方法

国企中长期激励十四种激励工具到底应该怎么选？有没有什么简洁思考选择的好方法呢？知本咨询总结形成了"中长期激励工具选择五步法"（见图 1-2）。

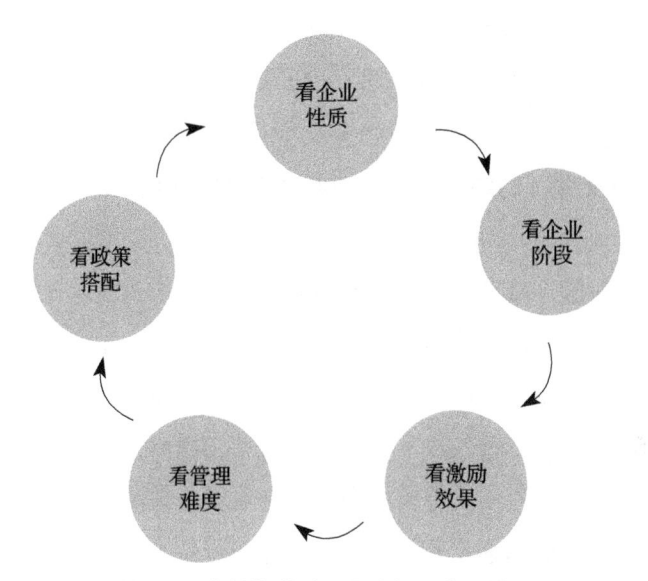

图 1-2　中长期激励工具选择五步法模型

第一步，看企业性质。由于目前的激励政策对于不同性质企业适用范围不同，所以首先要看企业性质，是不是上市公司，是不是国家认定的高新技术企业或者省级认定的科技服务机构。如果是上市公司，就优选符合上市公司的限制性股票等激励工具；如果是科技型企业，就优选 4 号文规定专门激励科技型企业的激励工具。如果两者都不是，可以选择 133 号文规定的员工持股，或者其他激励方式。

第二步，看企业阶段。不同发展阶段的企业，适用的中长期激励工具效果是差别较大的。小孩子不能穿大人的衣服，小企业也别学大公司的激励方式。十四种中长期激励工具，对于不同阶段的企业也有所侧重。对于一些新技术、新产业、新模式、新业态等未来型业务，项目跟投是一种可考虑的与激励约束相对等的机制；对于一些科技型的小微企业，股权期权模式是更合适的选择；对于成长型的企业，133号文规定的员工持股和4号文规定的股权出售都是可以参考的选项；对于已经发展到上市阶段或者新三板实现挂牌的企业，充分利用上市公司股权激励工具，非常必要。

第三步，看激励效果。不同的激励工具，产生的激励约束效果是不同的，各有所长。比如，上市公司最常用的三种激励方式，一是限制性股票，二是股票期权，三是股票增值权。从实际执行情况来看，限制性股票的激励效果是最好的，选择企业也最多，这是因为限制性股票工具需要激励对象出资购买股票，同时购买的价格要比股票市场价格更低，这样既对被激励的员工有出资绑定的约束，又有价格优惠的激励，效果在三种工具中最直接。

第四步，看管理难度。一个中长期激励计划，最少涉及三到五年的时间周期，对企业管理体系将造成新的压力。企业在激励计划实施时，必须考虑到企业推动这种激励工具所需配套的管理成本。简单的比较是，现金分红类激励工具的管理难度和管理成本要普遍比股权类激励工具更低些，由于股权激励涉及成立员工持股平台等新的合伙型企业，一些激励人数比较多的企业还需要同时成立和管理多家乃至几十家这样的合伙企业，每年持股员工的岗位变动和股权进退流转也很复杂，会给激励计划的执行带来大量管理成本。这些实操中的问题也需要提前考虑好。

第五步，看政策搭配。中长期激励政策的基本原则之一是，在同一激励周期内，同一激励对象不能重复激励。国内很多大中型国有企业，业务领域差异大，企业层级也很多，适用的激励模式自然也不完全一样，这个时候，就有必要思考如何在一家企业内部不同的层次组织或者针对不同类型的岗位人员设计不同类型的中长期激励工具，最终形成一个上下搭配、左右协同的激励工具组合。从知本咨询的研究和实践来看，企业顶层组织更适用于股权型激励，一线业务组织和团队更适用于分红型激励，新业务领域更适用于投资类激励。

综上所述，知本咨询统一总结了目前国有企业中长期激励的十四种相关工具，帮助国有企业对中长期激励机制有较全面的了解，同时给大家建议如何利用"五步法"来思考本企业适合选取何种激励模式。中长期激励是一件新事物，也是大事、要事，特别建议国有企业要看清楚、想明白、做到位。

第3问 如何探索虚拟股权激励等暂无专项政策的激励方式呢？

国企中长期激励政策包仍在持续健全完善中，仍有一些激励工具暂未发布专项政策，如虚拟股权激励等，对于这些暂无专项政策依据的中长期激励工具如何探索实施呢？需要注意些什么呢？结合知本咨询的理解，探讨说明以下几点。

一、探索创新，守住底线

国企中长期激励机制改革旨在激发企业活力，但设计实施过程中始终需要合法合规进行。国企改革中提出的有关探索实施虚拟股权等激励方式，可以探索创新，但需要严格守住底线。底线至少有以下几个方面。

一是严格防止国有资产流失，不能将实施中长期激励机制当成输送利益的工具；二是严格审核审批程序，不能越权审批方案并执行，尤其对于探索类的激励机制，更需要至少中央企业集团或地方一级国资监管机构层面进行整体统筹规范；三是严格民主审议监督，中长期激励直接涉及企业职工权益，不能因实施中长期激励损害职工权益。

二、对标学习，稳妥试点

探索创新实施需要严守底线，但大家可能更需要清楚探索的空间在哪里，从而达到更稳妥的探索实施。

结合国企改革先试点后推广的普遍做法，一是拟探索实施虚拟股权激励等方式的企业可以向已经实施的"双百企业""科改示范企业"等学习经验。如跟投机制，比较典型的案例就是海康威视；如虚拟股权，国企实践的成功案例有限，可以多研究华为虚拟股权的逻辑，结合企业实际进行设计实施。

二是拟探索实施虚拟股权激励等方式的企业可以选择体量不大、风险可控的法人单位进行试点，以风险可控为前提，在总结经验的基础上推广实施。

三、殊途同归，务求实效

国企改革三年行动方案中明确提出了改革要务求实效的要求，实效的基本标准就是能够通过中长期激励机制的实施助力企业高质量发展。所以，探索实施虚拟股权激励等方式需要围绕实效来思考推行。

虽然实效是后检验的，但在相关方案设计过程中，也需要形成配套机制。配套机制至少要包括以下两种。一是强调激励与约束相结合，即激励没问题，约束需配套，如对等的业绩、创新目标要求等；二是强调收益与风险相捆绑，即激励也没问题，需有对等的风险承担，如资金的、职位的等。

总之，探索创新实施中长期激励机制以激发企业活力没问题，关键是守住底线、搞高试点、务求实效。

第4问 《企业国有资产交易监督管理办法》有哪些规定与股权类激励有关系？

国企中长期激励机制改革与《企业国有资产交易监督管理办法》（第32号令）有关系吗？当然有关系。尤其与员工持股、股权激励等股权类激励有直接关系。

一、"国有企业"或"国有控股企业"的界定问题

国有中长期激励政策的规定是指导国有企业开展中长期激励机制改革的，如133号文指导国有控股混合所有制企业，4号文指导国有科技型企业，102号文和178号文指导中央企业控股上市公司等。那什么是国有企业，什么是国有控股企业就需要界定清楚。而界定国有控股企业在第32号令中有比较明确的说明，该办法第四条规定，国有及国有控股企业、国有实际控制企业包括：

"（一）政府部门、机构、事业单位出资设立的国有独资企业（公司），以及上述单位、企业直接或间接合计持股为100%的国有全资企业；

"（二）本条第（一）款所列单位、企业单独或共同出资，合计拥有产（股）权比例超过50%，且其中之一为最大股东的企业；

"（三）本条第（一）、（二）款所列企业对外出资，拥有股权比例超过50%的各级子企业；

"（四）政府部门、机构、事业单位、单一国有及国有控股企业直接或间接持股比例未超过50%，但为第一大股东，并且通过股东协议、公司章程、董事会决议或者其他协议安排能够对其实际支配的企业。"

从以上规定可以看出，一是国有资本股权比例超过50%的各级企业均为"国有企业"或"国有控股企业"；二是国有资本未超过50%，但作为第

一大股东，通过协议等明确国有资本支配的企业，需要界定为"国有实际控制企业"，或一般称之为"国有相对控股企业"。以上这些企业在推行中长期激励机制时，都需要按照国有企业相关中长期激励政策要求执行，尤其是国有相对控股企业值得高度关注。

二、国有参股企业中长期激励问题

现行的国企中长期激励政策主要是指导国有或国有控股企业的，那么国有参股企业推行中长期激励机制是否也必须以现行国企激励政策为依据？

在133号文中明确提出，"国有参股企业的员工持股不适用本意见"。在4号文、102号文和178号文中没有明确国有参股企业是否参照执行。结合133号文和各个政策的适用范围要求，国有参股企业推行中长期激励机制时，可以不完全按照现行国企中长期激励政策要求执行。但考虑到国有企业中长期激励机制政策的完备性，建议国有参股企业推行中长期激励机制时可充分参考现行国企激励政策的要求设计实施。

三、国有产权交易问题

第32号令第三条规定，企业国有资产交易行为包括：

"（一）履行出资人职责的机构、国有及国有控股企业、国有实际控制企业转让其对企业各种形式出资所形成权益的行为（以下称企业产权转让）；

"（二）国有及国有控股企业、国有实际控制企业增加资本的行为（以下称企业增资），政府以增加资本金方式对国家出资企业的投入除外；

"（三）国有及国有控股企业、国有实际控制企业的重大资产转让行为（以下称企业资产转让）。"

国有企业在实施股权类激励过程中，涉及国有产权或国有权益的问题，由此，交易过程中就需要注意是否需要按第32令的要求进行交易。比较明确的有以下几种情况。

（1）在推行员工持股（133号文）过程中，若涉及同步引战的问题，增资需要按第32令挂牌交易。但对于已经是混合所有制企业单一实施员工持股时，不需要按第 32 号令进行挂牌交易。

（2）在推行科技型企业股权激励（4号文）过程中，政策中明确规定可非公开协议转让，就不需要按第 32 号令进行挂牌交易。

（3）在推行上市公司股权激励过程中，按证券监管机构相关规定执行。

总之，国有企业股权类激励在涉及国有产权部分时，要尤其关注第 32 号令的相关内容，一是确保中长期激励政策的适用性；二是确保涉及国有产权交易的合规性。

第 2 章

CHAPTER 2

国有科技型企业股权激励

第5问 国有科技型企业股权激励的关联政策文件有哪些?

国有企业实施国有科技型企业股权激励主要依据"1+5+n"的政策体系。

"1"是指核心文件,即4号文。4号文正文主要包括总则、实施条件、股权激励、分红激励、激励方案的管理及附则6个部分,文后附件还提供了"企业股权和分红激励方案"提纲,企业在编制股权激励方案时可参考其框架结构。

"5"是指配套文件。配套文件共有5个,具体如下。

(1)54号文;

(2)《三部门关于<国有科技型企业股权和分红激励暂行办法>的问题解答(2017)》(以下简称35问解答);

(3)《关于做好中央科技型企业股权和分红激励工作的通知》(国资发分配〔2016〕274号)(以下简称274号文);

(4)《关于印发<统计上大中小微型企业划分办法(2017)>的通知》(国统字〔2017〕213号)(以下简称213号文);

(5)《科技部 财政部 税务总局关于修订印发<高新技术企业认定管理办法>的通知》(国科发火〔2016〕32号)(以下简称32号文)。

以上这5个文件对4号文的相关内容进行了调整、补充及细化。比如54号文重点对4号文的实施范围进行扩大,并明确指出国有控股上市公司所出资的各级未上市科技子企业也属于科技型企业,将国有科技型企业扩大至五类。同时,54号文进一步调整了各类国有科技型企业的实施条件,对于国家认定的高新技术企业不再设定研发费用和研发人员指标条件。

而35问解答则为便于各企业深入理解政策内涵,引导、鼓励企业开展激励工作,由财政部、科技部、国资委就4号文执行中企业适用条件、激励对象要求、激励实施条件、激励方案管理等方面的有关问题进行了解答，对于国有企业实施股权激励具有很强的指导作用。

274号文是国资委专门针对中央企业出台的，核心目的是让中央企业充分认识股权和分红激励的重要性，科学制订股权和分红激励实施方案并加强股权和分红激励的组织管理。中央企业集团公司及所属科技企业可以研读274号文，并按照其相关要求执行。

213号文和32号文与前三个文件不同的是，它们更偏向于工具文件。也就是说，当需要核查相关内容时查阅这两个文件即可，无须深入研读。查阅213号文，有助于判断企业规模，进而明确股权激励总额上限。查阅32号文，有助于明确企业是否为国家认定的高新技术企业，进而明确企业是否为国有科技型企业。

而最后的"n"是指基础政策文件，基础政策文件是指本轮国企改革涉及的相关政策文件，包括基本法律、指导纲领、治理管控及机制改革、国资监管等相关政策文件。研读这些政策文件有助于企业深入理解本轮国企改革的内涵及导向，从而为股权激励方案的设计奠定基础。

第6问 国有科技型企业股权激励的实施要义是什么？

根据4号文，国有科技型企业实施股权激励的实施要义涉及五个方面，分别是企业实施条件、激励对象选择、激励方式选择、持股比例限制及股权管理设计。

一是企业实施条件。4号文明确，"本办法所称国有科技型企业，是指中国境内具有公司法人资格的国有及国有控股未上市科技企业（含全国中小企业股份转让系统挂牌的国有企业）"。54号文补充，含"国有控股上市公司所出资的各级未上市科技子企业"。也就是说，上市公司并不适用于4号文，但是上市公司子公司及新三板企业可以依据4号文实施股权激励。4号文和54号文也明确提出了实施股权和分红激励的国有科技型企业应当具备的条件。对于国有科技型企业实施股权激励，还有进一步要求：一是产权明晰、发展战略明确、管理规范、内部治理结构健全并有效运转；二是建立了规范的内部财务管理制度和员工绩效考核评价制度；三是对于不同类型的企业分别有研发费用占比、研发人员占比及科技型服务收入占比的要求。以上条件都满足的国有科技型企业才可以实施股权激励。

二是激励对象选择。4号文作为专门针对国有科技型企业出台的中长期激励政策，其激励对象并不是企业全体员工。4号文提出，"激励对象为与本企业签订劳动合同的重要技术人员和经营管理人员"且"企业不得面向全体员工实施股权或者分红激励"。所以，国有科技型企业在选择激励对象时，只能从重要的技术人员和重要的经营管理人员两类人员中进行选择。

三是激励方式选择。国有科技型企业股权激励的激励方式共有3种，分别是股权出售、股权奖励、股权期权。关于这3种激励方式，可以形成多种激励组合，即企业可以采取一种或多种方式对激励对象实施股权激励。

四是持股比例限制。关于持股总量比例，4号文针对不同规模的企业设置了不同的上限。大型企业的股权激励总额不超过企业总股本的5%；中型企业的股权激励总额不超过企业总股本的10%；小、微型企业的股权激励总额不超过企业总股本的30%，且单个激励对象获得的激励股权不得超过企业总股本的3%。企业需要先明确自身规模，再根据实际情况在激励总额上限内进行设计。

五是股权管理设计。股权管理主要包括锁定期、认购机制、退出机制和分红机制等。4号文明确提出锁定期为5年，激励对象在5年内不得转让、捐赠。而退出机制，若出现特殊情形而使激励对象离开企业的，其取得的股权应当在半年内全部退回企业，退出价格需要根据不同的退出原因进行差异化设计。

第7问 国有科技型企业如何界定?

根据54号文的全新规定,"国有科技型企业,是指中国境内具有公司法人资格的国有及国有控股未上市科技企业(含全国中小企业股份转让系统挂牌的国有企业、国有控股上市公司所出资的各级未上市科技子企业)"。由此可知,上市公司本级是不可以依据4号文实施股权激励的,但是其所属未上市科技型子企业可以。这是因为针对上市公司有专门的股权激励政策,如178号文。同时,全国中小企业股份转让系统挂牌的国有企业,也就是新三板,也是可以依据4号文实施股权激励的。

54号文在扩大范围后,最终确定了国有科技型企业具体包括以下五类企业。

(1)国家认定的高新技术企业。

(2)转制院所企业及所投资的科技企业。

(3)高等院校和科研院所投资的科技企业。

(4)纳入科技部"全国科技型中小企业信息库"的企业。

(5)国家和省级认定的科技服务机构。

其中:

第(1)项中的国家认定的高新技术企业是指根据32号文和《高新技术企业认定管理工作指引》(国科发火〔2016〕195号)(以下简称195号文)认定的高新技术企业。无论是省级认定机构认定的高新技术企业,还是市级认定机构认定的高新技术企业,基本上都属于国家认定的高新技术企业。如果企业无法确定本企业是否为国家认定的高新技术企业,可以登录高新技术企业认定工作网,输入企业名称或统一社会信用代码进行查询确认。

第(2)项中转制院所企业是指根据《国务院办公厅转发科技部等部门关于深化科研机构管理体制改革实施意见的通知》(国办发〔2000〕38号)

(以下简称38号文)，国务院部门（单位）所属科研机构已转制为企业或进入企业的主要从事科学研究和技术开发工作的机构，以及各省、自治区、直辖市、计划单列市所属已转制为企业或进入企业的主要从事科学研究和技术开发工作的机构。

第（3）项中高等院校和科研院所投资的科技企业主要包括两类，一是高等院校、科研院所直接投资的科技企业；二是高等院校、科研院所通过其独资设立的资产管理公司投资的科技企业。

第（4）项中纳入科技部"全国科技型中小企业信息库"的企业是指根据《科技部 财政部 国家税务总局关于印发<科技型中小企业评价办法>的通知》(国科发政〔2017〕115号)(以下简称115号文)进入信息库的企业。

第（5）项中国家和省级认定的科技服务机构是指主要业务符合《国务院关于加快科技服务业发展的若干意见》(国发〔2014〕49号)（以下简称49号文）规定的范畴，并经国务院有关部委、直属机构或省（自治区、直辖市、计划单列市）有关部门认定的企业。

第8问 国有科技型企业股权激励的实施条件是什么？

根据4号文等政策文件，国有科技型企业实施股权激励应具备7项实施条件。

（1）产权明晰。

企业所有固定资产、无形资产的所有权及相关权益的归属明确、清晰，相关资质、证照齐全。若出现关键经营性资产产权不明晰的情况，一般会优先梳理解决。

（2）发展战略明确。

企业制定并正在执行经上级主管单位批复或确认的"五年"发展规划。

（3）管理规范。

企业按照国家或集团公司相关规定要求，建立了规范的内部管理制度体系，并按照各项管理制度进行内部管理。

（4）内部治理结构健全并有效运转。

企业属于董事会应建尽建范围的，其需要完成董事会建设，且外部董事占多数，配套治理体系文件健全，初步形成以董事会为决策中枢的治理体系。

（5）建立了规范的内部财务管理制度和员工绩效考核评价制度。

企业按照《企业会计准则》和所在集团公司相关规定要求，建立了规范的内部财务管理制度，按照所在集团公司要求建立了规范的员工绩效考核评价制度。

（6）年度财务会计报告经过中介机构依法审计，且激励方案制定近3年（以下简称近3年）没有因财务、税收等违法违规行为受到行政、刑事处罚。

企业每年开展审计工作，并具备会计师事务所出具的无保留意见审计报告。近 3 年未收到有关财务、税收等行政主管机构，以及国资监管机制等违法、违规、违纪的相关文件。这项条件检查最容易被企业忽视，需要专门检查确认。

（7）研发费用及研发人员占比要求。

转制院所及所投资的科技企业、高等院校和科研院所投资的科技企业及纳入科技部"全国科技型中小企业信息库"的企业，近 3 年研发费用占当年企业营业收入均在 3% 以上，激励方案制定的上一年度企业研发人员占职工总数 10% 以上。国家和省级认定的科技服务机构，近 3 年科技服务性收入不低于当年企业营业收入的 60%。

其中研发费用包括日常性支出和资产性支出，企业统计时参考《国家统计局关于印发＜研究与试验发展（R&D）投入统计规范（试行）＞的通知》（国统字〔2019〕47 号）（以下简称国统 47 号文）的相关定义；若企业依据统计规范，研发费用已经包括合并在报表的"研发费用"科目下，可直接以该科目数据为准；若由于历史等客观因素导致有关研发费用未全部体现在"研发费用"科目下，需要在计算研发费用时进行加回处理并进行说明。

企业统计研发人员时参考 32 号文的相关定义；职工总数统计口径参考 195 号文，或与所在集团公司规定的统计口径保持一致。

第9问 国有科技型企业股权激励实施前应该进行哪些准备工作？

国有科技型企业实施股权激励前，应该进行一系列梳理准备工作，以确保能够顺利推动股权激励的方案设计和实施工作。结合知本咨询的实践经验总结如下。

一、资产、业务及人员梳理

（一）明晰资产边界

企业权属清晰并进行合理资产评估是规范实施股权激励的前提和基础。

一方面，明晰资产边界需要解决资产权属问题，从而为评估作价奠定基础。只有资产边界清晰才能准确界定企业资产情况，严格防止资产评估过程中可能出现的国有资产流失问题的同时，以合理的企业评估值确定员工参与股权激励的股权交易价格。例如，若企业存在国家划拨的未确定权属的土地，实施股权激励前应解决其权属问题或进行必要的重组整合。

另一方面，明确资产边界需要有效合理控制企业资产规模，剥离非经营性资产，从而为股权激励方案的落地实施奠定基础。例如，若企业存在非经营性的土地、房屋建筑等固定资产，会造成资产规模大、企业评估值高的问题，导致企业资产评估后的净资产收益率偏低、员工参与股权激励交易价格上升，不利于企业实施员工股权激励。同时，企业非经营性土地增值、房屋建筑租金等收入与员工努力经营获得的收益没有直接关系，违背企业实施股权激励的初衷，故而在梳理资产边界过程中剥离非经营性资产是非常必要的。

（二）明确业务边界

实施股权激励前，拟实施企业需梳理并明确企业业务边界，并进行必要的同类产业重组整合，以避免可能的同一控制人下的同业竞争等问题。在明确业务边界时需要对企业的主营业务进行分析，明确企业自身所提供的产业或服务的功能、种类、形式、价格及核心技术。若存在同一控制人下的系统内同业竞争问题，必要时，需申请上级股东或所在集团公司进行同类产业重组整合。

（三）明确人员边界

在明确企业业务和资产边界之后，拟实施企业需结合业务和资产重组整合所涉及的相关人员进行同步配置，对职工劳动关系等问题进行同步变更，从而保证职工的劳动关系情况符合股权激励要求。明确人员边界，即明确全体员工的范围，4号文明确指出，"企业不得面向全体员工实施股权或者分红激励"。因此，只有在明确人员边界的前提下，才能筛选出核心骨干员工并实施股权激励。

二、员工改革意愿调查

"理想很丰满，现实很骨感"，这是很多企业在实施股权激励的过程中面临的现实问题。很多企业的股权激励方案完成了编制和审批工作，但是激励对象参与股权激励的积极性并不高，导致最后员工出资参与激励计划不及预期。

因此，建议企业在实施股权激励前对员工改革意愿进行调查。一是调查员工是否愿意参与股权激励，为股权激励对象范围及数量设计奠定基础。二是调查员工能够接受的出资额度范围为多少，为股权激励比例设计奠定基础。

三、中介机构选择对接

根据政策要求，股权出售应按不低于资产评估结果的价格，以协议方式有偿出售给激励对象。也就是说，企业应在股权激励方案报批前完成资产评估。但是，审计与资产评估至少需要花费1个月左右的时间。因此，企业需要以股权激励的完成时点倒排计划，最好在股权激励方案改变之前开始选择对接审计评估等中介机构，确保按计划完成股权激励工作。

另外，国有科技型企业实施股权激励具有很强的政策约束性和落地实操性，方案设计需要合规合理，方案实施需配套详细管理机制（如持股平台建设运行机制、股权流转机制等）。为确保企业股权激励达到预期激励效果，可聘请有经验的第三方咨询机制协助设计实施。

第10问 国有科技型企业股权激励对激励对象有哪些要求？如何合理确定？

企业在确定激励对象时，首先应该满足政策要求，不能扩大范围；其次，在符合政策规定的前提下，需结合企业自身情况合理选择确定。

一、政策要求

4号文规定，激励对象为与本企业签订劳动合同的重要技术人员和经营管理人员。具体包括：

（1）关键职务科技成果的主要完成人，重大开发项目的负责人，对主导产品或者核心技术、工艺流程做出重大创新或者改进的主要技术人员；

（2）主持企业全面生产经营工作的高级管理人员，负责企业主要产品（服务）生产经营的中、高级经营管理人员；

（3）通过省部级及以上人才计划引进的重要技术人才和经营管理人才。

企业不得面向全体员工实施股权或者分红激励，且企业监事、独立董事不得参与。

另外，股权奖励的激励对象，仅限于在本企业连续工作3年以上的重要技术人员。

二、选择范围

国有科技型企业激励政策4号文所说的重要技术人员和经营管理人员，应该具体包括哪些岗位呢？知本咨询认为应包括以下三类人：高层管理者、中层干部和技术人员（见图2-1）。

高层管理者是指企业的领导班子成员，一般包括总经理、副总经理、董秘/总助等。高层管理者主持企业的全面生产经营工作，对于企业的发展

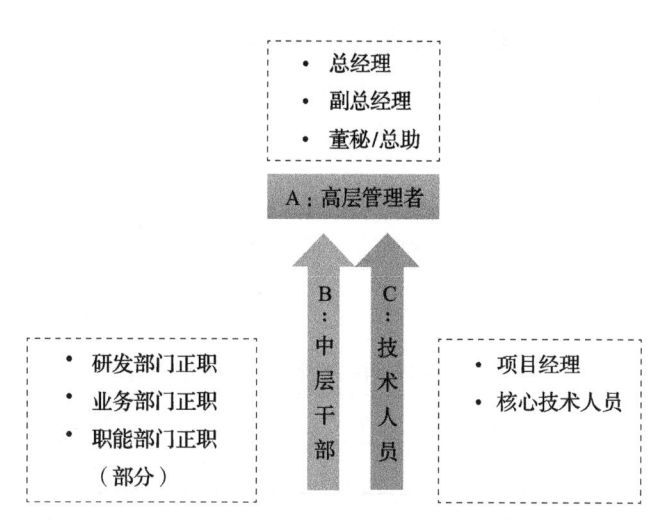

图 2-1　4 号文所说的重要技术人员和经营管理人员类型建议

具有重要影响，理应成为股权激励的激励对象。

中层干部是指企业的部门负责人，但不是所有部门的正职都应纳入激励范围。研发部门正职、业务部门正职对于科技型企业的经营发展具有较大影响，应纳入激励范围。但是对于职能部门，需要进一步研判各部门对企业经营发展的影响程度，可以仅选择部分职能部门正职纳入激励范围。

技术人员是科技型企业股权激励的重点激励对象，应包括科研项目的负责人（项目经理）、主要完成人及其他核心技术人员。

解决了哪些人员应该纳入激励范围的问题后，还需要解决哪些人员不能或不建议纳入激励范围的问题。

首先是企业监事和独立董事，这两类人员是不能参与国有科技型企业股权激励的，因为 4 号文是明令禁止的。企业监事和独立董事在企业中承担了监督的职责，若参与股权激励，其个人利益就与企业经营业绩密切相关，很难再公正履行其应有的监督职责。所以企业监事和独立董事是一定不能参与激励的。

其次是专职党委书记、纪委书记，以及党中央、国务院和地方党委、政府及其部门、机构任命的国有企业领导人员，4 号文没有明确这三类人能不能参与股权激励，企业需要谨慎地将他们纳入激励范围中。专职党委书记和纪委书记与企业监事和独立董事类似，都承担了一定程度的监督职责，需要谨慎纳入。可以参考133号文的要求来确定，"党中央、国务院和地方党委、政府及其部门、机构任命的国有企业领导人员不得持股"。鉴于133号文和4号文同为股权类中长期激励政策，133号文的此条要求对于实施国有科技型企业股权激励具有一定的参考意义。实施国有科技型企业股权激励的条件如表2-1所示。

表2-1 实施国有科技型企业股权激励的条件

序号	人员类型	能否参与
1	监事	不能参与
2	独立董事	不能参与
3	专职党委书记	政策没有明确禁止，谨慎选择
4	纪委书记	政策没有明确禁止，谨慎选择
5	党中央、国务院和地方党委、政府及其部门、机构任命的国有企业领导人员	政策没有明确禁止，谨慎选择

三、筛选方式

满足激励对象条件的基本要求，并不意味着企业必须将全部满足条件的对象纳入激励范围，仍需要结合企业实际情况进行筛选确定。

在激励对象人数占职工总数的比例方面，虽然4号文仅要求"企业不得面向全体员工实施股权或者分红激励"，但是我们不建议比例过高。因为股权激励是针对核心员工的激励，而不是普惠性质的福利。根据案例经验，建议将激励对象人数比例一般控制在50%以下较为合适。对于初创型企业，若现有人员均为核心员工，建议可以适当提高激励对象人数比例。

第11问 国有科技型企业股权激励的股权来源有哪些？如何合理选择？

根据4号文的规定，企业可以通过三种方式解决激励标的股权来源问题，分别是增发、回购和转让。

一、增发

增发是指向激励对象增发股份。通过增发股份进行股权激励既有优点，也有缺点。优点是可以体现"增量激励"的激励原则，并不是基于企业现有存量股权进行激励；而且形成了存量股权，符合本轮中长期激励的导向。同时，增加了企业的权益性资产，有利于增加流动资金并优化资本结构。当然，缺点就是员工参与股权激励的成本相对较高。在同一持股比例下，员工通过增发股权进行持股出资金额更多。

二、回购

回购是指向现有股东回购股份。很多上市公司会通过回购股份的方式实施股权激励。但是，非上市公司是否可以回购股份呢？《中华人民共和国公司法》（以下简称《公司法》）第一百四十二条规定，公司不得收购本公司股份，但是有特殊情形的除外，其中第三条情形就是将股份用于员工持股计划或者股权激励。《公司法》这条规定位于第五章，即股份有限公司的股份发行和转让，可以理解为对于未上市的股份公司，确实可以通过回购实施股权激励。但是，对于有限责任公司，《公司法》未作相关说明，是否可以回购企业股权在业界未达成一致意见。实践中，通过回购的案例较少，更多情况下，国有股东通过回购非国有股东的股权作为股权来源，同步可以达到优化股权结构的战略意图。

三、转让

转让是指现有股东依法向激励对象转让其持有的股权。转让是解决科技型企业股权激励来源的最常见的方式。转让有两个优势：一是国有股东将企业股权转让给激励对象，可以收回前期投入的部分资本；二是员工参与股权激励的成本相对较低，员工持股的积极性会相对较高。

综上所述，若企业希望通过实施股权激励引入资金，且激励对象的持股意愿和资金承受能力较强，可以优先考虑通过增资方式解决股权来源。若企业希望降低员工持股成本并提升员工持股意愿，且企业资金较为充裕，可以优先考虑通过转让方式解决股权来源。至于回购股份激励，需要结合企业是否有参股股东出让股份的情况来确定。

第12问　国有科技型企业股权激励是否需要建立"股权池"？"股权池"如何建立？

4号文明确提出，"企业股权出售或者股权奖励原则上应一次实施到位"，这说明企业在选择实施股权出售和股权奖励时，原则上不允许预留股权，即当期实施的股权激励额度必须当期分配完毕。

但是，在股权激励实施后，很可能会发生某位员工退出股权激励但是暂时没有合格的新员工承接，或者员工退出的额度与新员工承接的额度不匹配的问题。那么在这种情形下，应该如何解决呢？知本咨询建议国有科技型企业实施股权激励时建立"股权池"。

一、什么是"股权池"

"股权池"是指特定自然人或企业持有员工持股平台的股权，这部分股权像蓄水池一样有入水口和排水口，当新员工有认购需求时由"股权池"将股权转让给新员工，当老员工有退出需求时由"股权池"承接股权。

设立"股权池"的目的是解决激励股权流转过程中进入与退出股权不平衡的问题，能够有效、高速、方便、快捷地解决持股主体变更问题。

二、"股权池"设立方式

（一）基金公司

企业可选取基金公司等第三方公司作为"股权池"。由第三方公司象征性地出资成为持股平台合伙人，作为后续员工股权流转的"股权池"。第三方公司作为后续员工股权流转的"股权池"，按照持股比例享有收益，获得收益的方式有以下两种。

（1）第三方公司与持股平台商定固定管理费费率，第三方公司根据持股出资额收取年度管理费，由持股平台按年度向第三方公司进行支付。

（2）第三方公司与其他合伙人均根据持股比例享有股权分红权及股权增值权，股权分红权即持股平台每年的现金收益在扣除必要的平台运行费用后向所有合伙人进行分红；股权增值权即第三方公司将持有股权转让给新员工或已激励对象获得的价格差额部分。

（二）高层管理者

对于没有合适的基金公司作为"股权池"且员工持股平台所持股权价值较低的情形，可以由国有科技型企业特定高层管理者持有流转股权作为"股权池"。高层管理者"股权池"设置方式与第三方公司一致，高层管理者是否收取相关费用及收取方式等内容需由持股平台与其协商确定。

需要补充说明的是：有关"股权池"的设立和管理并发挥特定作用，并不仅限于国有科技型企业的股权激励，同时，对于国有混合所有制企业的员工持股等其他非上市公司的股权类激励同样适用。

第13问 国有科技型企业股权激励的激励方式有哪些？各有什么特点？

根据4号文，股权激励共包括三种方式，分别为股权出售、股权奖励、股权期权（见图2-2），企业可以采取其中一种或多种方式对激励对象实施股权激励。但是，每种激励方式的实施条件和特点不尽相同，企业需要在符合政策条件的前提下综合考虑企业的实际情况进行选择。

股权出售　　　　股权奖励　　　　股权期权

图 2-2　4号文规定的股权激励三种基本方式

一、股权出售

股权出售是指以本企业股权为标的，采用协议方式将企业股权以不低于资产评估结果的价格有偿出售给激励对象的行为。

股权出售没有额外的实施条件，适用于大部分国有科技型企业。股权出售的优势是操作简单、易于理解、激励与约束统一性好。但是缺点就是激励吸引力略逊于股权奖励和股权期权。

二、股权奖励

股权奖励是指以本企业股权为标的，采用协议方式将企业股权无偿赠予激励对象的行为。该激励方式不能单独设计实施，需要结合股权出售配套实施。

4号文对股权奖励设置了3条额外的实施条件：一是企业成立满3年；二是近3年税后利润累计形成的净资产增值额应当占近3年年初净资产总额的20%以上；三是实施激励当年年初未分配利润为正数。

在第二个条件中，近3年税后利润累计形成的净资产增值额，是指激励方案制定上年年末账面净资产相对于近3年首年年初账面净资产的增加值，不包括财政及企业股东以各种方式投资或补助形成的净资产和已经向股东分配的利润。近3年年初净资产额是指近三年首年年初净资产额。国有企业获得财政专项补助资金并不直接影响企业实施股权和分红激励，但在具体计算"近3年税后利润累计形成的净资产增值额"有关财务指标时，要扣除企业获得的财政专项补助资金，即计算采用的指标必须是企业通过自身经营发展实现盈利形成的净资产。

举例说明如下：假设A企业2022年度计划实施股权奖励，2019—2021年税后利润形成的净资产分别为60万元、70万元、80万元，2019年年初净资产额为1000万元。净资产增值情况为：210（60+70+80）>200（1000×20%），故A企业达到实施股权奖励的财务指标要求。

第三个条件主要是为了限制处于亏损阶段的企业实施股权奖励。比如企业近3年虽然实现了净利润和净资产增值，但是净利润仅在弥补企业历史亏损，企业年初未分配利润依然是负值，整体上仍处于扭亏阶段，这种情形是不满足股权奖励要求的。

三、股权期权

股权期权是指企业授予激励对象在未来一定期限内以预先确定的价格和条件购买本企业股权的权力。激励对象必须达到企业规定的行权条件才能认购公司股权。

股权期权仅有1个额外的实施条件，就是企业规模的限制。4号文规定，大、中型企业不得采取股权期权的激励方式。也就是说，只有小、微型企业可以实施股权期权。在通常情况下，小、微型企业处于企业的成长阶段，未来有很大的成长空间。在这个阶段实施股权期权，员工的收益与企业的发展密切相关，可以有效激发员工的积极性与创造性。

股权期权的优势是员工当期无须出资，同时未来有权利选择是否行权。缺点是具有高不确定性，即行权价格的不确定性、行权条件的不确定性。

综上所述，国有科技型企业可以根据实际情况选择最适合自己的激励方式。

第14问 国有科技型企业股权奖励设计实施的关键要点是什么？

4号文是在国企中长期激励机制改革领域的一份核心文件、重磅文件、创新文件。如何用好、用活政策文件中提到的"股权奖励"值得我们做些解释和分析。

一、"股权奖励"两个创新

国有科技型企业激励政策4号文规定了多个科技企业中长期激励的工具，股权奖励是其中比较重要的一个。

"本办法所称股权激励，是指国有科技型企业以本企业股权为标的，采取股权出售、股权奖励、股权期权等方式，对企业重要技术人员和经营管理人员实施激励的行为。"这是4号文当中对于科技型企业股权激励的定义，对于股权奖励这个重要的股权激励方式，4号文中并没有对其概念进行更深一步的解释。

股权奖励简单理解，有两层意思。第一层意思，股权奖励是奖励的一种，是因为被奖励对象做出了某项超乎平常的贡献或业绩，企业通过不同形式给予的激励。这里最重要的是"奖"字，是企业单向的价值输出。第二层意思，股权奖励的奖品十分特别，是股权。之前可以奖励现金、荣誉、晋升机会等，将企业的股权拿出来进行奖励分配，对于国企来说这是重大创新举措之一！

把以上两点连起来，就是4号文中"股权奖励"的要义。这个激励工具，相比于其他中长期的激励方式，明显具有两个创新意义。

（1）国有科技型企业的股权是可以作为奖品的，这是对科技型企业核心技术人才的最大肯定。通常企业对于有功之人，可以奖励百万元奖金，可以奖励千万元住房，可以奖励高级轿车，这些奖品是有用的，但却是短期的、一次性的。对于企业来说，股权是最稀缺、最宝贵的企业价值代表物，而且股权的价值伴随企业成长将是长期的、持续的。现在4号文规定可以用国企股权开展股权奖励，显示出非常大的激励决心，期盼科技型企业发展，鼓励科技型企业创新，用心良苦。

（2）既然是股权奖励，就不是出资购买，而是国有股东的奖励行为。一些国有企业在此经常与混合所有制企业员工持股的政策搞混淆。其实，"股权奖励"和"员工持股"从字面来看就能发现它们是不同的，对价逻辑更是有巨大差异。员工持股的原则是"同股同价，增量入股"，而股权奖励的基本原则是根据被激励对象做出的价值贡献，国有股东给予股权价值的合理回报，体现在最终股权定价时会表现出一定程度的折扣。

二、股权奖励实施条件

股权奖励，从激励的用意、激励的力道、激励的效果来看，一定非常突出。正是因为如此，并不是每一家国有科技型企业都能满足开展股权奖励的条件。企业实施股权奖励具体条件如下。

条件一：满足国有科技型公司激励基本规定

以下是4号文对于能够实施国有科技型公司股权激励的底线要求。

（1）属于国有科技型企业。

（2）经营期限已经届满三年，也就是36个月（针对股权奖励）。

（3）企业战略、财务、合规管理等各个方面没有重大问题，可以判定能持续发展。

总体来说，4号文通过对基本条件的规定，一方面是对科技型公司的"科技含量"进行了门槛值要求，那就是"国有科技型企业"，以避免名字是科技但实际风马牛不相及的问题；同时，可持续经营，符合中长期激励的长期目标要求，也是非常必要的。

条件二：保证科技型公司有历史盈余

4号文明确规定，"企业实施股权奖励，除满足本办法第六条规定外，近3年税后利润累计形成的净资产增值额应当占近3年年初净资产总额的20%以上，实施激励当年年初未分配利润为正数"。

可见奖励是针对做出贡献而进行的激励，股权奖励更不同寻常，需要被奖励的对象实实在在对企业做出了贡献。这种贡献体现在企业经营结果上，就是需要利润的积累。

按照4号文的条款，需要实行激励的企业计算一下本公司最近三年来税后利润形成净资产积累的总和，并且和这三年年初的企业净资产数值进行比对，看看是不是增加了20%以上。如果是，您的企业符合本条规定，如果没达到，那是没办法实施股权奖励的。

当然，一个企业的税后利润转化为净资产的积累，是需要扣除本年公司拟分配的利润或者股利的，我们要计算的是，通过全体技术和管理人员的努力，有多少利润累积下来，可以形成激励股权价值的来源。

"实施激励当年年初未分配利润为正数"是针对一些特殊的情况，如果企业增加的净资产只实现了企业减亏，企业年初未分配利润依然是负值，那就没有实现股东价值的真正增加，也就无法利用这个增加值开展股权奖励了。

三、股权奖励落地四要点

如果一家企业全部符合股权奖励的条件，准备应用这项激励工具，在实操过程中还有几个需要明确的事项。

（一）奖励上限

4号文规定，"企业用于股权奖励的激励额不超过近3年税后利润累计形成的净资产增值额的15%"。这个规定是和适用条件中企业累积三年形成的净资产增加额必须超过20%相一致的。也就是说，形成了资本积累，国有股东确认其是由于科技和管理团队的努力经营形成的，所以可以从中提取一大部分开展股权奖励。

（二）奖售结合

4号文明确指出，"企业实施股权奖励，必须与股权出售相结合"。这是一个很重要的条款，从激励工具的理论效果来看，有效、长效的激励一般不是送给激励对象的，而是需要支付一定对价的。如果只奖不售，激励对象可能就不会那么珍视，同时企业和团队长期利益捆绑的目标也无法更好地实现。

对于奖售结合，政策明确说明，"单个获得股权奖励的激励对象，必须以不低于1:1的比例购买企业股权，且获得的股权奖励按激励实施时的评估价值折算，累计不超过300万元"。这个规定给奖售结合的操作制定了具体控制比例，这样的比例规定与上市公司限制性股票激励的价格折扣机制基本一致，保持了政策整体的统一性。

（三）奖励范围

"股权奖励的激励对象，仅限于在本企业连续工作3年以上的重要技术人员"。这个奖励范围的规定，要比其他股权激励政策更为严格。

可以注意到，4号文规定，可以实施股权激励的对象为企业的"重要技术人才和经营管理人才"，如果实施股权奖励，被激励者应该满足两条：

（1）重要技术人员；

（2）连续在本企业工作三年以上。

这条政策的规定，充分说明了股权奖励的目的，就是为了调动科学家、科技工作者的积极性，并且奖励他们过去三年以上时间为公司做出的积极贡献。相反，如果是新人、新岗位、综合管理类人员，是不满足股权奖励条件的。

（四）不能预留

由于科技型公司都处于快速成长和发展当中，需要技术人才、专家不断补充、调整，很多公司都希望可以将公司的激励股份持续释放，不要一次用完，这是非常合理的思考。但是，4号文规定，"股权奖励原则上应一次实施到位"，说明在这种激励方式下，是不能给企业预留股权，用于以后的激励对象的。

这样的规定是政策综合考量后的结果，因为一次实施逻辑简单、激励对象明确、激励效果可控可度量，如果将股权奖励金额提取出来，本次不实施，延后到未来可能的时间再授予，在企业价值确认、股权激励对象选择和实施审批操作流程上都大大增加了难度。因而就目前来看，不能预留的规定是恰当的。

如果企业确实有必要给未来的发展预留股权激励的空间，可以根据政策规定，采用其他股权激励工具，综合施策。

国有科技型企业股权奖励是一项激励力度较大的中长期激励工具，期望国有企业都能设计好、掌握好、应用好。

第15问 国有科技型企业股权奖励设计的股份支付问题如何处理？

伴随着国企深化改革进程，很多国有企业都会在上市前对员工进行股权激励，而在IPO（首次公开募股）申报时，股权激励方案细节及会计处理合规性是审查的重要内容。

通常来说，国内不同上市板块都对IPO企业的净利润提出一定的要求，而企业如因实施股权激励而发生股份支付需要计提较多费用时，则会导致企业当年的净利润减少甚至为负，可能会对企业上市造成影响。

因此，企业必须在股权激励方案设计阶段就考虑到股份支付，以提前规避由股份支付引发的未来上市审核风险。

一、什么是股份支付

结论先行："股份支付"简单理解就是以股份为基础的支付。在股权激励实施背景下，若员工的认购价格低于股权的公允价值，相当于企业用这部分差额对应的股权代替现金支付给员工，因此会引发股份支付。

（一）股权激励下的股份支付怎么理解

"股份支付"出自2006年财政部发布的《企业会计准则第11号——股份支付》，简单理解就是以股份为基础的支付。放在股权激励这个环境下就可以把股份支付理解为企业用股权代替现金向员工进行支付，也就是说员工获得公司股权却不用支付该股权对应的价格，而是以为企业持续提供服务为兑换条件。

（二）实施股权激励什么情况下会产生股份支付费用

根据《企业会计准则第11号——股份支付》的定义，发生股份支付需要同时满足三个条件：

（1）以股份形式支付或以股份作为计量基础；

（2）为了换取对方为企业服务；

（3）提供给服务方的支付对价低于公允价值。

股权激励是企业拿出部分股权来激励员工、留住员工，以达到让员工持续为公司服务的目的，由此可见企业实施股权激励已经满足了前两个条件。因此，判断实施股权激励是否会产生股份支付的关键，是判断员工的认购价格是否低于股权的公允价值。

（三）股权的公允价值如何确定

非上市公司实施股权激励与上市公司实施股权激励相比，公允价值难以计量，因此相关政策给出评估非上市公司公允价值的一些关键因素。如《首发业务若干问题解答》（2020年6月修订）中提到，确定公允价值应考虑的5大因素。

（1）时间阶段、业绩基础与变动预期、市场环境变化。

（2）行业特点、同行业并购重组市盈率水平。

（3）股份支付实施或发生当年市盈率、市净率等指标因素的影响。

（4）熟悉情况并按公平原则自愿交易的各方最近达成的入股价格或相似股权价格确定公允价值，如近期合理的PE（利润收益率）入股价，但要避免采用难以证明公允性的外部投资者入股价格。

（5）采用恰当的估值技术确定公允价值，但要避免采取有争议的、结果有失公平的估值技术或公允价值确定方法，如明显增长预期下按照成本法评估的每股净资产价值或账面净资产。

在实际操作中，为避免国有资产流失，一般会由评估机构给出专业的评估报告。结合国有企业实施股权激励的核心政策文件133号文和4号文的要求，在确定股权激励认购价格时一般会采用不低于经核准的净资产评估值，并且若激励前后半年内有引入投资者，将按照投资者认购价格确定员工认购价格。

二、股权激励方案设计中需要警惕哪些情况可能发生股份支付

结论先行：判断股份支付是否发生的标准就是确认员工认购价格是否低

于股权的公允价值。一般情况下按照 133 号文和 4 号文政策要求实施的员工持股和股权出售不会发生股份支付，而采用股权奖励和股权期权通常会产生股份支付。

虽然在实操中股权激励的认购价格采用不低于净资产评估值并且保持和外部投资者"同股同价"的方式定价，但还是存在发生股份支付的风险，这与具体选择的激励工具有关。那么实施股权激励到底在哪些情况下会发生股份支付呢？以最常使用的 133 号文和 4 号文提出的员工持股、股权出售、股权奖励、股权期权这几种激励工具来进行分析。

（一）一般情况下不会发生股份支付的情况

一般情况下不会发生股份支付情况的激励工具如表 2-2 所示。

表 2-2　一般情况下不会发生股份支付情况的激励工具

激励工具	认购价格政策要求	与股份支付的关系
员工持股	不低于经核准后的每股净资产评估值	一般情况下不会发生股份支付，但实施前后半年内若有外部投资者进入且价格与员工入股价格不一致，则可能引发股份支付
	需要和同步引入外部投资的价格"同价"	
股权出售	不低于资产评估结果的价格	

（二）一定会发生股份支付的情况

一定会发生股份支付情况的激励工具如表 2-3 所示。

表 2-3　一定会发生股份支付情况的激励工具

激励工具	认购价格政策要求	与股份支付的关系
股权奖励	单个获得股权奖励的激励对象，必须以不低于 1∶1 的比例购买企业股权，且获得的股权奖励按激励实施时的评估价值折算	激励对象获得的奖励是股权，公司并未实际出资，因此这部分奖励的股权可以理解为是公司以股权代替现金支付给员工的，以留住员工继续为公司提供服务，因此这部分奖励的股权所对应的公允价值需要作为股份支付费用计入公司管理费用

（三）通常会发生股份支付的情况

通常会发生股份支付情况的激励工具如表 2-4 所示。

表 2-4　通常会发生股份支付情况的激励工具

激励工具	认购价格政策要求	与股份支付的关系
股权期权	确定行权价格时，应当综合考虑科技成果成熟程度及其转化情况、企业未来至少 5 年的盈利能力、企业拟授予全部股权数量等因素，且不低于制定股权期权激励方案时经核准或者备案的每股评估价值	1. 由于期权是分期行权，员工在授予日与企业就认购协议达成一致，但并不能立即行权，需要在满足业绩条件后才能行权，因此其公允价值同时包含内在价值和时间价值，而制订方案时核准的评估价值仅仅体现了其内在价值，未考虑其时间价值 2.《企业会计准则第 11 号——股份支付》中提出，对于授予的不存在活跃市场的期权等权益工具，应当采用期权定价模型确定其公允价值，常用的是 B-S 期权定价模型

如果企业关注国有企业在上市前实施股权激励的情况，那么就不难发现这样一种情况，即采用 133 号文实施员工持股和采用 4 号文实施股权出售的案例很常见，但是很少发现采用股权奖励和股权期权的情形。这是为什么呢？

一方面，政策对于实施股权奖励和股权期权的要求较为严苛，很多企业不满足相应的条件，并且带期权计划上市也是在 2020 年 6 月《首发业务若干问题解答》(2020 年 6 月修订）发布后才全面放开的。

另一方面，前文提到的股份支付，从企业上市角度来看，很多企业考虑到股权奖励和股权期权发生的股份支付可能会影响企业的净利润，若公司盈利水平不足以有效覆盖股份支付费用，则有可能使企业不满足上市条件，影响企业上市进程。

三、不同情形下股份支付如何计量

结论先行：股份支付费用为公允价值与授予价值的差额，但其计提方式需根据股权激励方案是否设定等待期、服务期、业绩条件等限制性条件分为一次性计提和分期摊销两种方式。

基于以上发生股份支付常见的情形，弄清它们的计提方式，明确如何影响企业净利润是保证在股权激励方案设计时规避由股份支付引起的 IPO 审核风险的前提。而要厘清股份支付的计提方式，需要明确两个关键问题，分别是股份支付费用和计提方式。

（一）股份支付费用

基于前面对股份支付定义的介绍，股份支付费用的计算方法就比较容易理解了。

股份支付费用 =（公司股权的公允价格 - 本次股权激励授予价格）× 激励股份数量

其中，公司股权的公允价格是取的股权授予日的公允价值，也就是企业与职工就股权激励方案的协议条款和条件已达成一致，并且该协议获得股东大会或类似机构的批准。

（二）股份支付计提方式

根据第二部分列出的几种发生股份支付的情形可以发现，股权期权和其他激励工具有显著差异，即股权期权属于"一次授予、分期行权"，也就是说股权期权在授予日后不能立即行权，存在行权等待期。因此，股份支付有两种计提方式。

一次性计提：企业实施股权激励可立即授予且没有明确约定服务期等限制条件，应当在授予日将股份支付费用一次性计入非经常性损益。

分期摊销：对设定服务期、完成等待期内服务、达到规定业绩才可行权等限制条件，需要在等待期内的每个资产负债表日，以对可行权权益工具的最佳估计为基础，按照权益工具授予日的公允价值，将当期取得服务计入经常性损益。

示例：A 公司 2019 年 8 月 31 日为期权授予日，设定了行权的业绩考核目标，分三期行权，每年可行权比例为激励总额的 30%、30%、40%，那么股份支付则需要在等待期内进行分摊（见表 2-5）。

表 2-5 A 公司行权的业绩考核目标

每年 8 月 31 日行权比例为 30%、30%、40%，总股份支付费用为 A
第一次行权摊销月份 12 个月，第二次行权摊销月份 24 个月，第三次行权摊销月份 36 个月

行权期	2019.12.31	2020.12.31	2021.12.31	2022.8.31	合计
第一次	A×30%×(4/12)	A×30%×(8/12)			A×30%
第二次	A×30%×(4/24)	A×30%×(12/24)	A×30%×(8/24)		A×30%
第三次	A×40%×(4/36)	A×40%×(12/36)	A×40%×(12/36)	A×40%×(8/36)	A×40%
合计	A×30%×(4/12)+ A×30%×(4/24)+ A×40%×(4/36)	A×30%×(8/12)+ A×30%×(12/24)+ A×40%×(12/36)	A×30%×(8/24)+ A×40%×(12/36)	A×40%×(8/36)	A

总结：面对股份支付，拟 IPO 企业常见的处理方式如表 2-6 所示。

表 2-6 IPO 企业常见的处理方式

处理举措	具体操作
杜绝发生股份支付	股权激励入股价格不得低于公允价值，参照公允价值定价，不采用股权奖励等会引发股份支付的激励工具
股份支付不发生在上市审核报告期内	若企业有明确的 IPO 规划则需要考虑股份支付。对于在涉及报告期公司利润变化的时间段内实施员工持股的，都需要考虑股份支付。因此，若想不影响企业报告期财务报表，则需尽早实施股权激励
选择对净利润没有要求的上市条件	若企业报告期内发生了股份支付，甚至导致公司净利润为负，但是不同上市板块设置了多条上市条件，企业可结合自身情况选择不包含净利润的上市条件
根据企业未来经营情况预测可承受的股份支付	通过预测企业未来几年的净利润，计算出企业可承受的最大的股份支付费用。通过股份支付费用倒推激励比例、行权价格、等待期、锁定期等要素设置，使股权激励方案的设置充分考虑企业未来上市的需求

第16问 国有科技型企业股权激励共有多少种激励方式组合？哪些组合方式值得关注呢？

针对国有科技型企业的股权激励共包括三种激励方式，分别为股权出售、股权奖励、股权期权，企业可以采取其中一种或多种方式对激励对象实施股权激励。最终可以形成5种激励方式组合。这是因为4号文明确提出，"企业实施股权奖励，必须与股权出售相结合"。国有科技型企业股权激励5种激励方式组合建议如图2-3所示。

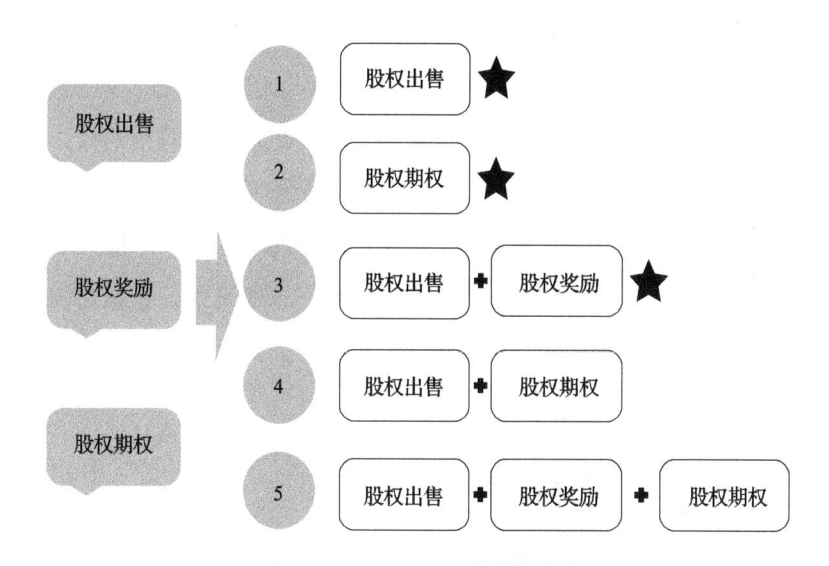

图2-3 国有科技型企业股权激励5种激励方式组合建议

在5种激励方式组合中，优先推荐前3种激励组合。

一、股权出售

对于不符合股权奖励实施条件的大、中型企业，实施股权出售是最好的选择。其操作简单、易于理解，也是目前应用最广泛的激励方式。

二、股权期权

对于成立年限较短、处于成长期的国有科技型企业，优先建议采用股权期权进行股权激励。股权期权的优势是员工当期无须出资，同时未来有权利选择是否行权。若企业价值上升，员工可以选择行权；若企业价值下降，员工可以放弃行权。基于这样的优势，员工参与股权激励的风险是非常低的，因此参与股权激励的积极性也会相应地提升。当然，与股权出售相比，鉴于股权期权无须出资，约束性相对不足，这也是众多国企普遍不选择股权期权的原因之一。

为了实现激励与约束的统一，4号文规定实施股权期权的企业需设置业绩考核目标。业绩考核目标决定了企业能否授予激励对象股权期权，以及激励对象能否行权，因此需要合理设置。企业的业绩考核指标可以选取净资产收益率、主营业务收入增长率、现金营运指数等财务指标，但应当不低于企业近3年平均业绩水平及同行业平均业绩水平。也就是说，企业在制订业绩考核目标时，既要横向对标，对标同行业企业，又要纵向对标，对标企业自身的历史业绩。

三、股权出售+股权奖励

对于符合股权奖励实施条件的企业，优先推荐"股权出售+股权奖励"的激励组合。因为股权奖励这种激励方式最直接，相当于激励对象以一定折扣购买企业股权，员工持股价格较低，激励效果较好。

需要注意的是，4号文对股权奖励额上限有明确的规定。股权奖励总额方面，要求企业用于股权奖励的激励额不超过近3年税后利润累计形成的净资产增值额的15%。股权奖励个人额度方面，要求单个获得股权奖励的激励对象，必须以不低于1∶1的比例购买企业股权，且获得的股权奖励按激励实施时的评估价值折算，累计不超过300万元。

同时，4号文对股权奖励的激励对象设置了额外的规定，即股权奖励的激励对象仅限于在本企业连续工作3年以上的重要技术人员。这一规定传递了两个信息，一是激励对象的司龄不低于3年，二是原则上只有重要技术人员能够享受股权奖励，管理人员不可以。

第17问 国有科技型企业股权激励如何确定激励总额?

国有科技型企业在设计股权激励总额时,需要在政策要求的范围之内,根据企业实际情况进行确定。

4号文对不同规模的企业,设置了不同的股权激励比例上限。大型企业的股权激励总额不超过企业总股本的5%;中型企业的股权激励总额不超过企业总股本的10%;小、微型企业的股权激励总额不超过企业总股本的30%。规模越大的企业,股权激励比例的上限越低。这是因为企业规模越大,资产价值越高,较小比例股权对应的股权价值也很高,一般情况下,足以激励核心员工。对于一些混合所有制的国有科技型企业,还需要注意企业不能因实施股权激励而改变国有股东控股地位。

在满足政策要求的范围内,企业确定具体的股权激励总额时,需要结合企业规模、行业特点、企业发展阶段、员工意愿等因素确定。

与企业规模相关。一般情况下,规模越大,总量和单一对象的比例普遍会低。客观上,一是企业规模大,持股成本相对较高,持股压力大,实施难度大;二是企业规模大,快速成长的比例相对要小,企业投入回报水平总体上相对会低,持股的吸引力会降低。

与行业特点相关。一般情况下,人力、技术驱动的产业特点更适合股权激励,因其成长发展与企业管理层、核心骨干、核心技术人员的相关性更大。该部分人员持股确实能达到激励的效果,并促进企业的成长,持股比例适宜大一点。而投资、资产、政策等驱动型的产业,与企业管理层或核心骨干有相关性,但并不突出,即使实施股权激励,对促进企业成长的影响有限,持股比例适宜小一点。

与行业发展阶段相关。一般情况下,处于成长阶段的企业,从成长潜力空间、成长产生的投资回报水平来看，普遍具有吸引力，并与管理层、核心骨干的相关性较大，持股比例适宜大一点。相反，成熟型企业，成长速度和回报水平相对会低一些，持股比例适宜小一点。

与员工意愿相关。一般情况下，员工参与股权激励的意愿越强烈，或者员工薪酬水平越高，出资能力越强，持股比例适宜大一点。对于员工思想相对传统，不愿参与改革，或者所在地区、行业薪酬水平相对较低的企业，可适度降低持股比例，同样能达到激励的预期效果。

第18问 国有科技型企业股权激励如何确定个人持股额度？

4号文对个人持股额度进行了限制，要求单个激励对象获得的激励股权不得超过企业总股本的3%。虽然大部分企业都很难达到这个上限，但是对于一些规模较小的国有科技型企业在分配持股额度时，要注意不能突破3%这个上限规定。

在满足政策要求的范围内，一般有三种比较常见的方法可以确定激励对象的个人持股比例，包括系数法、岗位价值法和档位法。

一、系数法

系数法是优先推荐各国有科技型企业采用的方法，适用于大部分企业。系数法就是企业先根据企业实际情况建立股权激励系数模型，并通过激励对象的相关基础数据计算出每个人的股权激励系数，最后根据系数测算激励对象个人激励额度。系数法的优势是可以较为科学地量化评估每个激励对象对于企业的价值和重要性，并据此合理拉开激励对象之间的激励额度差距。当然，缺点就是计算相对比较复杂，需要大量企业基础管理数据作为支撑。

股权激励系数需要综合考虑激励对象的岗位价值、历史贡献和未来贡献。具体计算公式如下：

股权激励比例系数 = 岗位价值系数 ×（1+ 历史贡献系数）×（1+ 未来贡献系数）

其中，岗位价值系数是体现岗位人员价值最基本、最主要的系数。对于已经进行过岗位价值评估的企业而言，可以直接用岗位价值评估结果作为岗位价值系数。对于未进行岗位价值评估的企业而言，为了确定岗位价值系数而开展岗位价值评估，管理成本较高，建议可以以各岗位所有人员的年度薪酬水平的平均数为基础确定，因为薪酬水平基本能够最直观地反映岗位价值。

历史贡献系数主要针对企业员工对企业发展的价值贡献进行设置，以体现企业对具有贡献人员的肯定和激励，从而营造良好的组织文化氛围。而司龄与近3年考核结果则能够最直观地反映员工的历史贡献，员工在公司任职时间越长，考核结果越优异，历史贡献相对越大。

未来贡献系数主要是针对公司员工未来对公司发展的潜在价值贡献进行设置，而学历和资质证书一般能够最直观地反映员工的未来贡献，员工的学历越高、获得的资质证书含金量越高，未来贡献潜力相对越大。

二、岗位价值法

岗位价值法适用于近期做过岗位价值评估或已建立岗位价值体系的企业，即根据参与股权激励的员工所在岗位的岗位价值确定个人持股比例。岗位价值是指企业各岗位之间的相对价值。根据岗位评估结果，基于公司不同的岗位系数计算形成个人持股额度。

三、档位法

档位法适用于难以提供薪酬水平、考核结果等基础信息的企业。企业可以结合激励差距需要，直接划定若干激励额度档位，如10万元、20万元、30万元等。然后不同岗位级别的员工可认购不同档位金额的股权。

档位法的优势是计算简单、容易理解，缺点就是在分配的科学性和公允性方面不及前两种方法。

第19问 国有科技型企业股权激励如何确定入股价格？员工出资有何要求？

根据4号文的规定，国有科技型企业实施股权激励，不同激励方式对应的入股价格有不同的确定方式。而对于不同激励方式的出资却有着相同的要求，即"企业不得为激励对象购买股权提供贷款以及其他形式的财务资助，包括为激励对象向其他单位或者个人贷款提供担保"。也就是说，激励对象主要以薪酬、奖金等合法收入出资参与激励，也可以自行贷款筹集资金。但是，企业不能担保激励对象的筹资行为，也不能通过预支薪酬等方式给予资助。

合理确定入股价格是确保企业实施股权激励合规性的重要一环，不同激励方式对应的入股价格确定方式具体如下。

一、股权出售

若企业采取股权出售的方式进行股权激励，那么股权出售对应的股权，应按照不低于企业资产评估结果的价格，以协议方式有偿出售给激励对象。资产评估结果应当根据国有资产评估的管理规定报相关部门、机构或者企业核准或者备案。

实践中，大部分国有科技型企业一般会直接按照资产评估结果确定入股价格，即每股价格＝资产评估值/企业总股本。

二、股权奖励

若企业采取股权奖励的方式进行股权激励，那么股权奖励对应的股权无须购买，激励对象可以无偿获得股权奖励对应的股权。再次强调说明，按政策规定，股权奖励必须与股权出售相结合，而且单个激励对象必须以不低于

1∶1的比例购买企业股权。也就是说，即使激励对象获得股权奖励的部分无须出资，但股权出售的部分依然需要出资。最好的情况是，企业员工参与股权激励相当于"半价"购买企业股权。

三、股权期权

若企业采取股权期权的方式进行股权激励，那么股权期权对应的股权授予时无须出资，未来行权时的入股价格要根据企业实际情况确定。企业在确定行权价格时，应当综合考虑科技成果成熟程度及其转化情况、企业未来至少5年的盈利能力、企业拟授予全部股权数量等因素，且不低于制定股权期权激励方案时经核准或者备案的每股评估价值。

也就是说，股权期权行权价格的底线是企业激励方案实施当年的资产评估值，对于发展前景较好的国有科技型企业可以适当调增行权价格，以确保股权期权激励与约束的统一。

第20问 国有科技型企业股权激励的持股方式有哪些？如何进行选择？

4号文并没有对股权激励的持股方式提出明确要求，但借鉴133号文的相关规定并结合普遍实践，企业选择股权激励的持股方式时需要关注并综合考虑数量、成本、流转三大要点问题，进而确定选择自然人持股或持股平台持股。具体如下。

一是数量问题。该"数量"不仅包括持股员工数量，也包括持股平台数量。持股员工数量多的情况下，优先选择平台方式持股，并需要考虑具体平台的选择，因为不同平台对于员工容纳的数量有差异；若涉及多个持股平台，一是需要考虑多持股平台的组合方式，以便于管理，二是需要考虑如何尽量减少平台设置数量，以简化管理并能实现持股目的。

二是成本问题。该"成本"不仅包括设立持股平台本身及运转的成本，还包括持股员工通过平台分红收益时涉及的税费成本。平台设置越少，成立及运转的成本会越少；不同平台涉及的税费规定不同，会导致员工通过平台分红收益时承担的税费差异较大，需要综合考虑成本问题。

三是流转问题。该"流转"不仅包括合格持股员工间股权的流转，还包括由于认购与退出股权不平衡时需要的股权缓冲池的流转。合理的持股方式选择，不仅可以有效避免针对持股员工频繁变动带来的企业工商变更不便问题，还可以有效避免进退出不平衡情况下员工持股总量比例变动带来的不可逆操作，进而避免影响到后期更多人才激励的问题。

需要强调说明的是，在三大关注要点问题中，流转问题是需要改革企业尤其关注的问题，因为首期实施股权激励容易选择员工持股方式并完成持股，不同持股方式对股权激励影响有限。但股权激励完成后，后期会涉及大量的持股股权流转管理问题，对于持股方式的选择和设计是有效避免后期股权管理障碍的关键环节。

基于持股方式选择需要重点关注并综合考虑的三大方面问题，在选择设计持股方式时，就需要深入了解不同持股方式的特点或要求。具体如下。

持股方式主要分为两大类，一类是自然人持股，另一类是平台持股，包括公司制企业、合伙制企业和资产管理计划。自然人持股与平台持股的主要优势和不足如表2-7所示。

表2-7 自然人持股与平台持股的主要优势和不足

持股方式	优势	不足
自然人持股	直接持股，首期操作简单，适用于人员较少、持股员工预期变动不太大的情况	同股同权，可能造成治理决策的复杂性；人员流动性不可控，造成股权变更的复杂性
平台持股	股权管理及变更等相对简单；若合伙企业持股，可以避免双重税负问题	首期需要设立平台公司，增加操作复杂性

针对平台持股需要补充说明的是：

（1）不同平台的股东、合伙人、投资者数量有差异。有限公司的股东数量上限为50人；合伙企业的合伙人数量上限为50人；资管计划的投资者数量上限为200人。

（2）成本及税收费用有差异。有限责任公司针对法人主体需缴纳企业所得税，股东分配时还需要缴纳个人所得税；合伙企业，除必要的平台管理费用外，主要针对合伙人在分红时缴纳个人所得税；资管计划主要涉及第三方机构的管理费，以及个人所得税的缴纳。

（3）对投资者的要求有差异。有限责任公司和合伙企业对股东或合伙人条件无明确的限制性要求；而资管计划，员工持股或股权激励作为权益类资管产品，对于合格投资者的初始金额下限为100万元，即若选择资管计划，员工持股或股权激励合格的自然人投资额度至少要达到100万元，这对于使用资管计划作为持股平台的企业来说具有较强的约束性。

综上所述，综合考虑税费、操作便利性、投资门槛等因素，大多数国有科技型企业会优先选择持股平台持股，且持股平台主要以合伙企业为主，尤其是有限合伙企业。

第21问 国有科技型企业股权激励的持股平台如何进行设计和管理?

若企业选择合伙企业作为持股平台,面临的问题就是如何进行设计和管理,以有效保障持股平台的合规性和科学性。

按照《中华人民共和国合伙企业法》(以下简称《合伙企业法》)的规定,有限合伙企业的合伙人数量上限为50人,且有限合伙企业的合伙人中至少有一名是普通合伙人,而普通合伙人须对合伙企业债务承担无限连带责任。因此,在使用有限合伙企业作为持股平台时,需要关注两个方面的问题:一是有限合伙企业持股平台模式的选择问题;二是普通合伙人的选择问题。

一、持股平台模式的选择问题

(一)单一持股平台标准模式

若持股员工数量少于50人,有限合伙企业平台设计相对简单,直接设立一个有限合伙企业作为持股平台,直接持有国有控股企业股权即可。单一持股平台标准模式如图2-4所示。

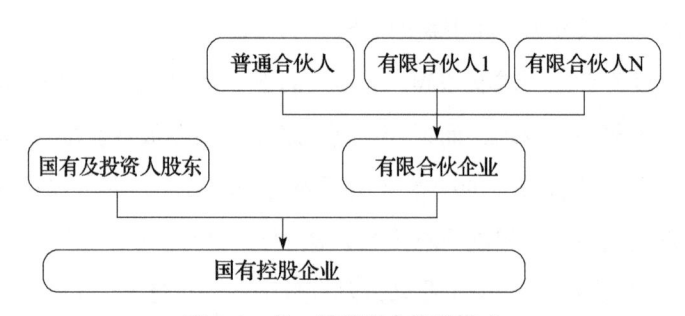

图2-4 单一持股平台标准模式

(二)多持股平台下平行模式与嵌套模式

若持股员工数量多于50人,进行有限合伙企业平台设计时,为满足更多员工参与持股的需求，至少需要设立两个以上的合伙企业平台。出现多个合伙企业持股平台时，一般有两种方式选择，一是平行式设计，即多个持股平台直接持有国有控股企业的股权；二是嵌套式设计，即仅有一个直接持股平台直接持有国有控股企业的股权，其他合伙企业通过直接持股平台间接持有国有控股企业的股权。多持股平台下平行模式设计如图2-5所示，多持股平台下嵌套模式设计如图2-6所示。

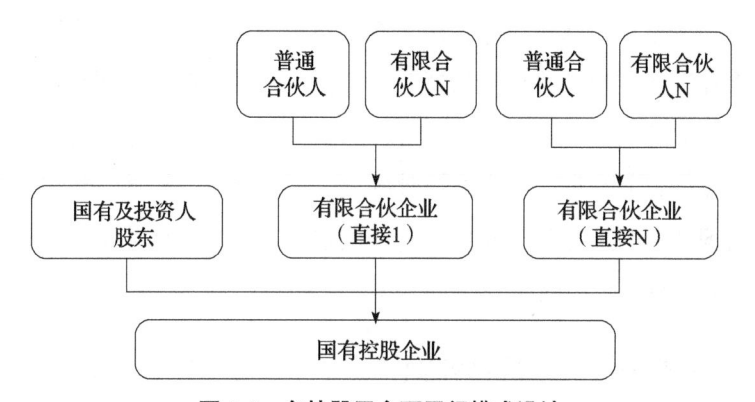

图 2-5　多持股平台下平行模式设计

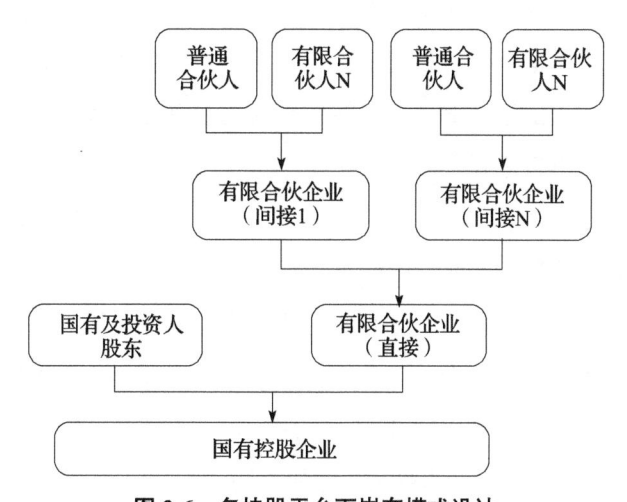

图 2-6　多持股平台下嵌套模式设计

多合伙企业平台式设计与嵌套式设计比较说明如下。

一是从首期实现员工入资持股而言，两种方式的设计差异性并不明显。

二是两种方式的区别关键在于后期股权管理的差异性。

若在后期股权管理或流转过程中，涉及多平台间的股权流转时，往往会出现各平台直接或间接持股比例的变化。即在平行方式下，除对合伙企业本身做工商变更外，还需要对国有控股企业做工商变更，操作烦琐复杂；而在嵌套方式下，仅对合伙企业本身做必要变更处理就可以了，除涉及整体比例的变化外，不需要对国有控股企业本身做变更处理。

若涉及预留股权及股权缓冲池的设计，在嵌套方式下，通过将预留股权代持者设计为直接持股平台的合伙人就很容易实现管理；而在平行设计情况下，可能还需要再增加平行直接持股的平台，同样会造成股权流转过程中诸多烦琐的工商变更处理。

鉴于以上比较说明，嵌套式设计的优势更为突出。因此，建议企业在实施员工持股或股权激励的过程中，若涉及多个合伙企业作为持股平台，优先选择嵌套式设计。

二、普通合伙人的选择问题

按照《合伙企业法》规定，有限合伙企业至少有一个合伙人是普通合伙人。而普通合伙人一般作为执行事务合伙人，对外代表合伙企业，执行合伙事务。普通合伙人的选择对于后期持股平台的管理影响较大。因此，选择普通合伙人的主体也很重要。

一是以管理层代表作为普通合伙人执行合伙事务。一般适用于持股员工数量较大，股权管理相对简单的情况。

二是以第三方机构作为普通合伙人执行合伙事务。第三方机构一般以非公资本为主，因为根据《合伙企业法》普通合伙人要承担无限连带责任，对于国有控股企业来说一般会面临较大的障碍。选择非公资本机构作为普通合伙人时，一般优先选择基金类或财务型的投资人，一方面可以作为普通合伙人执行合伙事务，另一方面可以作为预留股权的代持方或作为股权池管理者，对持股平台的股权管理将带来更多的便利性。

需要强调说明的是，第三方机构作为普通合伙人时，一般选择长期合作或信誉好的机构，以达到有效进行风险控制的目的。

第22问 国有科技型企业股权激励的管理主体如何设计？

以有限合伙企业作为股权激励持股平台为例，股权激励的管理主体一般包括执行事务合伙人、合伙人会议及股权激励管理委员会。各个管理主体具体说明如下。

一、执行事务合伙人

通常情况下，员工持股平台的普通合伙人就是执行事务合伙人，负责执行合伙事务，承担日常管理职能。执行事务合伙人管理的合伙企业事项包括办理合伙企业的登记事项、办理合伙企业权益转让、分配合伙企业收益、代表合伙企业出席会议、召开合伙人会议等。

二、合伙人会议

合伙人会议在合伙企业中的地位相当于股东会在公司中的地位。合伙人会议是员工持股平台内部管理的权力机构，由持股平台全体合伙人组成。所有持股人均有权利参加合伙人会议。持股人可以亲自出席合伙人会议并表决，也可以委托其他持股人作为代理人代为出席并表决。合伙人会议决议按持股比例行使表决权，对于重大事项的决议，须经参会人员所代表的表决数半数以上通过。

那么，合伙人会议和执行事务合伙人有什么区别，不都是进行管理，是不是存在重复管理的问题呢？执行事务合伙人是法定要求设置的，更多的是作为合伙企业代表，承担一些日常管理的事务性工作。而合伙人会议作为合伙企业权力机构，更多的是围绕合伙企业整体变动事项做一些重大决策，所以这两个管理主体都是必不可少的，也是有较大差异性的。

三、股权激励管理委员会

股权激励管理委员会，大家对于这个名词可能有些陌生，因为股权激励管理委员会并不是政策规定必须要建立的，而是结合管理实践经验需要建立的管理主体。

股权激励管理委员会是国有科技型企业实施股权激励的主要管理机构。股权激励管理委员会的成员数量根据企业情况设定，一般为3～7人。股权激励管理委员会的成员一般应包括控股股东代表、国有科技型企业持股管理层及持股代表，这其实借鉴了公司制企业董事会的设置。股权激励是涉及国有股权变动的重要中长期激励改革，那么在进行股权管理时至少需要兼顾控股股东、企业本级及职工三方的意愿。作为股权管理的主要管理机构，成员设置兼顾三方，能够很好地体现三方的共同意愿，并达到一定的制衡。

股权激励管理委员会最核心的工作有两个：一是决定哪些人能够参与股权激励；二是确定激励对象买卖股权的价格水平。

决定哪些人能够参与股权激励。大家都知道，首批股权激励对象的名单是需要中央企业集团公司或地方国资激励机构审批的。但是如果后续存在老员工退出员工持股平台的情况，就可以有合格的新员工再进入员工持股平台。参与股权激励的新员工或增购的原合伙人应具备什么资格条件？新增激励对象人员名单是否符合资格条件？新增激励对象或增购的原合伙人认购或增购公司股权的数量为多少？这些都需要股权激励管理委员会进行决策管理。

确定激励对象买卖股权的价格水平。4号文仅对激励对象在锁定期内因特殊情形退出的价格有所规定，但是对于其他情况如何定价并没有明确说明。那在这种情形下，股权激励管理委员会需要对员工进入或退出员工持股平台的股权转让价格进行审议，以保障有序进退出。

另外，如果企业参与股权激励的对象超过了50人，那么必然会建立2个及以上的员工持股平台。合伙人会议仅负责一个有限合伙企业的管理，而股权激励管理委员会可以负责所有持股合伙企业平台的管理。

第23问 如何理解国有科技型企业股权激励的锁定期管理？锁定期内外流转有何差异？

根据4号文等政策文件，员工参与股权激励后，并不是随时都可以退出的，而是有一个锁定期。而且，锁定期内外对员工持股股权流转处理也存在较大的差异。具体如下。

一、锁定期

对于国有科技型企业股权激励，政策要求设定60个月的锁定期。也就是说，从企业员工持股平台完成股权交易且完成工商登记变更之日算起，持股员工在60个月内不得转让、捐赠其所持有的激励股权。

在锁定期内退出。4号文明确提出：

（1）因本人提出离职或者个人原因被解聘、解除劳动合同，取得的股权应当在半年内全部退回企业，其个人出资部分由企业按上一年度审计后净资产计算退还本人。

（2）因公调离本企业的，取得的股权应当在半年内全部退回企业，其个人出资部分由企业按照上一年度审计后净资产计算与实际出资成本的孰高原则返还本人。

也就是说，只要激励对象离开本企业，无论是因本人提出离职或者个人原因被解聘、解除劳动合同、劳动合同期满公司不再续签的，还是因公调离、退休、死亡、丧失劳动能力的，激励对象都必须要退出股权激励并将所持股权退回。

二、流转机制

（一）锁定期内

在锁定期内，4号文对于特殊情形是有明确规定的，企业需要根据员工的退出原因设置不同的退出价格。

对于持股员工因本人提出离职等主观原因离开企业的，其持有的股权按企业上一年度审计后净资产计算价格退还本人。因为政策是不鼓励员工在锁定期内离开企业的，所以如果员工主动离开企业，退出价格相应地不会太高。

对于持股员工因公调离等客观原因离开企业的，其持有的股权需按企业上一年度审计后净资产计算价格与实际出资成本的孰高原则返还员工。因为员工是被动离开企业的，为了保护员工的利益，至少不让员工因为参与股权激励而受损。

对于持股员工因违法、违纪等过错离开企业的，该情况在政策中并未明确规定，建议其股权转让价格按企业上一年度审计后净资产计算价格与实际出资成本的孰低原则返还员工。如持股员工对企业负有赔偿或其他给付责任的，企业可从股权转让价款中优先受偿。因为在这种情形下，员工是过错方，理应对员工进行相关约束，退出价格也应选择相对较低的价格。

（二）锁定期外

在锁定期外，4号文没有对退出价格进行明确要求，企业可以根据实际情况进行设计。经股权激励管理委员会同意，在职持股员工之间可以进行股权转让，转让价格由双方协商确定。唯一需要注意的是，如果把股权退还给国有股东，结合同类政策要求，建议价格不能高于企业上一年度经审计后净资产计算的价格，以严格避免可能的国有资产流失风险。

第24问 国有科技型企业股权激励在非上市与上市期间退出有何差异？如何进行处理？

如果国有科技型企业在实施股权激励期间，发生 IPO 上市的情况，需要兼顾国企改革政策和证券监管机构要求合理解决员工持股退出面临的问题。企业可在区分持股员工在锁定期内和锁定期外上市的情况下，约定采取不同的退出处理方式。企业可参考以下说明具体约定处理方式。

一、锁定期内上市

如果企业在股权激励的锁定期内完成上市，需要注意三个问题。

一是锁定期问题。根据上市公司相关规定，自公司股票在证券交易所上市交易之日满 12 个月后，员工才可以转让所持股权。也就是说，对于参与科技型企业股权激励的持股员工而言，需同时满足两个条件才能进行股权转让：一是自取得股权之日起满 60 个月；二是自公司股票在证券交易所上市交易之日满 12 个月。

二是转让比例问题。根据上市公司相关规定，企业董事及高层管理者在任职期间每年转让的股份不得超过其所持有本公司股份总数的 25%，离职后半年内不得转让其所持有的本公司股份。

三是转让价格问题。若企业首发上市，持股员工满足条件后可以在证券交易所进行股权转让，转让价格由二级市场决定。

二、锁定期外上市

如果企业在股权激励的锁定期外完成上市，锁定期仅需考虑自公司股票在证券交易所上市交易之日是否满 12 个月，转让比例和转让价格的确定方式可参照锁定期内上市的处理方式。

第25问 国有科技型企业股权激励的实施时机如何选择？

当国有科技型企业在短期内有上市预期，且考虑在上市前实施股权激励时，如何选择实施合适的激励时机呢？对于短期内有上市预期的国有企业来说，在实施股权激励时不仅要符合国资监管中有关股权激励的政策要求，还需要考虑证监会相关监管政策。

拟上市企业股权激励时机选择得"好"，会起到降低上市审核风险、减少上市披露难度、促进企业业绩、提高激励效用的作用。

企业可采取"113"框架思路解决上市时机选择问题。具体来说就是1个前提，1个建议，3个因素。一个前提：选择报告期内或报告期前。一个建议：建议股权激励在股改之前或与股改同时实施。三个因素：关注突击入股、股份支付和激励效用最大（见图2-7）。

因素2：股份支付

因素1：突击入股

因素3：激励效用最大

1个前提：报告期内或报告期前

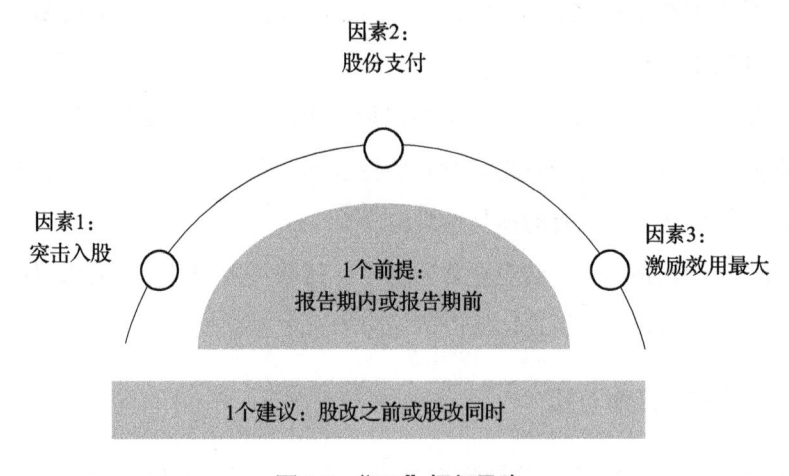

1个建议：股改之前或股改同时

图 2-7 "113" 框架思路

一、"1个前提"+"1个建议"

要深刻理解"1个前提"和"1个建议",企业需要先对上市的基本流程有一个基本的认识,这是理解股权激励时机选择的前置条件。

一般情况下,企业自筹划改制到完成发行上市主要包含重组改制、尽职调查与辅导、申请文件的制作与申报、发行审核、路演询价与定价、发行与挂牌上市等阶段。从拟上市企业实施股权激励的时机来看,需要关注的是提交招股说明书之前的时间阶段,这里需要明确两个关键词,即报告期和股改。

报告期为三个完整的会计年度,因此IPO申报材料需披露最近三年的财务信息。根据《首发业务若干问题解答》规定,在提交IPO申报材料之后,若开展股权激励或员工持股,需要撤回发行申请,重新申报,因此"报告期内或报告期前"是股权激励时机选择的一个前提。

另外,企业在上市前通常会进行股份制改革。股改后公司进入股份有限公司阶段,企业各方面相对会比较规范,受到的制约会比较多,开展股权激励的操作复杂度会有所增大。从实践来看,建议企业实施股权激励最好在股改之前或与股改同时进行(见表2-8)。

二、3个因素之"突击入股"

近年来有大量企业存在IPO申报前一年内新增股东的情形,证监会之所以对突击入股有专门的规定,主要是由于二级市场的高额溢价差。若发行前机构或个人通过在一级市场低价购股,发行后在二级市场进行溢价卖出,会形成收益"暴涨"现象。这一现象与资本市场公平、公正、公开的准则背道而驰,从而引发了监管层的关注。

因此,针对这种情况,监管部门对上市前"突击入股"从严核查,对于实施股权激励或者员工持股的企业来说,也需要从严审核股权激励方案和管理办法的合规性,提前规避潜在风险。上市审查要求在突击入股方面主要关注信息披露和股份锁定两个方面,提前了解这些政策规范有助于未雨绸缪,将问题解决在发生之前。

表 2-8　企业实施股权激励的参考依据和政策规范

发行时间	参考依据	适用范围	政策规范
2021年2月7日	上海证券交易所新闻发言人就申请首发上市企业股东信息披露监管答记者问	主板	发行人提交申请前12个月内新增股东的……上述新增股东应当承诺所持新增股份自取得之日起36个月内不得转让
	深圳证券交易所新闻发言人就申请首发上市企业股东信息披露监管答记者问	主板	
2021年2月5日	《监管规则适用指引——关于申请首发上市企业股东信息披露》	主板、科创板、创业板	
2020年6月12日	深圳证券交易所发布的《深圳证券交易所创业板股票首次公开发行上市审核问答》	主板、科创板、创业板	申报前6个月内进行增资扩股的，新增股份自发行人完成增资扩股工商变更登记手续之日起锁定3年。在申报前6个月内从控股股东或实际控制人处受让的股份，应比照控股股东或实际控制人所持股份进行锁定；申报后，通过增资或股权转让产生新股东的，原则上发行人应当撤回发行申请，重新申报
2020年6月12日	上海证券交易所发布的《上海证券交易所科创板股票发行上市审核问答（二）》	科创板	
2019年3月10日	证监会发布《首发业务若干问题解答》	主板、科创板、创业板	

（1）信息披露：根据《监管规则使用指引——关于申请首发上市企业股东信息披露》要求，对于申报前12个月内新增的股东，监管层关注的是新增股东、入股价格的合理合法性，是否存在股权代持、利益输送等情形，如发行人不能进行充分的披露和解释，那么就会实质性地影响上市审核。

（2）股份锁定：即使发行人对突击入股的信息披露和解释充分且合理，但是为了避免上市后突击入股的新股东在短时间内进行套现，证监会发布了相关政策，对突击入股的股份锁定进行严格规范。

在突击入股认定标准方面，《首发业务若干问题解答》中规定，突击入股为申报前6个月内新增股东的情形。而最新的《监管规则适用指引——关于申请首发上市企业股东信息披露》政策延长临近上市前入股行为认定的时间标准,将申报前 12 个月内产生的新股东认定为突击入股,且股份取得方式包括增资扩股和股份受让。在股份锁定方面,要求新增股东应承诺在取得股份之日起 36 个月内不得转让。

越是在 IPO 申请的后期,企业实施股权激励或员工持股的风险就越大。因此,建议企业最好在提交申报材料一年之前实施完成,以规避或减少在上市审核过程中引发过多的关注和披露要求。企业挂牌上市的流程如图 2-8 所示。

01	改制重组	变更为股份有限公司
02	尽调与辅导	上市培训、辅导备案及验收
03	文件制作申报	准备IPO申报材料、提交招股说明书
04	发行审核	证监会审核
05	路演询价定价	开展路演推介
06	发行挂牌上市	挂牌上市

图 2-8 企业挂牌上市的流程

三、3 个因素之"股份支付"

根据《企业会计准则第 11 号——股份支付》的规定,若企业实施股权激励,以低于公允价值向员工授予股权必然会发生股份支付,则需要从公司净利润中扣除股份支付费用,从而导致企业净利润减少,甚至为负,进而可能影响企业上市进程及发行的市值。

因此,企业实施股权激励或员工持股时,需要提前根据企业盈利状况整体进行成本测算,核算出公司能承受的股份支付成本的底线,尤其在报告期内,应避免大额的股份支付发生。

(1)降低净利润,影响企业上市的情况。以创业板为例,《创业板股票上市审核规则》明确规定企业最近两年净利润均为正。如发生股份支付导致公司净利润为负,则会影响公司上市。各企业可结合自身实际自行查看对应板块上市条件。

（2）降低净利润，影响企业发行的市值。新股发行时企业市值可以用净利润乘以市盈率进行估算，而净利润取的数据就是报告期最后一年的数据。因此，若报告期最后一年实施股权激励导致存在股份支付的，会直接影响最后一年的净利润数据，从而可能直接影响企业发行时的市值。

企业在实施股权激励或员工持股时需要提前核算可能发生的股份支付费用，尤其在申报前两年内需要特别关注。因此，建议企业最好选择在报告期前实施股权激励，或者采用公允价值避免发生股份支付。

四、3个因素之"激励效用最大"

股权激励最大的作用在于激励，若激励效用发挥得好，对于提升公司经营绩效会具有巨大的提升作用。一方面，企业在上市前实施股权激励，能够让员工感觉上市可期，股权激励的吸引力也更大；另一方面，员工持股或股权激励的锁定期为3年或5年，申报前3～5年实施股权激励，能起到提升IPO报告期业绩的激励作用，同时也避免等待期太长，影响员工激励效果。

企业上市申报前3～5年实施股权激励较佳，这样让员工感觉上市可期，激励效用最大，从而能够起到有效提升IPO报告期业绩的作用。

拟上市企业实施股权激励的时机如图2-9所示。

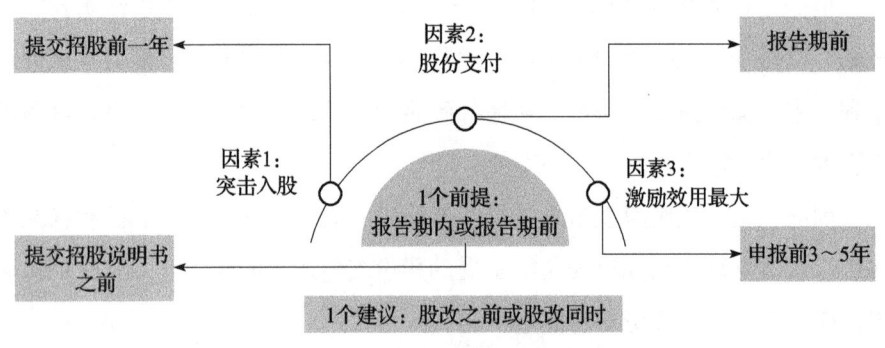

图2-9 拟上市企业实施股权激励的时机

最佳：申报前3～5年，即报告期外前1～2年，对上市审核的影响较小，能有效促进企业业绩，且能发挥较好的激励效用。

次佳：提交申报材料一年以前，即报告期的前 1～2 年，同时可以结合企业股改的时间。虽然存在股份支付的影响，但是只要提前做好相关测算，保证在可承受范围内即可。

退而求其次：提交申报材料前一年内，即报告期最后一年内，存在突击入股和股份支付的审核风险，但基本能保证信息披露充分性和上市合规性。

第26问 国有科技型企业股权激励的审批流程是什么?

4号文对于股权激励方案审议审批流程的相关要求,梳理总结如下(见图2-10)。

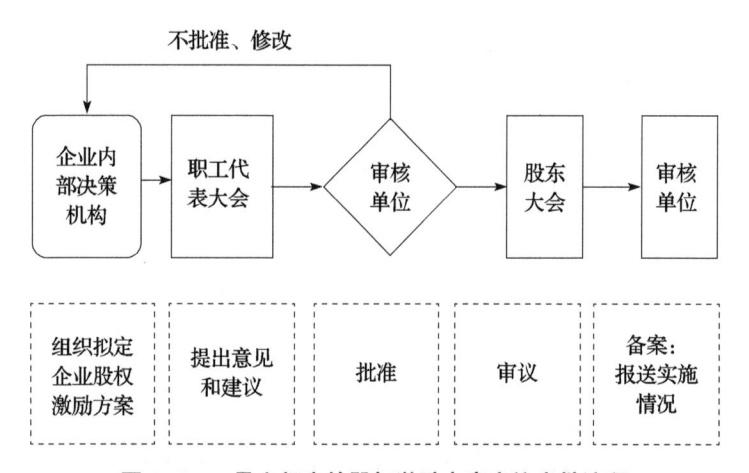

图2-10 4号文规定的股权激励方案审议审批流程

流程:企业内部决策机构 → 职工代表大会 → 审核单位(不批准、修改则返回企业内部决策机构) → 股东大会 → 审核单位

对应说明:组织拟定企业股权激励方案 / 提出意见和建议 / 批准 / 审议 / 备案:报送实施情况

一、企业内部决策机构负责拟定股权激励方案

企业内部决策机构是指企业董事会或者总经理办公会,对于设立董事会的企业由董事会负责组织拟定股权激励方案,对于未建立董事会的企业由总经理办公会负责拟定股权激励方案。

二、通过职工代表大会或者其他形式充分听取职工的意见和建议

对于有职工代表大会的企业,由职工代表大会审议股权激励方案;没有职工代表大会的企业可以通过职工座谈、问卷调查等方式听取职工的意见和建议。

三、企业根据"三重一大"决策程序履行内部决策程序

每个企业的"三重一大"决策程序不尽相同,需要根据本企业的"三重一大"履行内部审议决策股权激励方案。

四、股权激励方案报审核单位批准

中央企业集团公司相关材料报履行出资人职责的部门或机构批准;中央企业集团公司所属子企业,相关材料报中央企业集团公司批准;履行出资人职责的国有资本投资、运营公司所属子企业,相关材料报国有资本投资、运营公司批准。

五、股权激励方案提请企业股东(大)会审议

设立股东(大)会的企业,由股东(大)会审议批准;未设立股东(大)会的企业,按照审批单位批准的方案实施。

六、将相关材料报审核单位备案并实施

企业需要向审核单位报送备案材料。主要包括经股东(大)会审议通过的激励方案、相关批准文件、股东(大)会决议等。

| 第 3 章 |

CHAPTER 3

国有控股混合所有制企业员工持股

第27问 混合所有制企业员工持股关联政策文件有哪些？

国有控股混合所有制企业员工持股的核心文件是133号文。133号文于2016年8月由国务院国有资产监督管理委员会、中华人民共和国财政部和中国证券监督管理委员会联合发布。133号文是国家层面第一个单独规定国有控股混合所有制企业进行员工持股的政策文件，这份文件内容含量极大，对谁能开展，谁能持股，怎么入股，如何定价，股权流转与退出等都进行了比较详细的规定，开启了新一轮针对国有企业的员工持股机制。

首先，133号文有几个第一次的明确规定，即：

第一次明确规定员工持股的整体比例和个人最高持股比例；

第一次明确提出员工持股平台的作用和形式；

第一次明确了员工持股的范围，必须与本企业签订劳动合同，除特殊情况外，严格规避母公司人员上持下的做法等。

这些原则性规定，对于稳慎有效开展员工持股计划具有重要意义。

除133号文外，针对国有控股混合所有制企业员工持股的关联文件还包括653号文和《关于深化混合所有制改革试点若干政策的意见》（发改经体〔2017〕2057号）（以下简称2057号文）。

653号文在关于激励约束机制的相关内容中，明确提出混合所有制企业员工持股应按照133号文稳慎开展，文件中对员工持股的相关规定与133号文一致。

2057号文的第四点"关于员工持股"中对员工持股的基本原则进行了调整补充，明确提出"立足增量、不动存量、同股同价、现金入股"。同时，2057号文也首次打破了133号文对实施员工持股试点企业的数量限制，提出"试点企业数量不受《关于国有控股混合所有制企业开展员工持股试点的意见》（国资发改革〔2016〕133号）规定的数量限制。试点企业名单由国家发展改革委、国务院国资委按程序报请国务院国有企业改革领导小组确定"。

在混合所有制企业员工持股的实际操作中，还有一项重要的文件就是第32号令。第32号令首先明确规定了国有及国有控股企业、国有实际控制企业的范围，包括：

（1）政府部门、机构、事业单位出资设立的国有独资企业（公司），以及上述单位、企业直接或间接合计持股为100%的国有全资企业；

（2）第（1）款所列单位、企业单独或共同出资，合计拥有产（股）权比例超过50%，且其中之一为最大股东的企业；

（3）第（1）、（2）款所列企业对外出资，拥有股权比例超过50%的各级子企业；

（4）政府部门、机构、事业单位、单一国有及国有控股企业直接或间接持股比例未超过50%，但为第一大股东，并且通过股东协议、公司章程、董事会决议或者其他协议安排能够对其实际支配的企业。

对于符合第32号令所规定的国有控股企业实施混合所有制企业员工持股时，应参照133号文执行，且相关国有资产交易事项按照第32号令执行。

其次，对于采用增资形式实施员工持股的企业，第32号令也明确规定了企业增资的具体事项。

另外，对于133号文的执行，伴随着"双百行动""科改示范行动"等专项改革工程的推进，对于133号文的一些具体规定进行了支持性的补充。比如，专项工程企业实施133号文员工持股不受试点限制，支持科学技术人员在确有必要的情况下可以持有下属单位股权，以及对于小规模企业单个激励对象持股比例可放宽到3%等。

第28问 如何从整体上把握混合所有制企业员工持股？

在国企改革中提到的员工持股，是指按照133号文，对于部分国有经济成分依旧占据大股东位置的混合所有制企业，配套进行的一种核心岗位员工持股政策。

因而，理解员工持股，不能泛化，要弄清楚政策要义，在实操中注意细节问题。

一、员工持股要弄明白五个"怎么干"

员工持股模型如图3-1所示。

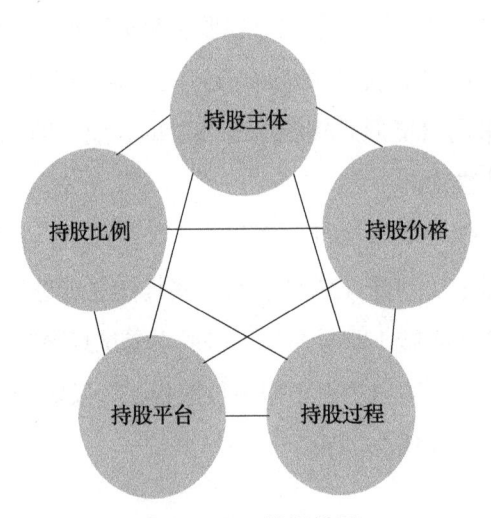

图3-1 员工持股模型

（1）持股主体怎么找？
（2）持股比例怎么定？
（3）持股价格怎么评？

（4）持股平台怎么建？

（5）持股过程怎么推？

在本企业或下属公司推行133号文规定的员工持股机制时，按照这个思考逻辑，把以上五个问题回答清楚后，就基本上能够制订并形成对应的实施方案。

在这五个问题之前，还有一个前置条件，那就是企业适用条件，133号文明确规定，实施企业要满足四个基本要件：

一是有充分竞争的业务；二是非公股东占有一定股比，并在董事会中有董事席位；三是建立了市场化用工机制，三项制度改革到位；四是从集团内部关键交易中产生的收入和利润不高于10%。

根据2019年11月颁布的653号文的规定，员工持股应按照133号文稳慎开展，同时员工持股推动的基本原则，是"依法合规、公开透明、增量引入、利益绑定，以岗定股、动态调整，严控范围、强化监督"。

这个政策原则很明确，再一次强调，推行员工持股，要严格执行上述标准。

二、持股主体怎么找

133号文指出，一共有三类岗位人员是可以持股的：第一类，科研人员；第二类，经营管理人员；第三类，业务骨干。

以上三类岗位人员并不是企业的全部岗位人员，只是包括了"在关键岗位工作并对公司经营业绩和持续发展有直接或较大影响"的人员，所以，员工持股不能是"全员持股"。

持股的人员需要和本公司签订劳动合同。这一点特别关键，直接回答了"上持下"问题：一般是不行的！因为上级企业人员没有在本单位履职负责，没有签订劳动合同。同时，在2020年推动的"科改示范企业"专项政策中，对"上持下"问题做了一个特别的说明，"科技型企业的科技人员，确因特殊情况需要持有子企业股权的，可以报经集团公司批准后实施，并报同级国有资产监管机构事后备案"。

哪些人不能持股，政策也规定得特别清晰：

（1）政府部门任命的国有企业领导人不行，这是身份限定；

（2）企业的外部董事、监事不行，这是角色限定；

（3）多数没和企业签劳动合同的集团其他人员不行，这是岗位限定；

（4）直系亲属只能一人持股，其他人员不行，这是亲缘限定。

三、持股比例怎么定

在明白了政策规定的持股岗位人员范围后，企业就需要根据自身的岗位分布、岗位人员业绩贡献和发展潜力等多个因素，综合计算评定、确定如何把内部的干部职工划分为若干类，并确定各个岗位人员的持股金额、比例系数等。

持股的人员需特别关注持股比例问题，因为它直接关系到诸如投入资金规模、管理权限、未来收益等核心事项。科学地给每个持股人员分配合适的持股比例，显得很重要。

133号文对持股比例做了如下规定。

个人持股不超过总股本的1%；员工持股总量不超过总股本的30%。

这个上限规定是基于员工持股的基本原则而来的，是要防范持股比例不科学而产生的国有企业管理风险。

推动这项政策的目的是使"入股员工与企业共享改革发展成果，共担市场竞争风险"，这是一种"利益绑定"的政策。

所以，在此需要强调建议的是，1%的个人持股上限和30%的整体持股上限是要坚守的原则，企业不能因为各种具体的原因把政策执行搞偏。

在整体比例确定的条件下，本企业内部不同持股人员之间的持股比例和金额分配，大致有几种做法：

第一种做法，根据岗位价值贡献原则，用岗位价值评估确定的岗位系数进行计算分配；

第二种做法，根据激励历史贡献和未来潜力相结合的原则，通过历史业绩和个人成长潜力评价的方式确定分配系数；

第三种做法，在相应岗位层次上，设置几种不同的入股投资档次，让入股人员按档确定。

四、持股价格怎么评

对于员工持股的定价基准，有几点需要把握。

（一）增量引入，利益绑定

这是133号文明文规定的。也就是说，国有企业可以转让股权给外部投资者，但是如果有员工入股存在，这部分的股权需要在企业增资的模式下进行，不能直接进行股权转让。

（二）同股同价，现金入股

这是国家发展改革委2057号文的规定。这里说明了员工入股的价格确定基础，那就是"同股同价"！目前推动的员工持股企业，原先多数是国有独资或者全资企业，推动员工持股是和吸引外部非公战略投资人同步进行的，所以需同股同价，即员工持股价格应该和这些投资人一致。在实践中，国有企业股权增资需进行公开挂牌交易，外部投资者竞价，最终摘牌的投资者完成混改交易。期间，持股员工本身不需要参与公开竞价，但是需要在投资者摘牌完成后，用同样的价格进行出资购买，完成出资。

133号文规定，出资的方式一般是现金，并且按约定及时足额缴纳。这个约定要根据《公司法》的要求，同时要满足国有资产评估有效期为12个月的时限规定，员工出资应在一年内完成，而且不能采取所谓的"认缴不实缴"的方式人为延长这一时间。

（三）资产评估，定价基础

国企混改配套员工持股有两种开展方式，一种是现有国有企业增资扩股，另一种是各方股东出资新设。对于这两种方式，定价的基准是不同的。

国有企业增资，需要在审计基础上开展资产评估，并按照国有产权交易管理政策，在企业评估值基础上通过国有产权交易机构进行挂牌交易。

出资新设，需要根据公司发展要求确定注册资本，包括员工在内的各方股东按照认缴和实缴两个部分，进行出资。

五、持股平台怎么建

在很多年之前的企业员工持股实践中，一般都是由个人实名的形式进行持股并进行工商注册的。这种做法经过探索，出现了诸如工商变更烦琐、人员难以管理、股权管控不易等问题。因而，在新时代的员工持股政策中，对持股方式进行了优化，鼓励持股平台建设。

133号文规定："持股员工可以个人名义直接持股，也可通过公司制企业、合伙制企业、资产管理计划等持股平台持有股权"。首次全面地规定了员工持股可以采用的四种持股方式。

合伙制企业是目前多数企业推行员工持股时首选的方式。主要是这种企业形式管理相对灵活，同时综合税收成本是比较低的。当然，合伙制企业的组建，还有一些执行的细节，比如多层嵌套合伙企业怎么组建？普通合伙人谁来承担？公司预留股权怎么实现？内部股权转让怎么落地？需不需要一个资金池来准备员工内部的股权转让流动等。这些问题，可参阅其他相关章节内容。

资产管理计划也是一些企业推行员工持股的选择。资产管理计划作为持股平台，需要通过类似于信托公司、证券公司等有资质的金融机构进行。员工购买定向资产管理产品，同时资产管理计划投资于混改企业作为持股平台。资产管理计划适用于一些持股员工人数比较大、一般超过几百人的时候，管理相对规范和简单，但是也会产生专属的管理成本。

有限责任公司也可以作为员工持股的平台，实践中也有部分企业采用。这种形式的好处是，大家都比较熟悉，管理相对容易。但美中不足的是，由于公司制企业存在企业所得税和个人所得税的两层机制，会比合伙企业更为复杂，管理成本更高。

当然，如果一家企业的员工持股人数很少，比如少于10个人，未来持股也不会发生变化，采用个人实名制也是可以的。这种方式在人数多的时候，管理流动和变动管理的难度会比较大。

需要注意的是，持股平台无论采用哪种形式，都是需要进行管理的，不能放在那里不管不顾。持股平台要成立独立的管理组织，比如持股委员会或者管理委员会等，负责每年的持股变化、收益管理、税务工商手续，并且为众多持股员工负责。鉴于这项工作还存在一定的工作量，所以需要提前为持股平台准备够用的成本费用。

六、持股过程怎么推

一般需要注意以下几个方面。

（一）充分沟通，全面告知

员工持股是一项投资性活动，需要每个持股员工和企业利益捆绑，这个决策需要公平、自愿进行。企业在执行过程中，一是不要故作神秘，二是不要强行实施。企业推动员工持股，需要充分调查了解员工的出资意愿，并且评估员工的出资能力。

（二）转换合同，转换心态

员工持股通常是与企业混改结合在一起进行的，国企混改后，持股的员工需要和新企业签订市场化的劳动合同，同时企业应推动市场化三项制度改革，人员实现能进能出。这样的转换对于员工是一种心理的挑战，只有转换合同、转换心态的员工，才能更好地实现持股的激励效果。

（三）考核跟进，股权动态

考核动态调整是很重要的，建议在持股协议中对持股后的动态考核和股权变化进行约定，以保证每个人都时刻有动力、有压力。

第29问 混合所有制企业员工持股政策及实施要义是什么？政策导向如何？

国有控股混合所有制企业员工持股的原则在多个文件中有体现。133号文和653号文中，有关员工持股的原则一致，但2057号文中有关员工持股的原则略有变化。对比如图3-2所示。

依法合规，公开透明；	依法合规、公开透明；
增量引入，利益绑定；	立足增量、不动存量；
以岗定股，动态调整；	同股同价、现金入股；
严控范围，强化监督。	以岗定股、动态调整。
——133号文；653号文	——2057号文

图3-2　133号文、653号文、2057号文规定的员工持股原则

两种原则的表述略有不同，但一脉相承，把握要义时当兼顾理解。几个关键词重点说明如下。

增量引入：包括两层含义，一是员工入股以增资或新设方式进入，不能进行股权转让。尤其要关注的是新设公司的入股，也属于增量引入，一般也需要符合133号文的规定；二是员工入股后强调以共享增量收益为主，即通过员工持股可带动企业更多的增量发展。换句话说，对于增长乏力、收益规模难以扩大的企业而言，并不适合用员工持股。

动态调整：同样包括两层含义，一是员工持股股权需要有内部流转机制，能够在企业内人员岗位变动、新进人员出现等情况下，有效激励关键岗

位人员；二是员工持股需要有明确的退出机制，始终保持持股人员为在职人员，有效防止人走股还在、激励日趋错位的问题。

严控范围：同样包括两层含义，一是员工持股不能"一哄而上"，并不是全部混合所有制企业都适合搞员工持股；二是员工持股不能"包治百病"，员工持股只解决了核心层及关键岗位人的积极性和主动性问题，但对于企业发展成长而言不只是人有干劲就可以，还受企业战略选择、投资管理、治理效率等诸多因素的影响，即不存在"一股则灵"的情况。

同股同价：同样包括两层含义，一是需与引入外部投资者的价格保持一致，不存在折价问题，也不存在赠股问题；二是股与权合法对等，按持有股权合法享有收益分红权和增资增值权。

了解员工持股核心要义的关键作用在于，当实操过程中出现政策文件中没提及的问题，可以在把握核心要义的范围内设计实施方案或解决个性化问题。

第30问 混合所有制企业员工持股的实施条件是什么？

一、哪些企业可以实施员工持股（合规性要求）

133号文对实施员工持股的企业给出了四个方面的要求，即商业一类、非公资本参与、治理健全、收益外向为主。若快速把握合规要求，关键从以下三个方面判断。

（一）国有控股

只有国有控股的企业推行员工持股需依据133号文执行，而国有参股的企业不属于该政策约束范围。而第32号令中国有控股的标准是：政府部门、机构、事业单位出资国有独资及其出资合计达到100%的国有全资企业；上述国有全资企业出资并合计持股比例超50%，且其中之一为最大股东；上述两类公司持股超过50%的各级子企业；上述三类公司持股未超过50%，但国有股东为第一大股东且有依据表明实际控制的企业。

（二）非公资本参与

有非公资本参与，并占有一定的股权比例。同时，非公资本需要作为积极股东参与公司治理，即公司董事会中有非公资本股东推荐的董事。注意，若无非公资本参与的股权多元化国有企业是无法依据该政策实施员工持股计划的。

（三）收益外向为主

营业收入和利润90%以上来自所在企业集团外部市场。说明：所在企业集团一直到一级中央企业或地方国有企业范围，不论交易是公开招标取得的，还是直接委托的，全部需要统计在内。

二、哪些企业不允许实施员工持股（合规性要求）

在133号文中，还明确提出了暂不开展员工持股试点的企业，即"中央企业二级（含）以上企业以及各省、自治区、直辖市及计划单列市和新疆生产建设兵团所属一级企业原则上暂不开展员工持股试点"。

根据 2057 号文的规定，"试点企业数量不受《关于国有控股混合所有制企业开展员工持股试点的意见》（国资发改革〔2016〕133 号）规定的数量限制。试点企业名单由国家发展改革委、国务院国资委按程序报请国务院国有企业改革领导小组确定。"即员工持股试点的数量限制取消，但列入试点还需要国资监管机构核准。

根据国企改革专项工程相关政策，列入"双百企业""科改示范企业"等的国有控股混合所有制企业既不受试点数量限制，也无须专项上报申请核准试点。

三、哪些企业更适合实施员工持股（合理性要求）

满足 133 号文合规性要求的企业并不一定适合搞员工持股计划，即从员工持股实施预期效果角度，企业还应该判断是否更适合搞员工持股计划。知本咨询认为，具备"两驱两大"特点的混合所有制企业更适合实施员工持股计划。

（一）"两驱"企业，即人才驱动型、技术驱动型企业更适合员工持股

员工持股的关键是调动公司核心层或骨干的积极性，只有企业发展成长过程中人的作用影响越大，员工持股的效果才越好；技术也一样，大部分技术主要是由技术人才决定的，所以技术对企业成长的影响越大，员工持股效果越好。相反，若企业发展主要依赖资产、投资，或政策、行业波动等因素，则并不太适合员工持股计划。

（二）"两大"企业，即企业成长空间大、企业收益空间大的企业更适合员工持股

一是因为只有成长和收益空间大的企业，才有利于吸引非公资本参与，满足员工持股计划有关非公资本参与的合规性要求；二是因为只有成长和收益空间大的企业，员工参与的积极性才高，不会导致将"员工自愿入股"搞成"行政派股员工"的尴尬情形。

第31问 混合所有制企业员工持股对激励对象有哪些要求？如何合理确定？

一、哪些员工能参与员工持股呢

133号文明确提出，"参与持股人员应为在关键岗位工作并对公司经营业绩和持续发展有直接或较大影响的科研人员、经营管理人员和业务骨干，且与本公司签订了劳动合同。"该规定其实有两方面的要求。

一个是刚性的，即与本公司签订了劳动合同，具备正式劳动合作关系的员工才有资格参与员工持股。另外，根据针对"双百企业"的《关于支持鼓励"双百企业"进一步加大改革创新力度有关事项的通知》（以下简称302号文）和针对"科改示范企业"的《百户科技型企业深化市场化改革提升自主创新能力专项行动方案》（以下简称2号文）也提出，"科技型企业的科技人员，确因特殊情况需要持有子企业股权的，可以报经集团公司批准后实施，并报同级国有资产监管机构事后备案"。即为鼓励科技创新，确有必要上持下的，科研人员是可以的，但相关方案需上调一级到国资委备案。

另一个是柔性的，即对企业业绩或发展有直接或较大影响的关键岗位员工可参与员工持股。当然这一规定完全要结合各个企业的实际情况来具体确定最终范围。要兼顾岗位价值、历史贡献和未来贡献潜力等。在具体操作过程中可参考以下几点。

（一）基于现有岗位序列划定范围

基于大多数国有企业在岗位序列管理方面相对规范的情况，企业可参考现有的岗位序列，自上而下划定合适的范围。鉴于管理岗位与科研技术岗位在分工或特点上具有较大的差异性，需要进行管理序列和技术序列两大序列区分性划定。针对管理序列，主要依据岗位级别（或干部级别）进行自上而下划定，建议一般划定至中层或中层副职级别为宜；针对技术序列，主要依据公司技术级别（或技术职称）进行自上而下划定，建议一般划定至工程师（或中级职称）级别为宜。

以上主要是针对岗位序列级别划定的建议，但真正在划定岗位范围时还要充分结合其他重要因素，包括但不限于企业的产业驱动特点、专业人员构成、参股员工比例、参股员工持股成本或承担能力，以及激励程度的主观要求等诸多因素。

（二）专项岗位价值评估确定范围

为开展员工持股计划，开展专项岗位价值评估后确定持股范围。这种方法主要针对现有岗位序列管理不健全，或改革过程中进行了大范围的人员重组整合的情况，确实需要通过重新进行岗位价值评估才能合理体现岗位对企业的影响程度差异。

二、哪些员工不能参与员工持股

133号文明确提出，"党中央、国务院和地方党委、政府及其部门、机构任命的国有企业领导人员不得持股。外部董事、监事（含职工代表监事）不参与员工持股。如直系亲属多人在同一企业时，只能一人持股"。该规定整体上比较明确，需要补充说明两点。

（一）国有企业领导人员界定

只有政府或直属机构直接任命的国有企业干部不得持股，而不是上级任命的国有企业干部人员都不能参与持股计划。

（二）直系亲属多人的情况

在选定具体参与持股人员过程中，可优先选择岗位级别较高的人员参与持股，从而取得较多的持股份额，达到更好的激励效果。

三、员工持股范围界定几种特殊情况

（一）企业党委书记、纪委书记可以参与员工持股吗

从133号文本身的规定来看，并没有明确提出该类岗位不可以参与员工持股。若该类岗位人员满足劳动合同关系并对企业发展有较大影响，从政策

上参与员工持股是合规的。但需要说明的是，纪委书记主要职责之一的监督职能，与公司监事具有类似的岗位性质，要求具有相当的独立性，在具体确定持股时需要谨慎对待。

（二）企业可以全员持股吗

不可以。从政策角度看，133号文虽未明确写出不可以全员持股，但从持股人员范围的规定看，不可能出现企业全员对公司业绩及发展有直接或较大影响的情况；从实践角度看，员工持股的目标是激励能够对企业发展有较大贡献的人员，若全员持股，很可能将激励变为福利，并不能起到激励机制的有效作用。

第32问 混合所有制企业员工持股的股权来源有哪些？如何合理确定？

133号文明确提出，"主要采取增资扩股、出资新设方式开展员工持股，并保证国有资本处于控股地位。"该规定明确了混合所有制企业员工持股的股权来源主要为两种，即增资扩股与出资新设。

增资扩股方式在企业实施员工持股时较为常见。通常情况下，企业在以增资方式进行混改时，会同股同价实施员工持股，引入员工持股平台。企业混改后单独进行员工持股的，无须在产权交易所进行挂牌交易，可采用协议转让方式进行。但无论采用何种方式，依据133号文的要求，员工入股价格都不得低于企业经核准或备案的每股净资产评估值。

若采用出资新设的方式实施员工持股，员工按对应比例的注册资本金进行认缴或实缴，在工商注册时与其他股东同步进行新设公司的股东登记。

对比来看，增资扩股方式实施员工持股的适用性较广，企业在混改的同时实施员工持股也有利于确认员工入股价格。出资新设方式适合计划开展新业务的企业，通过与外部投资人合作，新设合资公司，同步实施员工持股，有利于激发员工的工作积极性，促进新设公司的业务发展。

第33问 混合所有制企业员工持股如何确定持股比例？

一、员工持股比例要求是多少

133号文明确提出，"员工持股比例应结合企业规模、行业特点、企业发展阶段等因素确定。员工持股总量原则上不高于公司总股本的30%，单一员工持股比例原则上不高于公司总股本的1%"。该规定明确了两大方面的上限要求。

整体总量要求上限为30%，这与本轮员工持股的基本导向要求有关，即国有企业员工持股重在让员工共享改革成长红利，共担改革发展风险，更多的是考虑员工收益权的问题，而不是参与治理权。由此，一旦持股比例超过公司总股本的三分之一，根据《公司法》的相关规定，就拥有了一票否决的权利。按照同股同权的相关规定，直接涉及对未来公司治理机制的影响，容易造成管理层控股的可能性，尤其是在股权比较分散的情况下。国有企业员工持股活力调动是关键，而不是强调参与治理或治理平衡的问题。

单一员工持股比例要求上限为1%。设置比较低的单人股权比例限制，其出发点与持股总量控制的导向基本一致。

二、如何确定具体的持股比例

133号文规定，"员工持股比例应结合企业规模、行业特点、企业发展阶段等因素确定"。

有关员工持股总量比例的确定方式同国有科技型企业股权激励总额的确定方式类似，可参照相关问题说明。

针对单一对象的持股比例，在总量比例确定的基础上，更多地与管理层或岗位本身的价值贡献相关。但需要注意的是，由于员工持股更多的是考虑未来成长的价值贡献度，在确定单一对象时要尤其关注，而不是仅考虑历史贡献。未来的潜力贡献主要从基本的素质因素考虑评价，如学历水平、职称水平、专业等级等。更多详细的确定方法可参照国有科技型企业股权激励相关问题说明。

第34问 混合所有制企业员工持股如何理解和处理预留股权问题？

133号文明确提出，"企业可采取适当方式预留部分股权，用于新引进人才。"也就是说，以133号文为依据实施员工持股是可以预留股权的。在此需要提示的是，针对国有科技型企业的股权激励是不允许预留的。133号文允许预留的话，那么预留多少、如何预留、预留如何流转定价的问题就需要解决。

一、预留股权比例考虑什么因素设置

（一）什么情况下需要预留

133号文提到的员工持股可以预留股权，但不是必须预留。设置预留股权，建议可考虑以下两种情形：一是企业短期内预期成长会较快，需要引入更多新的中高端人才；二是企业管理层面临短期内较大幅度的变更，尤其是增补的情况。

需要强调的是"短期"二字。一方面主要解决每次推动实施员工持股计划，在审核审批方面流程长、操作复杂的问题。若短期内有新增或需要补充激励的人员或岗位，为效率考虑，预留是好的选择；二是预留股权主要是解决短期员工持股对象增加问题。若周期过长，涉及企业成长面临的估值水平变化大等较多不确定性因素，采取预留股权的方式并不适合，而更可取的方式应该是重新启动新一轮的员工持股计划。

（二）预留比例设置的问题

预留股权作为一种预案性的措施，建议比例不宜过大。尤其是相对于当期完成实施的持股比例，建议预留股权比例至少不应该比当期实施的持股比例大。

二、什么方式实现预留股权

有关预留股权的持股方式，在 133 号文中并未明确提出要求。预留股权一般会涉及代持的问题，主要包括自然人代持、机构代持或新引进投资人代持等，原则上在保障国有资本不流失的情况下，各种方式都是可以的。

自然人代持。一般由公司参与员工持股的管理层代持，操作相对简单，后期流转决策相对方便。但不足的是，代持管理层面临的资金压力较大，承担的风险也较大。而且，由于管理层的变更相对机构而言，更容易发生，涉及后期流转的操作问题可能会更多。

机构代持。这里说的机构代持，主要是指第三方机构专门作为代持方为国企员工持股解决预留股权的问题。机构代持不仅可以解决预留股权的问题，同时，还可以作为股权池为员工持股流转提供便利。但不足的是，可用于专门代持的机构目前并不普遍，寻找并不便利；而且，代持机构为控制风险，一般会采取固定收益方式作为代持条件，而由此产生的是，固定收益多出部分的分配或不足部分的补足需要有承担主体，需要明确。该主体的确定需要协商，一般以员工持股平台承担为主。

新引进投资人代持。这也是一种方式，但为避免后期流转不便的问题，该代持主体一般以非公资本为主。否则，国有资本再流转时同样可能面临更多的审核审批手续。该类主体一般在代持期间直接以代持的股权享受期间收益、承担期间风险。

从上述三种预留股权的方式看，第二种和第三种更为合适，满足条件的情况下，建议优先选择。

需要补充说明的是，实际操作中，有些企业以认缴的方式来实现预留股权的处理。我们认为，该种方式可能存在的问题会更多。一是由于存在认缴的部分，在实际分红或权益分配过程中，由于实收资本与注册资本的不一致，权益计算处理的复杂度会大幅提升；二是由于认缴期间企业估值可能发生较大的变化，造成认缴部分面临长期无法实缴到位的情况，由此，可能涉及减资问题，遗留问题较多；三是超出企业资产评估有效期的，认缴处理一定需要重新评估定价，由于涉及包括国有股东在内的更多股东权益问题，审核审批操作的复杂性会较大。由此，一般不建议采取认缴方式实施。

三、预留股权如何流转定价

预留股权的流转定价是在预留股权设计时一定需要明确的，流转的方式和定价与预留股权的代持方式有很大的关系。简要说明如下。

（一）预留股权流转的周期、节奏必须明确

多长周期完成预留股权的分配；分期分配情况下，每期分配多少比例；无法按计划完成预留股权分配情况下，如何处理等，都必须有明确的规定或设计。

（二）流转价格的确定

针对代持方在代持期间同股同权享受期间收益、承担期间风险的情况下，流转时，一般以专项的企业评估值为基准进行价格确定，但代持方为新引进的非公第三方时，可结合其自身收益及激励管理层的需要，交易双方可以协商确定；针对代持方在代持期间以固定收益为准的情况，一般也以专项的企业评估值为基准确定价格，但结算时需要考虑将固定收益与实际权益变化的差额部分进行分配，基本原则是谁享受收益、谁承担风险。

需要强调说明的是，鉴于企业估值变化导致在处理预留股权时需要进行专项评估，在分配预留股权时建议集中处理为主，而不是分散处理，否则会导致较大的流转成本和管理成本。

第35问 混合所有制企业员工持股如何确定入股价格？员工出资有何要求？

员工持股价格是推动实施员工持股计划最敏感，也最值得重点关注的内容。从规范性角度，绝不能造成可能的国有资产流失问题；从实操的角度，直接涉及员工持股成本及持股收益回报问题，对有序有效实施员工持股具有重要的基础。

133号文明确规定："在员工入股前，应按照有关规定对试点企业进行财务审计和资产评估。员工入股价格不得低于经核准或备案的每股净资产评估值。"

一、员工持股价格确定的三大底线思维

（一）企业每股净资产底线

国有企业净资产值是保障国有资产不流失最关键的底线。包括员工持股在内的国有产权交易过程中，若交易价格确定时低于每股净资产一定会成为重点审核把关的内容之一。除非有坚实的依据或充分的理由，并履行严格的审核决策程序，否则每股净资产值始终是交易底线。有哪些情况可以合理调整净资产值呢？如改革资产业务必要的重组整合或剥离、企业评估过程中出现资产贬值的情况等。

（二）企业每股净资产评估值底线

这条底线是133号文规定的，并且是员工持股价格的基准底线。员工持股价格一般不能出现低于每股净资产评估值的情况。大家可能会注意到，在企业国有资产交易政策第32号令中有一种情况，企业股权挂牌交易不成，可合理降价至90%的规定，但该规定是对国有产权转让提出的，而员工持股要求是以增资方式进行的，所以不适用。

（三）企业同步引战同股同价底线

国有控股混合所有制企业员工持股一再强调"同股同价"，若在推动实

施员工持股过程中，同步引入外部投资者，持股价格必须与外部投资者的价格保持一致，并需要严格执行。

二、员工持股价格确定的几大误区

误区1：通过剥离资产来降低员工持股成本

合理剥离非经营性资产对推动国企混改或员工持股是没问题的，也是必要的。但仅为了降低员工持股成本，无序剥离资产，尤其是经营直接相关的资产是不可取的，并需要杜绝。

（1）变相造成国有资产流失的问题。为了员工持股成本降低，剥离经营直接相关的资产，尤其是相对低效的资产，一方面从经营发展的角度，不利于企业未来稳定的经营和发展，易造成长期经营成本的提高；另一方面，有意剥离资产很容易造成高效资产用于员工持股，而将与经营不可分割的低效资产剥离在外，从资产回报的角度看，本身会造成国有资产的变相流失，这是不可取的。

（2）剥离资产并不一定会大幅降低员工持股成本。按国有产权交易有关企业资产评估的规定，至少要用两种及以上的评估方法确定企业评估值，并以取高评估值为主。实践中，企业评估方法一般选择资产基础法和收益法两种。若以资产基础法评估的价值高于收益法评估的价值时，剥离并降低净资产会对员工持股成本降低有影响，但在多数情况下影响有限，毕竟还有收益法确定的评估值对照。而以收益法评估值为准的企业，降不降低净资产水平对员工持股成本根本没有影响。

误区2：通过剥离低效业务来增加员工持股回报

同样的原则，国企混改或员工持股进行必要的业务重组整合，以聚焦资源能力发展业务，或避免可能存在的同业竞争问题，这些都是没问题的。但若仅为了提高员工持股回报而剥离与经营主业直接相关的业务或业务链的某一环节是不可取的，并需要杜绝。

至于原因，与剥离经营性资产的情况类似，存在变相利益输送或国有资本收益流失的问题，是会受到严格审计审核的，需要杜绝。

第36问 如何理解混合所有制企业员工持股的锁定期管理？锁定期内外流转有何差异？

133号文规定："公司各方股东应就员工股权的日常管理、动态调整和退出等问题协商一致，并通过公司章程或股东协议等予以明确。"在股权流转方面，"实施员工持股，应设定不少于36个月的锁定期。在公司公开发行股份前已持股的员工，不得在公司首次公开发行时转让股份，并应承诺自上市之日起不少于36个月的锁定期。锁定期满后，公司董事、高级管理人员每年可转让股份不得高于所持股份总数的25%"。

结合政策导向，企业实施员工持股时应对以下几个重要环节进行明确规定。

一、锁定期的设置规则

锁定期即以员工持股平台完成增资，且拟实施企业完成工商登记变更之日算起，除133号文及员工持股方案中规定的特殊情形外，36个月内不得转让、捐赠其所持有的激励股权。锁定期间发生特殊情形的，其退出转让价格按照133号文及员工持股方案相关规定执行。

若实施企业上市，则实施企业上市后激励对象持有的股权流转需遵守上市禁售期与员工持股锁定期的双重限制性规定，其所持股权待上市禁售期与员工持股锁定期同时满足后才可流转。

二、股权流转机制设计注意事项

（一）窗口期设置

为保障拟实施企业股权的有效流转，企业需要设置窗口期进行股份流转，并根据不同情况可设置大、小窗口期。

其中，小窗口期指的是锁定期内的流转窗口，主要包括因本人提出离职或者个人原因被解聘、解除劳动合同、因公调离等特殊情况造成的股权流转，该种情况锁定期内设定小窗口期，解决特殊情形发生时的股权转让或认购，一般情况下，小窗口期持续时间为半个月，两个小窗口期间隔为6个月，即股权调整周期为半年。

大窗口期指的是锁定期外的流转窗口，主要包括因本人提出离职或者个人原因被解聘、解除劳动合同、因公调离及持股人员减持等情况造成的股权流转问题。锁定期结束后设立股权调整的大窗口期，实现股权转让或认购。每年设定一个大窗口期，大窗口期持续时间为一个月，两个大窗口期间隔为12个月，即股权调整周期为一年。

锁定期结束后若拟实施公司完成上市，原则上将不设窗口期，根据上市公司股票交易相关要求，持股员工可在持股平台内部进行股权交易或通过持股平台在二级市场进行减持。

（二）股权认购机制

股权认购方面，除首次认购外，如有因持股对象退出而产生的股权份额，可由符合员工持股范围及条件的新员工或原激励对象在窗口期进行认购或增购，增购后的个人持股比例不能超过企业总股本的1%。

需要注意，持股员工退出价格与新员工认购或已持股员工增购价格会存在差额问题，此时可按以下方式处理：

（1）若持股员工退出价格低于新员工认购或已持股员工增购价格，差额部分新员工或已持股员工无须出资，待其退出或转让股权时从其股权转让价款中扣除。

（2）若持股员工退出价格高于新员工认购或已持股员工增购价格，差额部分由新员工或已持股员工出资补齐，待其退出或转让股权时调增其股权转让价款。

在股权退出调整时，建议优先由新员工，其次为已持股员工承接员工退出时产生的股权。若新员工认购或已持股员工增购的份额不足以承接员工退出时拟转让份额的，建议可由普通合伙人或国有股东出资购买差额股权。

（三）员工退出机制

1. 锁定期内退出机制

依据133号文规定："持股员工因辞职、调离、退休、死亡或被解雇等原因离开本公司的，应在12个月内将所持股份进行内部转让。转让给持股平台、符合条件的员工或非公有资本股东的，转让价格由双方协商确定；转让给国有股东的，转让价格不得高于上一年度经审计的每股净资产值。国有控股上市公司员工转让股份按证券监管有关规定办理。"

在员工持股的实施过程中，企业可根据员工退出的不同情况，结合政策要求对员工的退出价格进行设置，建议可分为以下3种情况处理：

（1）持股员工因本人提出离职或者个人原因（非违法违纪原因）被解聘、解除劳动合同、劳动合同期满公司不再续签的，其持有的股权按上一年度审计后净资产计算确定价格。

（2）持股员工因公调离拟实施企业，退休、死亡、丧失劳动能力的，其持有的股权需按上一年度审计后净资产计算价格与实际出资成本孰高的原则确定价格，转让给国有股东的，转让价格不得高于上一年度经审计的每股净资产值。

（3）持股员工因违法、违纪等过错原因解除或终止劳动关系时，员工持股管理委员会有权单方面决定其是否退出，其持有的股权需按上一年度审计后净资产计算价格与实际出资成本孰低的原则确定价格。如持股员工对企业负有赔偿或其他给付责任的，拟实施企业可从股权转让价款中优先受偿。

2. 锁定期外退出机制

锁定期外员工的退出价格政策并未明确规定，企业仍可根据员工退出的不同情况进行设置，建议主要可分为3种情况处理：

（1）持股员工因本人提出离职或者个人原因（非违法违纪原因）被解聘、解除劳动合同、劳动合同期满公司不再续签、因公调离拟实施企业、退休、死亡、丧失劳动能力等离开拟实施企业的，其持有的股权可以按以下3种方式确定价格：

①按拟实施企业上一年度审计后净资产值计算价格。

②按拟实施企业当年净资产评估值计算价格，评估费用由退出员工承担。

③按拟实施企业最近一年净资产增加情况计算价格

（2）持股员工因违法、违纪等过错原因解除或终止劳动关系时，员工持股管理委员会有权单方面决定其是否退出，其持有的股权需按拟实施企业上一年度审计后净资产计算价格与实际出资成本孰低的原则确定价格。如持股员工对拟实施企业负有赔偿或其他给付责任的，拟实施企业可从股权转让价款中优先受偿。

（3）若实施企业实现上市，因本人提出离职或者个人原因（非违法违纪原因）被解聘、解除劳动合同、劳动合同期满公司不再续签、因公调离拟实施企业、退休、死亡、丧失劳动能力等离开本企业的，其所持有的股份需全部出售，转让价格由二级市场决定。

除此之外，借鉴其他中长期激励考核模式，对于锁定期满的员工股权，在自由流转时，可以实行业绩考核和解锁相绑定的方式，约定绩效考核基本指标，达到考核要求的部分和人员，才能将股权进行流转和退出。

第37问 如何处理好员工持股股份上市交易问题？

在多年以前，深圳创业板市场刚刚开始的时候，有众多公司高管在企业刚刚上市就辞职套现，引起了"创富不创业"的热烈讨论。为了防止类似情况，深交所颁布了《关于进一步规范创业板上市公司董事、监事和高级管理人员买卖本公司股票行为的通知》，要求即使高管离职，也不能立即抛售套现公司股份。

卖出股票的利益过大，导致企业的核心经营层离职套现，这样的问题不在少数，政策中也有明确要求，133号文规定"在公司公开发行股份前已持股的员工，不得在公司首次公开发行时转让股份，并应承诺自上市之日起不少于36个月的锁定期。锁定期满后，公司董事、高级管理人员每年可转让股份不得高于所持股份总数的25%"。

股票一卖，获得上千万元或者数千万元现金，可能大大高于自己余生所有收入之和，这个时候，每个有理性的人都会权衡，是不是可以"躺平"了？

但随着越来越多的员工持股企业会加入上市公司阵营，就目前的市场价格水平衡量，上市之后很多核心员工都会获得十倍以上的股票价值增值，这个时候，如何保证员工持股的效果不失效是重点难题。

要处理好员工持股上市后的"双刃剑效应"，需要把握好三个原则。

一、"眼红"现象不可涨

这里首先要有一个基本的价值观判断，那就是按照改革政策规定，通过利益绑定、风险对赌、长期努力形成的关键岗位和核心人才持股，是中长期激励的鼓励方向、推动方向。

通过核心团队持股，通过集体奋斗实现股票上市，进而通过资本市场的价值确认兑现激励效果，这个整体过程是国有控股上市公司整体价值提升和释放的过程，这正说明中长期激励改革是重要的，员工持股也成为企业和员工事业共同体构建的基础力量，需要坚持，也需要维护。

在这个过程中，可能会产生"不患寡而患不均"的认识偏差，可能会有"我们都是同样的干部，他们凭什么能一下子拿这么多"等观点，这时需要从原则上进行疏导、说明，让更多的人能够客观看待持股中的风险和收益对等约束，能够理解和支持中长期激励措施的持久运行。

二、四类回报分清楚

创业板曾经有过"创富不创业"的争论，实际并不是讨论该不该有创业公司上市，而是说股票市场的定价和回报机制，激励力量大大超过了应有的范围，大大超过了企业期待的长期激励效果，硕大的金钱诱惑使激励力量逆转，发生了"折断"。

这个时候，企业要考虑的就是，能不能把正常的激励效果和资本市场激励溢出及折断效果分开？如果可以的话，那么就有可能解决好这个难题。

这个划分是必要的，也是可行的。

一家公司上市后，股票价格中给予持股团队的回报比率，可以划分成四个依次叠加的部分。

第一部分是智力回报。这是指企业核心管理和技术团队通过努力和奋斗，能够获得的回报水平，这部分是用来补偿生产要素中的劳动、智力、技术等付出的。

第二部分是资本回报。企业持股员工，都通过出资的方式，合理对价获得了国企一定比例的股权，这部分股权，可以通过行业平均资本回报率的方式，获得相应的补偿，这也是对生产要素中的资本进行计量。

第三部分是风险回报。通过股权类激励，核心团队承担了更大的经营风险，这部分风险因素，应该也可以获得可计量的风险回报水平。

第四部分是市场超额回报。这部分回报，是与股票市场的整体市盈率水平和发育阶段相联系的，和员工持股并没有直接的关联。

所以，当我们可以将上市后的持股回报进行上面四个类型的区分之后，大致就能够有个更加清楚的认识了。

对于智力回报、资本回报、风险回报这三类因素产生的激励，应该进行肯定并积极推动合理兑现，而对于市场超额回报，我们认为应该相对慎重，因为这是市场的系统性回报，并非属于中长期激励的动因。

三、实施流动控制

正是因为市场超额回报的存在和放大，才产生了"激励折断"的现象，股权激励反而成为加速减持套现的手段，这显然不符合国企改革的初衷。

所以，对于市场超额回报的部分，知本咨询建议实行"流动控制"。这种控制可以通过一前一后两个环节配套进行。

第一，授予环节控制。在计算到底给核心团队多少激励股权的时候，除了考虑政策规定中个人最高上限之外，建议通过模拟计算，看看如果公司顺利上市，核心团队成员的股票激励水平能够达到什么状态，本着总激励水平可控的原则，适当控制授予金额和比例，这样能够保证没有过度授予，进而控制"暴富"。

第二，行权环节控制。这是说在股票上市后，建议企业设定"防火墙"，对于持股员工的减持原则和条件进行规定，同时明确出售股票的周期锁定，明确解锁过程，通过这个方法控制"突击减持"。

第38问 员工持股平台管理涉及哪些主要事项？

国有企业推行员工持股过程中，一般会通过平台方式实现员工持股或股权激励。员工持股平台作为统一代表企业持股员工的法律主体，可以通过公司制形式、契约制形式和合伙制形式的组织管理方式展开管理工作。无论是参与投资的员工，还是混改企业本身，都需要大致了解这样的持股平台组织如何开展日常的工作，如何保证持股员工的分红利益，又如何在员工发生变动时进行对应的股权调整。

一、持股平台主要管理哪些事务

从成立目的上看，任何企业的员工持股平台虽然是以法人组织或者契约组织形式成立的，但是这个组织的目标只有一个，那就是代替持股个人，从事在持股期间内的各项有关法律和管理的工作。即使如此简单的目标，在实际运作中，持股平台还是有四类必不可少的工作要完成。

（一）基础程序类事务

基础程序类事务，是指持股平台作为一个组织，涉及工商、税务等国家法定机构要求的相关程序，必须及时完成。这类工作涉及注册和变更手续、会计和账簿记录、纳税申报、按程序进行审计等。

（二）服务告知类事务

持股平台对应的公司持股员工数量很多，为了保障持股人的利益，持股平台需要及时取得持股企业的运营情况报告、年度报告等，并发送给各持股员工，定期召集和召开持股人大会，汇报投资收益、各合伙人权益比例情况及其他事项。

(三) 收益分配类事务

持股平台作为持股代理人，每年按照持股混改企业的利润分配安排，获得持股员工的总收益，然后在持股平台内部，根据法律要求完成税务手续后，进行二次利润分配，将剩余利润部分按出资比例分配给持股员工。

(四) 股权变更类事务

成立持股平台进行管理的主要目的，就是应对持股员工由于多种原因不能继续持股的变化情况。因而组织进行持股平台内部的股权变化是这个组织最主要的职责之一。

二、员工分红如何落实

持股员工最为关心的问题，就是持股平台如何保障持股收益能够顺利落实到自己的账户上。这是一个看起来比较简单，操作流程相对较长的一项持股平台工作。

员工分红落实的第一步，持股平台作为混改企业的股东参与到董事会和股东会当中，审议混改企业的年度经营数据，并就当年的利润分配比例和金额与其他混改企业股东达成一致，形成公司利润分配决议。

员工分红落实的第二步，持股平台进行相关的财务核算，确定最终可能支付给持股员工的利润金额。这一核算大致包括以下两个部分。

（1）收入来源：混改企业的利润分配金额；平台可能的其他资金收益。

（2）成本项目：需要缴纳的税费；平台日常管理费用支出等。

员工分红落实的第三步，根据上述计算的结果，在持股平台内部，由持股平台的管理机构（普通合伙人或者管理委员会）将本年度混改企业的经营情况和利润分配决议，以及持股平台计算出的每个投资者年度可分配利润通告所有持股员工。

员工分红落实第四步，持股平台收到混改企业的利润分配金额后，按照程序缴纳税费，扣除成本项目，并按事先通告金额将分红转至每个持股员工指定账户。

三、股权转让如何操作

管理几十人、数百人的员工持股计划，持股平台最核心的工作之一，就是管理由于员工变化而必须进行的股权转让行为。这是一个政策性较强的环节，我们需要结合政策进行说明。

（一）必须进行股权转让的六种情形

根据133号文，"持股员工因辞职、调离、退休、死亡或被解雇等原因离开本公司的，应在12个月内将所持股份进行内部转让"。

这里面提到了必须进行股权转让的五种情况。我们认为，还应该再增加一种，由于持股员工在持股后工作表现没有达到绩效考核目标预期，根据考核管理规定需要扣除其持有公司股权数量。

由此，必须进行股权转让的六种情况，大致可以理解为三种触发条件。第一种触发条件是由于岗位变动或者个人原因离开了企业，根据"岗变股变，动态调整"原则，需要让出持股股权；第二种触发条件是绩效表现没有达到企业和员工达成协议的要求，根据约定需要让出部分或者全部股权；第三种触发条件是由于员工触犯了法律，受到处分，以及发生与企业制度规定重大不相容行为受到除名、解雇等处理。

当然，除了上述6种必须进行股权转让的情形外，员工可以由于个人其他考虑，主动提出将自己持股的部分股权或者全部股权进行转让。

（二）股权转给谁

与一般企业的规定不同，员工持股平台中的持股转让，不能随意进行。一是不能转让给企业外部人士，二是其他持股员工也没有优先购买权。

员工持股平台的股权转让，需要由持股平台的管理机构负责，转让给三类主体。

（1）转让给新进的持股员工或者按规定确认的现有持股员工。

（2）转让给持股平台，相当于现有持股员工按比例购买。

（3）转让给混改企业的国有股东或者其他股东。

（三）股权转让价格

133号文规定："转让给持股平台、符合条件的员工或非公有资本股东的，转让价格由双方协商确定；转让给国有股东的，转让价格不得高于上一年度经审计的每股净资产值。国有控股上市公司员工转让股份按证券监管有关规定办理。"

员工持股的转让是内部转让，转让价格分成两种，一种是协议价格，大家可以协商确定，另一种是审计净资产价格。

通常每个年度持股平台会确定股权转让的窗口期，所有的股权转让都集中在窗口期办理，在窗口期前公司将组织一次资产评估，对于企业的股权价值进行基本评定，由持股平台管理机构主持确定当年股权价值的基本价格，持股平台确认后，由股权转让双方签订协议，并办理变更手续。

（四）股权锁定期

133号文规定："实施员工持股，应设定不少于36个月的锁定期。在公司公开发行股份前已持股的员工，不得在公司首次公开发行时转让股份，并应承诺自上市之日起不少于36个月的锁定期。锁定期满后，公司董事、高级管理人员每年可转让股份不得高于所持股份总数的25%。"

股权锁定期的安排，是为了进一步提高员工的中长期激励预期。这一个三年时间，要求员工可以持续在企业工作，保障管理的稳定性。

四、平台管理费怎么收

员工持股平台的管理成本和管理难度，是随着持股员工的增加而提高的。在一些数百人以上持股的大中型企业中，通常有必要安排专职岗位从事员工持股的日常管理工作。

在管理实践中，有类似于基金性管理组织收取"基金管理费"的方法，收取"持股平台管理费"。

平台管理费一般是用混改企业持股平台缴付的总资本乘以管理费率，并考虑全年总的管理天数等因素而计算得到的。管理费率可以通过约定明确，有的持股平台确定标准是"每年1%"，这有点类似于基金管理费的水平。

这个管理费，是从未来持股公司给所有持股员工分配的利润中计算并扣除，作为平台管理的成本。当然，企业的利润是波动的，但持股平台的管理成本支出是刚性的，如果当年企业的利润可以覆盖平台管理费，可以直接扣除，如果当年利润较少或者为负数，持股平台可以和持股员工约定补充管理费或者递延扣除下一年度的对应分配利润。

持股平台管理，除了法律的依据外，更多的是在管理层面上的约定和管理架构的搭建，随着员工持股企业的持续增加，这个管理架构的重要性就更显突出。更多员工持股平台的设计与管理问题参见相关章节内容。

第39问　哪些企业不适宜开展员工持股？

国企改革过程中最吸引眼球和视线的，是"激励红利"，特别是长期激励当中的"非上市企业开展核心经营管理层和技术团队持股"政策。

企业关键核心岗位参与到公司的股权结构里，通过利益和风险长期绑定的投资入股形式，推动企业利益和团队利益目标一致化，共享发展成果。

知本咨询认为，有六类企业在考虑核心层持股时要谨慎（见图3-3）！

员工基数过大的企业

市场化程度低的企业

业务独立性不足的企业

上市公司的核心下属企业

知识资本贡献小的企业

成熟期的大企业

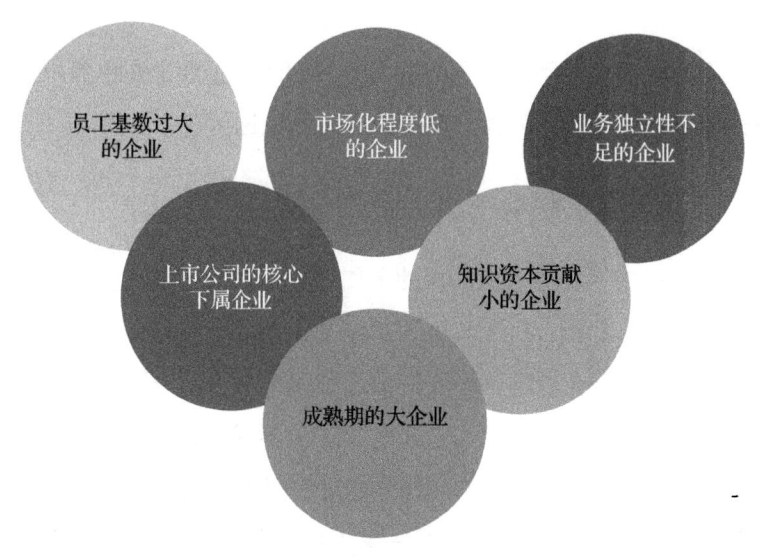

图 3-3　六类企业需要谨慎实施核心层持股

一、成熟期的大企业

这类企业有两个特点，一是核心业务已经进入成熟期，也就是说过去一些年度里面，企业的收入和利润增长有限，未来产业和业务也难有重大的改变和突破，简单说就是比较稳、比较慢。二是企业规模大，净资产规模一般有几十亿元，企业内部的组织结构复杂，有二级、三级乃至多层公司，不同企业间的差异也不小。

结合以上两个特点，成熟期的大企业，表现出"底盘大、行驶缓、组织多"的特点，对于这样特征的企业，如果在没有上市前推行核心岗位持股计划，将会面临三个难以克服的问题。

（1）持股成本较高，对于核心层资本承受能力和预期回报水平造成压力。这和企业规模大直接相关。

（2）企业增长有限，员工持股积极性不高，即使持股也会面临未来的不稳定心理影响。

（3）企业组织太多，很多二、三级公司持股人员在母公司持股，直接收益和本人岗位工作关联不大，难有直接激励效应，最终持股变成了福利产品。

正是因为存在这些问题，我们认为成熟期的大企业，在单独推进核心层持股方面要三思而后行，因为管理投入产出不成比例。

二、上市公司的核心下属企业

在这次改革中，有些上市公司的下属企业也进入了双百企业范围或者混改试点企业名单。那么，对于母公司已经上市的企业，还能不能继续推动混改，特别是推动本层企业的核心层持股计划呢？

知本咨询的建议是，如果企业没有未来分拆或者进一步资本市场运作的计划或者可能性，推动核心层持股计划也需三思而后行。

只有一个原因，"母公司已经是一家上市企业"。

上市公司的下属企业推动核心层持股，将面临两个直接的挑战：首先是面临上市公司的监管政策，因为任何上市公司下属核心企业的股权多元化行为，都将影响上市公司的收益和股权权益；其次是面临持股成本高的考量，因为上市公司的股票价格一般溢价率较高，作为核心下属企业的资产评估价格如何确定？如果持股成本较高，未来没有进一步资本增值的机会，员工持股的动力必然受到重大影响。

所以，对于上市公司的下属核心企业，在考虑核心层激励时，更多需要考虑参与母公司可能推动的上市公司股票激励计划，可以直接覆盖到本企业，这样的工具更直接，更有效。

三、知识资本贡献小的企业

企业是在各种生产要素共同作用下发展的，这里面有知识价值，也有资本价值，还有资源价值等。企业实施核心层持股，是突出强调了知识价值、企业家贡献在企业成长中的独特作用，或者重大作用。但是，必须明确的是，与人有关的智力贡献，在不同的行业和不同的企业里，是不同的。

核心层持股，要对知识资本贡献大的企业努力推行，因为股权和激励能够产生较强的协同联动。但一些国有企业所在行业，具有资本密集型、投资密集型、牌照密集型、资源密集型或者其他非知识贡献的特点。那么，对于这些企业来说，分散股权进行核心层激励，实际是从水库里引流，不会起到增量创造的效果，也并不符合国企改革的初衷。

本轮国企改革过程中，社会上关于银行、保险、基金等金融机构是否可以推动核心层持股计划，是否积极推动这些类型的上市公司开展股票激励计划，进行了积极的讨论和探索。知本咨询认为，积极的试点或实验是需要的，但是在一些以国家主导、国有背景、国家牌照、法定业务为中心的金融机构、金融上市公司里推进核心层持股或者股票激励计划，需要谨慎又谨慎，正是因为这些企业的业绩来源，与核心层的积极努力有关，但是关联不大。如果普遍推进，对企业业绩提升作用不大，但会造成社会分配新的不公平出现，激励目标也难以落实。

四、员工基数过大的企业

根据我们了解的案例实践，多数非上市公司核心层持股计划，参与持股的人员大致在几十人到两百人之间，倒推这些企业的员工总人数，最多的在千人左右。目前公开信息显示，最高企业员工人数案例发生在东航物流，该公司有8000多位员工，最终落实核心层持股的共计125位员工，占东航物流总人数的约1/80，主要是公司最高核心管理团队。

知本咨询的建议是，员工基数过大的企业，慎用上市前的持股计划，因为有两个操作性问题：

首当其冲是持股人的选择难题。假设在一个上万人的企业里面，推动核心岗位持股计划，如果适当考虑大部分核心骨干，即使不按两类政策参考规定上限30%来计算，我们按照2∶8比例估计，那么正常情况下将有2000人持股，这个持股计划的管理是个很大的工作量。

相伴相随的是持股平台的运作难题。由于每个持股平台合伙企业不能超过50个合伙人，如果有上千人持股，那么企业将为此不得不成立几十个员工持股平台。可以设想，仅是这个平台的管理，就需要一个专门的部门来负责了。同时，这样的千人持股计划，如何实现直接激励，如何分配计算每个人的收益和价值贡献？这些问题导致的管理成本会激增。

五、市场化程度低的企业

国家的政策，开宗明义，核心层持股计划要在充分竞争的商业一类国有企业稳慎开展。

也就是说，员工持股这件事情，是和"竞争"这个关键词绑定在一起的。这也是开展这项管理改革的初衷，通过持股来释放活力，帮助国有企业打赢更多竞争之战。

如果一家企业的市场化程度不高，员工持股的作用发挥就受到很多制约。这里的市场化程度，首先指业务的市场化程度，其次指组织和管理的市场化程度。一内一外，互有关联。

有些国有企业的业务，基于很多历史原因，存在不完全市场化，以及在某些领域里有先入优势，对于这些存量业务，我们并不主张开展核心层持股。

更为重要的是，组织和管理市场化程度如果不够，企业多数还是在传统国企的模式和文化里打转转，干部没法上下、员工没法进出，组织臃肿，行政机关作风，这样的情景下，无论如何都没法联想到可以推进核心层持股计划，或者让持股人身份转变、走向市场的方法。

所以，核心层持股问题，必须对企业的市场化程度进行一企一策的深入评估，当市场化程度达到一定水平时才能启动。如若不然，换汤不换药是必定的，甚至会导致国有资本的收益受到减损。

六、业务独立性不足的企业

最后一类不适用直接核心层持股的企业，是那些大企业内部，从事服务或者支撑其他企业或业务的公司。

这类企业，最大的特点是，自身业务收入多数（50%以上）来源于大企业内部的转移性收入，如果没有这些内部的收入支持，公司的发展可能就存在问题。

这样的公司，属于典型的业务独立性不够，自主生存和发展能力受到限制的公司。

既然独立性不够，那么开展核心层持股计划，显然意义就打了折扣。就此，在133号文里就曾经做出过严格的规定，说明进行混合所有制企业员工持股试点的条件之一是，外部市场化收入的水平要达到一个相当高的比例才行。

综上所述，以上六类企业在考虑核心层持股时要谨慎！在这些情况下，知本咨询建议选取其他的激励模式。

第40问 员工持股操作方案中需谨防哪些雷区？

只要雷区都被标明了坐标，就能帮助更多的国有企业，更顺利地走好员工持股道路。

一、定价雷区

（一）产生动因

公司的经营层和核心人员在计划持股方案时，一般有一种自然而然的愿望，那就是让持股团队的持股时间尽可能早于其他投资者，随着企业经营的不断发展，这样的安排会使持股成本更低。同时，也会在未来引入投资人的时候，让员工的股权价值得到比较好的增值与回报。

（二）典型案例

假设有家设计类研究院，经过多年发展，在行业内具有一定的经营基础，人员大致300人，每年创造的收入估计3亿～5亿元，利润5000万元左右。目前是一家国有控股90%的混合所有制公司。为了发展，公司制定了未来的战略规划，希望能够在3～5年后登陆资本市场。公司也寻找到了一些外部的合作伙伴，可以成为公司进一步发展和股权多元化的投资人。但是，由于是设计院所，公司希望能够真正发挥人才的核心作用，所以希望优先进行核心层持股计划，并且初步制定了通过增资，将国有股降低到60%，核心层占30%的方案。一年以后，公司继续盈利，会吸引外部投资者进来，再释放股权。

（三）雷区解读

这是一个看似完美的分步实施股权多元化和混改的方案，同时实现了核心层持股。不过，这种操作方案有一个硬伤，那就是先进行了员工持股定价，把吸引投资人放在第二步。这样的结果是，员工持股定价低，外部投资者定价一定增加。虽然，这样的定价方式过程可能没有暗箱操作，但是却客观产生了"同股不同价"的情况，进而埋下了不规范的可能性。

所以，目前的员工持股，所谓的"公开透明、同股同价"是指外部投资者和员工持股平台同时进行持股，外部投资者用市场公开竞争方式定价并取得股权，员工持股按照这个价格进行交易，而不是一先一后。或者是先行引入投资者，再推动员工核心层持股，这样的定价才是稳妥的。

二、净资产雷区

（一）产生动因

企业的账面净资产高低，对于核心层持股显得太重要了。如果不考虑资产评估的增值等因素，这个净资产值，就基本相当于企业核心层持股对价的基本参照标准。

如果企业的净资产低一些的话，核心层花同样的钱就可以购买到更多一点的企业股权，或者用更少的钱，买到同样的股权。

所以，出于人的本性，企业核心层都会有一种冲动，那就是尽可能地让自己企业的账面净资产在混改和持股前更低一些，以便于未来的持股成本降低。

（二）典型案例

这是一家工程设备的组装和营销企业，在某省内市级国资委监管下，一直保持着相对稳定的发展。企业的经营性收入在近几年达到了10亿元级别，企业利润一般稳定在1亿～2亿元的水平，账面净资产大致为3亿元。这家企业由母公司和全资控股的两家下属企业构成，母公司开展营销业务，下属一家企业从事制造，另一家从事重要备件的加工和销售。由于企业从事的业务是由核心业务团队一手带领起来的，因而地方国资委希望这家企业能够尽快实现团队持股，以便推动企业更快更稳定发展。不过，管理层评估以后，感觉目前3亿元净资产对于自己的持股压力太大了，就提出要对企业进行优化整合。基本方案是，将一家下属备件企业拆分出来，成为独立型企业，然后将母公司和另一家核心制造企业作为一个整体实现混改和核心层持股。这样，混改企业的净资产就降低到了 2 亿元以下，持股成本大大降低了。企业核心层认为，这个分离出来的企业，本来就是国资委在历史上重组进来的公司，和本公司主业关联不十分紧密，因而这样的拆分方案是合理的。

（三）雷区解读

净资产雷区，是混合所有制改革和员工持股中最容易出现的问题。为了降低公司净资产，有很多理由，也有很多方法。这个模拟案例就是其中一个典型。

降低净资产的方法有很多，比如减少企业的资产项目，这家企业就是将一家下属企业的资产分离出去。不过，如果通过拆分的方法保全了拟混改企业的团队，但是拆分出来的企业还是100%国企，未来的发展失去目前的企业支撑，出现经营效果的波动，那么实际上便产生了国有资本的结构性损失。

所以，在实务工作中，对于混改与员工持股前大幅度调整企业账面净资产的行为，是难以得到支持的。不仅是因为这样对未来的国有资本产生不确定性，更是因为考虑到企业经营的完整性，保证企业在一个连续的业务曲线上前进。

换句话说，在我国资本市场早期阶段，为了使企业达到上市要求，一些国有企业将上市公司和存续企业进行资产剥离和重组，将更多的人员、非经营性资产或者低效资产放在存续公司，以保证主业轻装上阵，这是历史性做法。但是在新一轮国企改革和核心层持股过程中，这样的资产剥离和人为干预净资产的做法，是不能立足的。

三、持股比例雷区

（一）产生动因

核心层持股政策为长时间与企业共同成长的企业管理层和核心技术骨干提供了新的事业平台，他们不仅可以分享事业成功的利润比例，还能够通过持股参与企业的管理决策。所以，一些管理层人员就有一种冲动，能不能借助于核心层持股政策，进而实现经营层对于企业的控制，实现变相的管理层收购呢？所以，在进行股权结构设计时，就想方法超过总量30%、个人1%的比例限制，以尽可能达到对企业进行影响和控制的目标。

（二）典型案例

有一家商业零售连锁型的企业，本来是两家国有股东，来自不同的行业背景，持股比例是60%和40%，公司发展比较稳定。前年，其中一家40%股权的国有企业提出要转让持有的全部股权，或者给另一家股东，或者双方寻找共同的股权受让方。控股股东认为，这家企业的管理层有比较强的能力，可以借此机会，实现混合所有制改革，同时通过管理层和骨干出资成立持股平台公司，来接手这40%的股权。这样这家商业连锁公司，就可以变成国有股东60%，核心层持股平台40%股权，同时，为了进一步激发管理层活力，国有股东管理者提议40%股权里，不低于20%要授予核心高级管理人员，这样更有利于保持核心层的高度稳定。

（三）雷区解读

需要强调说明的是，这一轮国企改革中，推动核心层持股计划，目标是"实现长期利益绑定，实现利润分享"，这是一种收益权的共享，并不是实现管理层控制，也不是MBO（管理层收购）计划。

在上述案例中，突破了30%股权比例的限制，也突破了个人持股1%的限制，看似是一种创新，但同时也推动公司的股权结构向管理层控制前进了一步，这种方案是与国企改革政策有明显背离的。

作为本轮国企改革的重大政策创新，核心层持股计划是推动国有企业活力倍增的重要举措。但政策反复强调的国企混改和股权多元化是激活国企，而不是要出售国企，不能变为私有化。所以，核心层持股要严守收益权共享的原则，距离各种变相的管理层收购远一些，这样才能行久、至远。

| 第 4 章 |

CHAPTER 4

国有控股上市公司股权激励和员工持股

第41问 国有控股上市公司实施股权激励前需要了解哪些基础性问题？

问题一：上市公司股权激励的基本逻辑是什么？

简单来说，就是利用两个事情，一是"价格预期"，二是"时间"。现在流行的上市公司股权激励工具类型有很多，但其基本逻辑是一样的。假定企业的股票价格和公司业绩是紧密相关的，业绩越好，股票价格增长就越多；给予公司认为重要的干部和员工一种特权，可以在未来某个时点，用比股票价格更优惠的条件获得股票并赚取差价；未来这个能够赚取价格差的时间点，通常都在三年以上，甚至可以长达十年；同时，干部和员工赚取的价差收入价值比较高，通常对于公司高层有数倍或者二十倍于其工资奖金的收入。所以，在长期利益驱动下，公司的管理层和员工就受到了"激励"，会通过更加努力的工作，提升企业的业绩以求达到股权激励的标准。同时业绩提升也确实提升了企业股票价格，最终公司股东由于市值增加而满意，管理层也由于激励兑现而满意。实现了委托—代理两方在这段时间内的利益一致。

这就是上市公司股权激励的基础性作用机理，几十年过去了，股权激励在全球范围内推广开来，事实说明这一激励工具的整体设计是有效的。

问题二：国有控股上市公司股权激励可选的工具有几个？

根据102号文和178号文的规定，国有控股上市公司股权激励工具箱充分放开，有3个模式可选：股票期权、股票增值权、限制性股票。

这实际上并不是3个模式，而是2.5个模式，因为按照中国证监会2018年修订的《上市公司股权激励管理办法》规定，纳入文件管理的股权激励工具只有两个，分别是限制性股票和股票期权。股票增值权由于本身并没有涉及上市公司股票的交易，只是一种虚拟收益的算法，更像延期支付的奖金，所以没有纳入这个股权激励办法。

那么，股票期权、限制性股票都有什么特点？各个国企上市公司在选择运用时如何考虑取舍呢？

股票期权，简单说来，是基本按照一家上市公司现行的股票市场价格，给管理层和核心员工一个特权，允许他们在3年或者更长时间的时候，用今天的价格去买公司的一定比例的股票。当然，如果那时公司股价高于今天，有期权的员工就获得了盈利；如果未来的股价低于今天，员工可以选择放弃期权。

限制性股票有所不同，是现在让管理层和核心员工用一个大致50%股价的价格购买公司股票，未来3年或更长时间的时候，如果公司要求的业绩目标达到，他们可以用市场价格去卖掉股票，进而获得盈利。

对比这两种方式，激励的效果是有所差别的。股票期权对于管理层和核心员工来说，是没有风险和成本的；限制性股票是需要他们真正支出现金的，这种方式的激励约束程度更高。

同时，按照现行规定，限制性股票可以用市场价格的50%去购入，实际上已经给了激励对象一个不错的入门收益，从收益的确定性来说，也更受企业员工的欢迎。所以，知本咨询观察到，近两年来国内实施股权激励计划的上市公司，更多的是采用限制性股票的方式。

问题三：国有控股上市公司股权激励需要注意什么问题？

在每家公司推进自己的激励方案设计时，能不能产生预期激励效果，我们认为有两点需要有所思考。

一是股权激励不一定会导致股价上涨。

股权激励的核心是上市公司的股票价格。理论上假定只要有了股票期权或者限制性股票这样的激励工具，就会促使管理层尽可能提升业绩并推高公司市场价值。

这个假设在现实中有时不成立。

首先，股票价格一定要在一个成熟的市场中才会反映公司业绩的变化，在不成熟的资本市场里，影响股票价格的因素难以琢磨，也很难控制。中国股票市场建成尚不到30年，大量上市公司股价严重背离公司基本面，在这样的市场基础上，各家准备进行股权激励的企业，一定要把自己的股票价格走势特点弄明白。

其次，目前的激励方式也难以对管理层产生重大的约束。如果采用股票期权形式的激励，管理层被授予期权时不用花费成本，行权时如果股票价格过低，他自然选择放弃，没有任何损失；如果采用限制性股票的方式，管理层是通过大约50%的价格获得股权的，即使未来公司没有大幅度增长，管理层仍然有已经落袋一倍的收益，基本上稳赚不赔。

二是激励效果与国企特点匹配难题。

上市公司股权激励是一项跨越多年的长期计划，要想使管理层和核心岗位人员有强烈的激励效果，需要提升预期值，具体体现在每个激励对象的授予股份规模要达到一定程度，占到每年薪酬总收入的一定比例才行。

在美国等国家，上市公司CEO等核心职务，实现激励效果，通常要使预期股票期权收益高于或者大大高于每年的薪酬收入。否则，比较低水平的激励可能起不到重要的激励作用。

不过，对于国有上市公司而言，激励规模的确定需要进行更有深度的思考：长期激励是国有上市公司管理层和核心员工总体薪酬的一部分，所以，设计这类激励时就必须要考虑到目前国有上市公司薪酬体系的水平和结构。目前我们还是以年薪基本方式采用相对稳定的薪酬模式，如果这个体系不优化调整，再其上又增加一个限制性股票或者股票期权激励，客观上，将提升上市公司管理层的收入水平，形成一批新的造富效应，这可能会与改革的初衷背离。因而，对于国有企业集团中高级管理层的薪酬体系结构进行系统优化，是十分必要的事情。

此外，股权激励还需要统筹考虑国有企业集团干部管理中的流动、平衡两个问题。国外上市公司通过股权激励是要稳定管理层，但在很多国有控股上市公司层面，情况是不同的。一家中央企业集团或者地方国企集团，无论是下属一家核心主业上市公司还是多家不同的上市企业，公司的中高级管理层都会进行轮换、调动，有的时候，这种变化可能还会比较快，在2～3年内就会发生干部的重要变化，这时就会涉及激励股份的变化衔接问题，需要充分处理清楚。

从平衡角度来看，由于行业不同和公司规模差异，一家国有企业集团内部二级、三级公司，有的上市有的没有上市，不同的上市公司股价差别也很大，在公司干部管理一盘棋的时候，如果完全执行市场化的股权激励，这些内部差异就会带来干部管理和激励的严重失衡，好的上市公司调不动，其他企业谁都不去之类的问题更加突出。因而，国有企业在推动上市公司股权激励时，这些与系统性干部管理有关的问题需要先做思考，先做筹划。

第42问　国有控股上市公司实施股权激励涉及哪些关键问题？

2020年5月，国务院国资委正式公布了178号文。

问题一：为什么国有控股上市公司实施股权激励这么重要？

国务院国资委大力推动中央企业控股上市公司的股权激励政策，恰如其时，找到了问题的关键点。

上市公司是中国经济的半壁江山。根据《国有控股上市公司发展报告》，截至2018年年底，中国3565家上市公司资产总额241.13万亿元，收入总额45.18万亿元，净利润3.68万亿元。上市公司收入总额相当于当年GDP（国内生产总值）90.03万亿元的50.18%。也就是说，上市公司支撑了全中国一半的经济规模。

国有控股上市公司在上市公司中占三分之二。截至2018年年底，在上述3000多家上市公司中，国有控股上市公司一共有1069家，家数约占三分之一，但国有控股上市公司资产总额、收入总额、净利润三个关键指标，均占我国上市公司总量的65%～70%。对于中央企业而言，经过多年的改组改制，上市公司也已经成为中央企业运营的主体。

目前，国有控股上市公司开展股权激励的比例不高。对于国有经济主体——国有控股上市公司而言，通过资本市场股权激励工具，可以实现上市公司股东利益和企业核心经营管理团队利益的统一，有助于公司价值的提升，有利于包括国有股东在内的所有股东权益保值增值，这一点全世界的经验已经反复证明。但是，目前来看，国有控股上市公司已经开展的股权激励计划仍有很大的提升空间。根据公布的数据来看，党的十九大以来，中央企业控股上市公司实施股权激励的数量快速增长，大约有53家中央企业控股的 119 家上市公司有效实施了股权激励，虽然取得了明显进展，但总体上中央企业控股境内外上市公司只有不到 30% 实施了股权激励。

所以，对于国有资本监管和国有企业成长而言，目前一个重要的课题是：如何处理好"大力提升和保障国有控股上市公司对我国经济的重要作用的旺盛需求，和目前通过股权激励手段释放国有控股上市公司活力的供给不足"之间的矛盾。

问题二：上市公司股权激励有哪几个政策必须掌握？

178 号文是国有上市公司开展股权激励的核心政策文件，但是并不是唯一的政策。我们需要对上市公司股权激励的政策有个整体把握，才能在不同的政策间有效借鉴、随时贯通。这个领域还有三个政策必须了解。

政策一：《上市公司股权激励管理办法》

2018 年 8 月 15 日，中国证券监督管理委员会《关于修改〈上市公司股权激励管理办法〉的决定》颁布，目前这个文件是规范中国境内上市公司开展股权激励的基础性文件。这次中央企业控股上市公司的 178 号文，主体内容也是依据《上市公司股权激励管理办法》的核心规范，进一步结合中央企业实际情况细化、深化的。

政策二：关于《非上市公众公司监管指引第 6 号——股权激励和员工持股计划的监管要求（试行）》(证监会公告〔2020〕57 号）

2020 年 8 月 21 日，证监会发布了这个针对新三板上市公司的股权激励和员工持股政策规定，对该政策的理解和掌握对于国有控股的新三板上市公司来说，是非常重要的。

政策三：《关于进一步做好中央企业控股上市公司股权激励工作有关事项的通知》

2019 年 11 月发布的这个政策文件，明确了积极推动国有控股上市公司开展股权激励的基本原则。"积极支持中央企业控股上市公司建立健全长效激励约束机制，充分调动核心骨干人才的积极性，推动中央企业实现高质量发展"。

新公布的178号文，正是这个通知的具体执行，一脉相承。

问题三：国有控股上市公司实行股权激励有什么先决条件？

178号文明确指出了中央企业控股上市公司开展股权激励计划的六个先决条件。

条件1：治理要规范

治理包括两层意思，一是上市公司股东会、董事会、监事会、经营层（三会一层）等治理要完全到位，二是董事会必须是"决策型董事会"，不能名存实亡，要拥有对于经营层的选、用、育、留等重要职权。同时，国有企业也需要同步做好党组织把关决策工作，把党的领导充分融入治理体系中。

这里面要解决的问题是，有一些国有企业集团和控股的核心主业上市公司之间，曾经出现过部门合署办公、决策扁平化管理、"一马双跨"等管理现象，从国企整体管控的角度来看，这是提高效率的办法，但是从上市公司治理规范和股权激励清晰化的角度来看，就需要我们认真思考如何改进了。

条件2：外部董事要配专配强

178号文指出，"外部董事（包括独立董事）人数应当达到董事会成员的半数以上。薪酬与考核委员会全部由外部董事组成，薪酬与考核委员会制度健全，议事规则完善，运行规范"。

由于公司的股权激励从目标设定、考核兑现、过程规范各个环节都涉及包括董事层、经理层和很多干部层的利益，所以，必须要保证没有直接利益的外部董事和独立董事来主持这项工作。因而，未来国有控股上市公司的外部董事和独立董事责任将会更加重大，对独立性、专业性的要求都会进一步提高。

条件3：组织制度市场化改革要到位

对于国有企业来说，这一点特别重要。不能一方面享受着级别、职务、稳定福利，不承担经营发展风险和责任，另一方面又通过股权激励提升福利水平。股权激励的结果，是保证有责任、有压力、有价值的国企干部得到市场的认可和资本层的激励。不改革，显然不能推动股权激励。

所以，178号文指出，实行股权激励的前提条件是："基础管理制度规范，内部控制制度健全，三项制度改革到位，建立了符合市场竞争要求的管理人员能上能下、员工能进能出、收入能增能减的劳动用工、业绩考核、薪酬福利制度体系。"

条件4：业务和财务基础状况要良好

"发展战略明确，资产质量和财务状况良好，经营业绩稳健。近三年无财务会计、收入分配和薪酬管理等方面的违法违规行为。"

178号文里提出的这一规定，实际有三个意思：

第一，这是一家发展目标清晰并看得到未来的上市公司，而不是一家找不到方向，四处重组，经常"变脸"的上市公司。

第二，这是一家经营业绩稳定发展，财务状况达到同业平均水平以上的可持续的上市公司，而不是一家亏损累累、被ST（特别处理）、债台高筑、艰难存续的上市公司。

第三，这是一家让国资监管部门肯定，让证券监管部门满意，让广大股东认可的规范的上市公司，而不是一家有各种不良记录和行为的上市公司。

条件5：配套机制要完善

178号文规定了国有控股上市公司开展股权激励需要配套完善的四个机制。

配套机制一：经济责任审计。这是国有企业经营管理监督的基本机制，对于国企上市公司来说，除了进行年报审计之外，进行任期制和契约化管理也需要经济责任审计，对经营管理层任期内的经营管理和决策进行审计，很有必要。

配套机制二：信息披露。这里的信息披露包括两个层次，对外要充分向广大社会公众进行信息披露，维护上市公司形象；对内要在方案设计、决策和执行环节，依法依规向国资监管部门、国有股东单位、公司广大干部职工进行充分报告。

配套机制三：延期支付。这一点要与任期制和契约化管理紧密衔接，公司经营管理层的股权激励，要保持一个比例（20%）等任期结束后再兑现。

配套机制四：追索扣回。激励和约束是对等的，上市公司也要同步规定在哪些情况下，已经发放兑现的股权激励必须追回，以切实防范风险，堵塞漏洞。

条件6：证监会规定要满足

依据《上市公司股权激励管理办法》的内容，简单总结了两个方面：

最近一年上市公司审计师对于公司财务报表或者内部控制报告出具了否定意见或无法发表意见。

最近三年上市公司没有按照承诺和规定进行利润分配。

问题四：什么人可以受到激励？"上持下"行不行？

这是一个大家都十分关心的问题，178号文给出了令人振奋的答案。178号文指出："股权激励对象应当聚焦核心骨干人才队伍，一般为上市公司董事、高级管理人员以及对上市公司经营业绩和持续发展有直接影响的管理、技术和业务骨干。"

这项规定是沿用之前的股权激励政策规定。对于非上市公司而言，根据国有控股混合所有制企业推行员工持股的政策，有资格的持股对象是与本企业签订劳动合同的人员，上持下在通常情况下是不允许的。对于国有控股上市公司来说，情况有些特殊，关键在于上市公司董事这一层，上市公司母公司管理者，都在上市公司担任包括董事长在内的董事职务，由于他们是控股公司管理层，多数也是兼职成为上市公司董事的，这些人员能否纳入激励范围，算不算上持下，一直是大家讨论的热点问题之一。

178号文在此进行了大胆突破，明确规定，"上市公司国有控股股东或中央企业的管理人员在上市公司担任除监事以外职务的，可以参加上市公司股权激励计划"，明确同意母公司人员兼任上市公司董事等职务，需要纳入股权激励计划，这是实事求是的体现。

当然，178号文也同时规定，"中央和国资委党委管理的中央企业负责人不参加上市公司股权激励"，我们认为，地方国资机构出台类似规定也将沿用这个原则。不过，当我们认真思考上面这个母公司管理人员担任上市公司监事之外的职务，可以参与股权激励政策时，将会产生一个新的情况：在一些中央企业，集团主体已经整体上市，但是集团还保留少量不能上市的资产，也有一个集团本部的组织和人员，那么这些人员显然不能都成为上市公司的董事，他们如果兼任上市公司的其他职能部门管理职务，是不是也视同于可以参与股权激励呢？这个问题需要继续讨论。

问题五：股权激励的总额是怎么控制的？

根据178号文的规定，上市公司股权激励的股份数量上限要求是比较明确的。"上市公司全部在有效期内的股权激励计划所涉及标的股票总数累计不得超过公司股本总额的10%（科创板上市公司累计不超过股本总额的20%）。不得因实施股权激励导致国有控股股东失去实际控制权"。

同时，首次实施股权激励计划，对于一般的国有控股上市公司，比例不超过股本总额的1%，中小市值上市公司原则在3%之内。这样的规定，保证了股权激励工具能够稳妥谨慎进行，为企业未来发展留足政策空间。

股权激励总额不超过10%或者20%的股权激励数量上限规定，对于新三板上市公司来说，就更为宽松。《非上市公众公司监管指引第6号——股权激励和员工持股计划的监管要求（试行）》明确规定，可以将股权激励总额数量放宽至30%。

问题六：每个激励对象的股份分配要把握什么原则？

上市公司明确了可以用来激励的股份总规模后，下一个问题就是内部如何分配，体现战略价值、岗位价值、人才价值。

这方面重要的是三条线。

单一员工持股线："非经股东大会特别决议批准，任何一名激励对象通过全部在有效期内的股权激励计划获授权益（包括已行使和未行使的）所涉及标的股票数量，累计不得超过公司股本总额的1%。"这方面是有政策空间的，因为对于企业核心带头人来说，1%的股权比例有时不能真正绑定和激励，所以这个时候可以通过股东大会决议批准的方式，给予核心带头人超过 1% 的股权激励。

分期授予线：每期授予权益数量应当与公司股本规模、激励对象人数，以及激励对象同期薪酬水平和权益授予价值等因素相匹配。

预留股权线：178 号文指出，"上市公司需为拟市场化选聘人员设置预留权益的，预留权益数量不得超过该期股权激励计划拟授予权益数量的 20%。"

问题七：股权激励的价格怎么定？

作为中长期激励的核心手段，上市公司股权激励的定价问题是最核心的问题。在 178 号文发布之前的政策中，证监会已经结合限制性股票等激励工具明确了股权激励所对应股票的定价原则。在 178 号文中也再次重申了这些基本内容：

第一，以公平市场价格为基础。作为上市公司来说，这个公平市场价格，就是最近期的股票交易价格，一般是以一段时间的股票价格均价来确定。

第二，股票期权和股票增值权的行权价就是公平市场价格。

第三，限制性股票的授予价格是不得低于公平市场价格的 50%，以及公司标的股票的单位面值。当股票公平市场价格低于每股净资产，限制性股票授予价格不应低于公平市场价格的 60%。

所以，比较这几种定价方式，限制性股票"半价"的政策更有吸引力。所以，为了更加规范激励的折扣，178 号文专门加了一条规定："中央企业集团公司应当依据限制性股票解锁时的业绩目标水平，指导上市公司合理确定限制性股票的授予价格折扣比例与解锁时间安排。"

也就是说，央企集团公司要整体控制给予激励折扣的比例，这个比例的高低要和上市公司目标水平高低挂钩。根据我们的理解，如果想达到 50% 折扣这个最优惠价格，那就需要提出更加有挑战性的业绩目标水平。这也体现了激励约束相对等原则。

问题八：股权激励业绩考核怎么搞？

业绩目标是股权激励的起点，也是达到终点最重要的衡量器。对于这个问题，在证监会颁布的《上市公司股权激励管理办法》中，对上市公司已经有总体性说明，178号文中，结合国有控股上市公司的情况，进行了系统化和个性化规定。

根据《上市公司股权激励管理办法》的规定，目前可以综合考虑的限制性股票激励考核指标包括五个：净资产收益率、每股收益、每股分红、净利润增长率、主营业务收入增长率。

178号文提出的考核指标包括三大类，更加多元和丰富，更能体现国有股东的整体考核要求，也将国资委绩效考核相关规定融入进来：

反映股东回报和公司价值创造等综合性指标，如净资产收益率、总资产报酬率、净资产现金回报率（EOE）、投资资本回报率（ROIC）等。

反映企业持续成长能力的指标，如净利润增长率、营业利润增长率、营业收入增长率、创新业务收入增长率、经济增加值增长率等。

反映企业运营质量的指标，如经济增加值改善值（ΔEVA）、资产负债率、成本费用占收入比重、应收账款周转率、营业利润率、总资产周转率、现金营运指数等。

绩效指标的标准、政策的口径统一，那就是将纵向历史比较和横向行业比较相结合。

问题九：股权激励兑现的原则是什么？

股权激励的效果体现，要从最终股份解锁并兑现来完成。那么，怎么样的兑现模式是值得推荐的？知本咨询总结178号文并就此提出了三个原则。

兑现原则1：严格根据考核兑现

178号文指出："在权益授予和生效环节，应当与公司业绩考核指标完成情况进行挂钩"，"授予上市公司董事、高级管理人员的权益，应当根据任期考核结果行权或者兑现。"

兑现原则 2：任期递延兑现

178 号文规定，对于董事和高级管理人员，无论是股票期权、股票增值权还是限制性股票，都必须保留 20% 的份额，等到任期结束并考核、审计等完成后，才能有条件兑现。

兑现原则 3：中途离职兑现

178 号文规定："股权激励对象因调动、免职、退休、死亡、丧失民事行为能力等客观原因与企业解除或者终止劳动关系时，授予的权益当年达到可行使时间限制和业绩考核条件的，可行使部分可以在离职（或可行使）之日起半年内行使，半年后权益失效；当年未达到可行使时间限制和业绩考核条件的，原则上不再行使……股权激励对象辞职、因个人原因被解除劳动关系的，尚未行使的权益不再行使。"

第43问 国有控股上市公司发行限制性股票的基本操作流程是什么？

限制性股票是指上市公司按照股权激励计划规定的条件授予激励对象转让等权利受到限制的本公司股票。激励对象自授予日起享有限制性股票的所有权，但在解除限售前不得转让、用于担保或偿还债务。

根据178号文的规定，上市公司通过限制性股票实施股权激励基本操作流程主要包括以下五个步骤（见图4-1）。

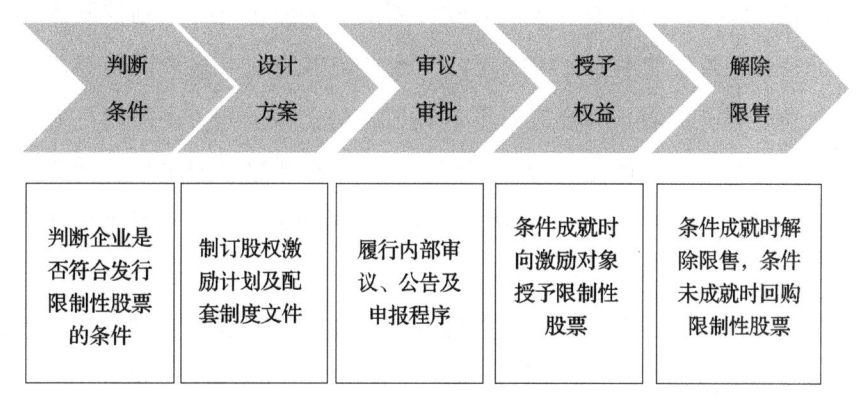

判断条件	设计方案	审议审批	授予权益	解除限售
判断企业是否符合发行限制性股票的条件	制订股权激励计划及配套制度文件	履行内部审议、公告及申报程序	条件成就时向激励对象授予限制性股票	条件成就时解除限售，条件未成就时回购限制性股票

图4-1 上市公司通过限制性股票实施股权激励基本操作流程

第一步：判断条件

根据178号文的规定，上市公司发行限制性股票应该具备6项基本条件，其中大部分条件比较容易满足，但以下3项要求需要重点关注：

一是"董事会选聘、考核、激励高级管理人员的职权到位"。目前，部分上市公司，尤其是在集团中所处层级较低、属于某一板块业务上市的公司存在着董事会职权未落实到位的情况。对于这类上市公司，需要在发行限制性股票前完成授权改革并做实董事会。

二是"外部董事（包括独立董事）人数应当达到董事会成员的半数以上"。虽然我国上市公司基本上都已实现治理规范、机构健全，但在董事会构成方面，不是所有公司都实现了外部董事占多数的要求，或者外部董事的实质作用发挥有限。

三是"三项制度改革到位"。如何衡量三项制度改革是否到位是个难题，但知本咨询认为上市公司至少应该实现了经理层任期制和契约化管理，建立了用工流动机制和工资总额决定机制，才能满足这个条件。

第二步：设计方案

根据178号文，可以总结出发行限制性股票应该制订至少4个方案及配套文件。

首先，股权激励计划。股权激励计划是上市公司发行限制性股票的依据，也是相关配套文件编制的依据，178号文单独有一章来说明如何制订股权激励计划。而对于分期发行限制性股票的上市公司，还需制订首期实施方案，并在以后年度制订分期实施方案，明确激励对象名单、授予权益的数量、权益的行权（授予）价格、行使权益的时间安排及业绩考核条件等内容。

其次，股权激励管理办法。股权激励管理办法是用来管理股权激励计划的制度文件，应当主要包括股权激励计划的管理机构及其职责权限、股权激励计划的实施程序、特殊情形处理、信息披露、财务会计与税收处理、监督管理等内容条款。

再次，业绩考核办法。由于限制性股票的授予和解锁都与考核评价结果息息相关，所以上市公司需要配套建立健全考核评价机制，体现激励与约束相结合的原则。

最后，授予协议。限制性股票授予协议需要由上市公司与所有激励对象签订，主要用于确认以上所有文件中约定的内容，并依照有关法律法规和公司章程约定双方的其他权利义务。

第三步：审议审批

与非上市公司实施股权激励相比，上市公司发行限制性股票需要履行的审议审批程序更为复杂（见图 4-2）。

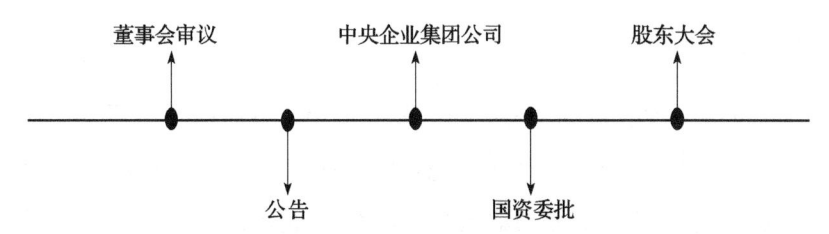

图 4-2 上市公司发行限制性股票需要履行的审议审批程序

首先，内部审议。股权激励计划草案应由上市公司董事会薪酬与考核委员会负责拟订，拟定完成后由独立董事及监事会发表独立意见并由董事会审议。

其次，对外公告。上市公司应当在董事会审议通过股权激励计划草案后，根据股票上市地证券监管规定，及时公告董事会决议、股权激励计划草案、股权激励管理办法、独立董事意见、监事会意见、法律意见书等相关材料。

再次，向上申报。上市公司同步将股权激励计划草案及相关申请文件按照公司治理和股权关系，先报中央企业集团公司审核，再报国资委批准。而中央企业主营业务整体上市公司直接由国资委进行审核。

最后，股东审议。上市公司召开股东大会对股权激励计划草案进行审议，通过后由董事会根据股东大会决议负责股权激励的实施工作。

第四步：授予权益

对于股权激励计划无分期实施安排的，激励对象可在授予日以股权激励计划中规定的授予价格购买限制性股票。

对于股权激励计划分期实施的，需要提前在股权激励计划中设定分期授予权益的业绩条件，并在向激励对象授出权益前，召开董事会就设定的公司授予权益的条件、激励对象获授权益的条件是否成就进行审议。条件成就时，激励对象可在授予日以股权激励计划中规定的授予价格购买限制性股票。条件未成就时，上市公司不得向激励对象授予权益，未授予的权益也不得递延下期授予。

第五步：解除限售

上市公司发行限制性股票应当设置限售期，限售期自股票授予日起计算，原则上不得少于2年，激励对象在限售期内不得出售股票。限售期满，激励对象可以在不少于3年的解锁期内匀速分批解除限售。但董事会同样需要按照计划及实施方案约定，根据公司业绩考核和激励对象绩效考核评价完成情况，决定激励对象全体所获授权益在当期可以生效部分是否解锁，以及激励对象个人获授权益的解锁比例。条件成就时，激励对象可以出售获授的限制性股票。条件未成就时，当年计划解锁的限制性股票不得解除限售，由上市公司回购，回购价不高于授予价格与股票市价的较低者。

第44问 国有控股上市公司发行限制性股票如何制订激励计划?

基于178号文知本咨询总结出股权激励计划的核心六要素。

要素一：股权激励对象

关注股权类中长期激励机制的国有企业可能知道，关于员工持股和股权激励的政策已经出台了很多，激励对象的范围可以说是大同小异。但是，178号文在激励对象方面的规定可以说是有了较大的突破。

主要是突破了"上持下"的限制。无论是基于4号文实施股权激励还是基于133号文实施员工持股，激励对象都必须与本企业签订劳动合同，也就是说原则上不允许控股股东职工持有本企业股权。当然，对于科研、设计和高新技术类"双百企业"及"科改示范企业"，确因特殊情况需要持有子企业股权的，可以报经集团公司或地方国资委批准后实施。

但是，178号文首次提出"上市公司国有控股股东或中央企业的管理人员在上市公司担任除监事以外职务的，可以参加上市公司股权激励计划"，这意味着控股股东管理层若在上市公司兼职担任董事，也是可以参与上市公司股权激励计划的。而具体各兼职人员是否能够进入激励对象名单，还是取决于其是否对上市公司的经营发展有比较重要的影响。178号文规定的激励范围如图4-3所示。

要素二：标的股票来源

上市公司实施股权激励所需标的股票来源较为常见的有两种，一是向激励对象发行股份，二是回购本公司股份。对于资金较为紧张且有融资需求的上市公司，建议通过向激励对象发行股份的方式确定标的股票来源；而对于股票市场价格较低，尤其是低于每股净资产或低于 IPO 价格的上市公司，建议通过回购本公司股份的方式确定标的股票来源。

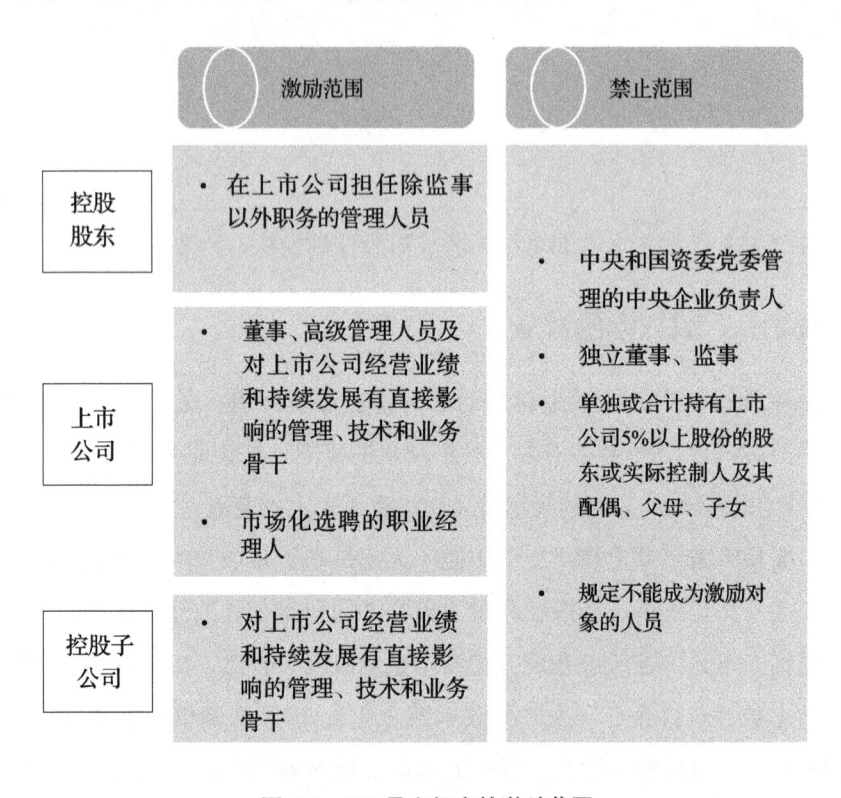

	激励范围	禁止范围
控股股东	• 在上市公司担任除监事以外职务的管理人员	• 中央和国资委党委管理的中央企业负责人 • 独立董事、监事 • 单独或合计持有上市公司5%以上股份的股东或实际控制人及其配偶、父母、子女 • 规定不能成为激励对象的人员
上市公司	• 董事、高级管理人员及对上市公司经营业绩和持续发展有直接影响的管理、技术和业务骨干 • 市场化选聘的职业经理人	
控股子公司	• 对上市公司经营业绩和持续发展有直接影响的管理、技术和业务骨干	

图 4-3　178 号文规定的激励范围

值得注意的是，上市公司股权激励与非上市公司股权激励和员工持股存在不同之处，"股权转让"这种确定标的股票来源的方式需要谨慎考虑，以避免出现国有资产流失的风险。因为 178 号文明确提出，"不得仅由国有股东等部分股东支付股份或其衍生权益"。

要素三：权益授予数量

上市公司实施股权激励在设计权益授予数量时需要重点关注四个层面的"数量"。

一是全部在有效期内的股权激励计划所涉及的权益授予总量，这个数量 178 号文有明确规定，不得超过公司总股本的 10%，科创板上市公司可以适当提高比例上限至 20%。多次实施股权激励计划的上市公司需要关注这个数量，根据往期股权激励计划实施情况设计本次股权激励计划。

二是首次实施股权激励计划涉及权益授予数量需要控制在总股本的 1% 以内，中小市值及科技创新型上市公司可以适当提高比例至 3%。

三是连续两个完整年度内累计授予的权益数量一般不超过公司总股本的 3%，若公司有重大战略转型等特殊需要的可以适当放宽至总股本的 5% 以内。

四是单个激励对象累计获授权益数量，这个数量 178 号文中有明确规定，不得超过总股本的 1%。但是在设计董事和高管获授权益数量时，不能仅考虑这个限制，还要考虑到获授权益公允价值占其薪酬总水平的比重不能超过 40% 这个要求。

要素四：授予价格

上市公司限制性股票的授予价格应该如何确定呢？知本咨询认为需要兼顾激励性与合规性。按照 178 号文的要求，一方面不能低于标的股票的单位面值，另一方面不能低于公平市场价格的 50%，上市公司在这个底线以上进行设计。但是，如果上市公司股价过低，低于每股净资产值，那么这个底线还需要再往上提，提到 60%。

公平市场价格需要收集计算股权激励计划草案公布前 1 个交易日、20 个交易日、60 个交易日及 120 个交易日的公司股票交易均价，并取其中的较高值作为公平市场价格。这种计算方式一方面为了避免股权大幅波动对定价产生影响，另一方面也可以防止上市公司为了降低持股成本恶意操纵股价。

要素五：权益行使安排

股权激励计划是关于一段时间内股权激励安排的长期计划，通常情况下有效期不超过 10 年。若上市公司股权激励的对象较多、授予权益数量较多，建议采取分期实施方式授予权益，每期权益的授予间隔期应当在 1 年以上，一般为两年。比如，股权激励计划有效期为 10 年，每两年为一期，共分 5 期授予权益。

同时，对于限制性股票还需设置限售期和解锁期。限售期是指在获得权益后的一定期限内，激励对象不得出售股票，通常情况下不少于两年。限售期的设置是为了防止激励对象的短期行为，限售期越长通常激励机制的性质越偏长期，但过长的限售期也会导致激励效果下降。所以，根据上市公司的实际情况设置限售期，以平衡激励效果与激励持续时间。

限售期满后进入解锁期，在这个阶段激励对象可以出售其所持限制性股票，通常情况下不少于3年。值得注意的是，并不是在解锁期内激励对象就可以将所有限制性股票一次性出售完毕，都是要在解锁期内匀速分批解除限售。这样的设置是为了避免大量限制性股票在短期内完成抛售，防止对股价产生较大冲击。

要素六：业绩考核

激励对象能够从限制性股票中受益，那么同时其经营管理行为也要通过业绩考核得到相应的约束。业绩考核的关键有两个方面，一是选取哪些考核指标进行考核，二是如何设计业绩目标水平。

先来看考核指标。考核指标原则上应该包含三类，一是反映股东回报和公司价值创造等综合性指标，二是反映企业持续成长能力的指标，三是反映企业运营质量的指标。若这三类指标都实现了，那就代表着这段时期上市公司实现了高质量的增长，且为股东创造了价值，激励对象理应获得对应的奖励。

再来看业绩目标。业绩目标水平如何确定，需要"双对标"。一是纵向比企业自身历史业绩水平，二是横向对标境内外同行业优秀企业业绩水平，只有这样才能确保上市公司设定的业绩目标水平既符合企业实际情况又符合行业发展规律。

值得注意的是，业绩考核不仅在权益解锁环节应用，在权益授予环节也要应用。未达到业绩条件，分期授予的权益不再授予；未达到业绩条件，应该解锁的限制性股票不能解锁。

第45问 国有控股上市公司如何设计实施员工持股计划？

国有控股上市公司兼具国有控股混合所有制和上市公司的双重基础，在设计实施员工持股计划过程中，不仅要符合133号文的规定，而且还要符合《关于上市公司实施员工持股计划试点的指导意见》（证监会〔2014〕33号）（以下简称33号文）的要求。由此，国有控股上市公司在实操过程中将面临两大直接问题：

两个政策谁主谁次呢？两个政策条款发生冲突时，以哪一个政策为主呢？

一般来说，针对国有控股上市公司的政策除满足上市公司的规定外，会颁布专项针对国有控股上市公司的政策规定。但员工持股方面，并未有专项对应的政策，而是明确指向了以133号文为主。

首先，33号文规定，"非金融类国有控股上市公司实施员工持股计划应当符合相关国有资产监督管理机构关于混合所有制企业员工持股的有关要求"。由此看，国有控股上市公司的员工持股政策应该以133号文为首要依据。

其次，在133号文中，包括员工出资、入股价格、持股比例、股权流转等方面，都提到了国有控股上市公司操作按证券监管有关规定执行。再次说明，133号文是国有控股上市公司设计实施员工持股计划的主要依据。

第二个有关政策条款冲突的问题，还是需要具体规定具体分析确认是否一定以133号文的规定为准。主要条款说明如下。

一、股权来源

按照133号文"增量引入，利益绑定"的原则，股权来源主要以增资扩股、出资新设为主。而33号文的股票来源更多，"（1）上市公司回购本公司股票；（2）二级市场购买；（3）认购非公开发行股票；（4）股东自愿赠与；（5）法律、行政法规允许的其他方式。"

若按133号文的要求，国有控股上市公司的股权来源只能是认购非公开发行股票。但我们注意到，在133号文员工出资的条款中提到，"上市公司回购本公司股票实施员工持股，须执行有关规定"。也就是说，不完全是增发的股票。那么，国有控股上市公司是否可以按33号文的规定采取其他所有的股权来源渠道呢？当然不是。

另外，在133号文中规定："试点企业、国有股东不得向员工无偿赠与股份，不得向持股员工提供垫资、担保、借贷等财务资助。"即，股东自愿赠与不完全适用。当然，主要指国有股东不行，非公股东应该是可以的，值得探讨。

由此，知本咨询认为，国有控股上市公司的员工持股股权来源主要有四种方式，即上市公司回购本公司股票；二级市场购买；认购非公开发行股票；非国有股东自愿赠与。

二、员工范围

相对于33号文比较粗线条的规定，133号文更为明晰，且明确了不允许参股人员的范围。国有控股上市公司参股员工范围确定以133号文为准。

三、员工出资及入股价格

在133号文中规定："上市公司回购本公司股票实施员工持股，须执行有关规定"，以及"员工入股价格不得低于经核准或备案的每股净资产评估值。国有控股上市公司员工入股价格按证券监管有关规定确定。"

而根据证监会《关于支持上市公司回购股份的意见》（以下简称第35号公告）规定："上市金融企业可以在合理确定回购实施价格、切实防范利益输送的基础上，依法回购股份用于实施股权激励或者员工持股计划，并按有关规定做好管理。"并未明确员工入股价格的具体要求。

按公平保障上市公司股东权益的角度，依据回购股份实施员工持股计划，员工入股价格应不低于上市公司回购的价格。

四、持股比例

133号文规定，员工持股的总量比例不高于30%，单一对象持股比例不高于1%。但在对应条款中明确提出："国有控股上市公司员工持股比例按证券监管有关规定确定。"即以33号文为准确定持股比例。

根据33号文规定："上市公司全部有效的员工持股计划所持有的股票总数累计不得超过公司股本总额的10%，单个员工所获股份权益对应的股票总数累计不得超过公司股本总额的1%。员工持股计划持有的股票总数不包括员工在公司首次公开发行股票上市前获得的股份、通过二级市场自行购买的股份及通过股权激励获得的股份。"

由此，国有控股上市公司实施员工持股计划时，员工持股总量比例上限缩小到10%，单一员工持股比例上限保持1%不变。但需要注意的是，在统筹处理比例上限问题时，IPO时获得的、二级市场自行购买的及股权激励的股份不在统计范围内。

五、股权流转

按133号文规定，员工持股的锁定期为36个月。但在对应条款中提到："国有控股上市公司员工转让股份按证券监管有关规定办理。"应主要参照33号文。

33号文规定，"每期员工持股计划的持股期限不得低于12个月，以非公开发行方式实施员工持股计划的，持股期限不得低于36个月，自上市公司公告标的股票过户至本期持股计划名下时起算"。

由此，国有控股上市公司实施员工持股的锁定期，若是增发方式，与133号文一致，为36个月。而其他公开发行方式实施的员工持股锁定期要求仅为12个月。

六、信息披露

133号文中明确规定:"国有控股上市公司执行证券监管有关信息披露规定。"国有控股上市公司作为公众公司有更为严格的信息披露要求,具体详细要求参见33号文。

七、审批监管

鉴于国有控股上市公司同时受到国资监管机构和证监会的管理,一是若计划推动员工持股计划,申请试点还是要以133号文、2057号文,以及专项行动等国资监管机构的政策要求为准;二是在员工持股方案审批决策过程中,主要以国资监管相关政策要求为准。而且需要注意的是,若以增发方式实施员工持股,还需要获得证监会行政许可。

总之,员工持股作为国有控股上市公司除上市公司股权激励外的重要中长期激励机制之一,在设计实施时需要兼顾133号文和33号文的相关要求,做到依法合规,让企业与员工成为利益共同体,共享改革增量红利,激发组织活力,最终为促进公司加速稳定发展提供动力。

第 5 章

CHAPTER 5

国有企业虚拟股权

第46问 什么是虚拟股权激励？

虚拟股权激励方式是指企业股东保留对企业资产（或权益）的所有权，以出让部分或全部股权收益权用于激励核心员工的一种中长期激励方式。

虚拟股权相对于实际股权或工商股权而言，其具有"三虚三实"的特点，即：法律层面之"虚"，资产层面之"虚"，治理层面之"虚"；股权关联之"实"，收益分享之"实"，增量共享之"实"（见表5-1）。

表5-1 虚拟股权"三虚三实"的特点

特点	描述	具体描述
"三虚"	法律层面之"虚"	与实际持有股权相比，持有虚拟股权的主体不会出现在工商登记的股东名单中，从法律意义上看，持有虚拟股权的主体不是企业的真正股东，无法真正依法享有同股同权的权利
	资产层面之"虚"	虚拟股权持有主体不是企业股东，企业的资产或权益与虚拟股权并无实质上的关系，即无法根据虚拟股权大小分享企业权益，持有虚拟股权的主体无权依据虚拟股权主张公司权益，公司权益大小与虚拟股权无关
	治理层面之"虚"	虚拟股权仅是一种企业内部或企业股东发起的激励模式，与公司权益没有实质关联，虚拟股权持有者无权依据虚拟股权参与公司治理，或参与公司决策，不具备投票权或决策权
"三实"	股权关联之"实"	虽然虚拟股权与工商股权有实质性的区别，企业可以依据激励的主要意图设计虚拟股权数量及比例，但为了科学准确界定虚拟股权的收益计算方式，虚拟股权在内部虚拟发行股权数量时，须与企业的实际注册资本紧密关联，原则上虚拟股权的数量或份额不能超过企业注册资本的总量，总比例不能超过100%，需要参考其他股权类激励的比例上限要求，否则在计算收益分红等方面会出现诸多无法解释或解决的问题

续表

特点	描述	具体描述
"三实"	收益分享之"实"	虚拟股权最重要的点是收益权。从收益权的角度，与工商股权的处理逻辑应该是完全一致的，即企业现有股东须以出让各自对应于虚拟股权的权益分红，这样才能严格执行并在真正意义上实现权益的出让，虚拟股权与同比例实际股权的收益分红水平应保持一致
	增量共享之"实"	虚拟股权激励与企业其他激励模式一样，基本原则应该是通过激励模式，实现企业资本的增值，以平衡由于激励造成的企业股东短期的收益损失。从虚拟股权对应于实际股权收益分红的方式，可以看出，虚拟股权持有者同时在共享存量和增量净利润。由此，从企业股东的角度考虑，虚拟股权（尤其指非出资方式下获得虚拟股权）激励应该约定一定的未来成长业绩要求，以平衡虚拟股权持有者对企业股东存量收益的分享

第47问 如何设计实施虚拟股权激励机制？

虚拟股权激励机制核心在于企业股东出让收益权或分红权，而与员工持股或股权激励最大的区别是虚拟股权持有者并未真正持股公司实际股权。那么虚拟股权机制是否需要持有者出资？虚拟股权的来源是什么？如何达成激励与约束同步呢？虚拟股权如何管理，如何进行合理的进退出管理？

需要澄清的第一个问题是虚拟股权机制是否需要持有者出资呢？从虚拟股权本质的含义看并没有明确是否需要出资。而现实中，两种情况的案例都存在，如上海贝岭的虚拟股票期权就是以公司奖励形式发放给激励对象；华为公司的虚拟股权，员工是以出资方式获得，并由华为投资控股有限公司工会委员会统一"变相代持"的方式实现。

鉴于权责对等的原则，出资与奖励或赠予的方式对于虚拟股权的激励运行模式差异较大。一般情况下，虚拟股权激励包括员工实际出资和公司奖励或赠予两种基本模式。

基本模式一：员工实际出资的虚拟股权激励模式

员工实际出资取得虚拟股权在很多方面与员工持股有共同的特点，管理上也比较接近员工持股方式。首先能够很好地实现员工投入与收益分红的对等；其次，管理运作上的边界也比较清楚，激励与约束的对接较为刚性；最后，员工出资也可以为公司发展补充资金。

1. 虚拟股权来源

员工以模拟增资形式，出资购买对应份额的虚拟股权。

具体的操作方式类似于员工持股，由员工按照授予的虚拟股权比例以货币出资，对应取得对应于实际股权的虚拟股权。

2. 虚拟股权持股方式

出资方式下设计实施员工虚拟股权激励模式，需要由员工与实施激励的公司签订虚拟股权协议，内部登记管理，并作为出资员工分享对应虚拟股权分红权的依据。

员工出资金额根据企业需要对应放置在相应科目或项目内，对应增加企业净资产值。

3. 员工出资方式

与员工实际持股计划不同，虚拟股权计划出资方式可以是员工个人合法收入所得以货币出资，也可以是员工相关业绩或专项奖励直接出资。

而结合财务管理相关政策要求，以业绩或专项奖励直接出资在操作上可以更为便利。

若员工直接以货币出资，由于虚拟股权实际上没有实质性的股权交易，那么员工货币出资额如何合规进入公司账户？公司获得员工出资额用于代持方购买公司实际股权是否存在不合法的募集资金问题？都是需要考虑或解决的问题。而通过员工业务或专项奖励的方式直接由公司增资或回购等方式对应股权实施虚拟股权则会避免更多操作方面的问题。

4. 虚拟股权定价方式

为科学界定实施虚拟股权计划，虚拟股权需要与实际股权有严格的对应关系，否则在界定收益分红权上会带来更多的问题。

以此为前提，虚拟股权的定价方式可以充分参考或对应于实际股权流转的定价方式。如经审计的净资产值、经评估的公司评估值等。但结合实际案例并考虑到操作的便利性和虚拟股权的特点，以经审计的净资产值作为取得或退出的价格更为合适。

5. 虚拟股权分红方式

出资方式下，员工取得虚拟股权是实际直接或间接有货币投入的，虽然没有获得工商股权，但在收益分红权方面与实际股权对等，即出资方式下虚拟股权的收益分红权应该与实际股权同股同收益，只不过需要在税前分配。从另一个角度看，出资方式下的虚拟股权同步享有存量和增量收益的分红权。

基本模式二：公司奖励或赠予虚拟股权激励模式

由于虚拟股权并未有实质性的股权交易，仅仅是现有股东出让的分红权。因此，很多企业会采取奖励或赠予的方式实施虚拟股权激励模式。一方面可以有效避免员工实际出资的资金处理问题；另一方面，非出资情况下，对激励对象的激励力度会更大。

该模式与出资模式在整体操作上基本方式是一样的。主要区别如下：

（1）资本投入的区别。最大的区别当然是一个出资，一个不出资。

（2）兑现条件的区别。不出资情况下，对于现有股东而言，出让分红权而员工不出资，略显不对等；而对员工而言，不投入情况下就可以获得分红权，有收益无风险，感觉更好。为平衡股东与员工的权责对等，该种情况下一般会有约定的业绩目标要求，在达到业绩目标要求情况下，员工才可能享有对应虚拟股权的分红权，这样更为合理。

（3）收益分红的区别。出资实施虚拟股权，一般会同时享有存量和增量收益的分红权；而非出资情况下，一般会通过业绩目标的形式，让持有虚拟股权的员工享受增值或增量部分的收益分红权。

（4）运作方式的区别。由于员工不出资，那么在持股方式、股权交易、定价等方面便不存在实际性的操作，仅仅通过虚拟股权激励计划基本就可以实现虚拟股权的激励模式运作。

虚拟股权激励机制延伸模式

由于虚拟股权需要与实际股权匹配性操作，那么对于实际股权激励的其他模式也可以作为虚拟股权的延伸模式。

（1）虚拟股权期权。授予对象虚拟股权，但达到行权条件，方可享受虚拟股权收益分红权。

（2）虚拟股权增值权。授予对象虚拟股权，但达到业绩条件，仅享受虚拟股权对应增值部分的收益分红权。

（3）出资与不出资配套使用。类似于国有科技型企业的股权出售+股权奖励的方式，可能通过出资一部分+赠予一部分的方式实施虚拟股权。

第48问 虚拟股权的入股模式、收益模式和退出模式有哪些?

在国企改革"1+N"的政策体系中,至少有两个文件提到过虚拟股权。一是653号文,提到鼓励混合所有制企业探索超额利润分享、项目跟投、虚拟股权等中长期激励方式。二是《百户科技型企业深化市场化改革提升自主创新能力专项行动方案》,提到支持鼓励科技型企业大力推行股权激励、分红激励、员工持股、超额利润分享、虚拟股权、骨干员工跟投等中长期激励方式。

虽然提及虚拟股权的政策不少,但是并没有专项政策,国有企业中实施虚拟股权的案例也很少。这是为什么呢?这是因为虚拟股权的操作空间很大,相应的就会产生一定风险。所以建议企业可以探索实施虚拟股权,但一定要谨防合规性风险、国有资产流失风险等。

虚拟股权的操作空间很大,是因为虚拟股权设计的每一个环节都有不同的模式可以选择,其中最关键的三个环节就是入股模式、收益模式和退出模式(见图5-1)。

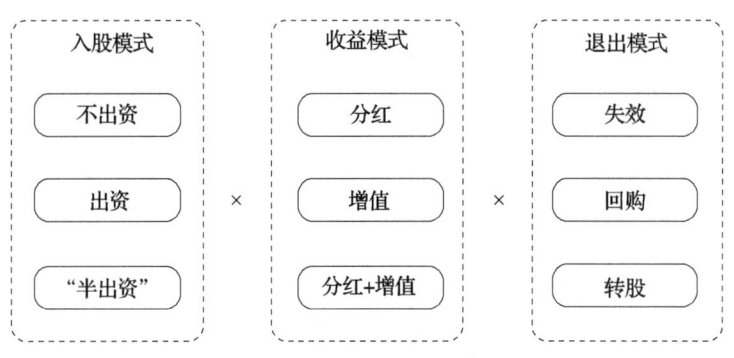

入股模式		收益模式		退出模式
不出资		分红		失效
出资	×	增值	×	回购
"半出资"		分红+增值		转股

图5-1 虚拟股权"3×3×3"选择模型

一、入股模式

虚拟股权的入股模式有三个选择，不出资、出资和"半出资"。

（一）不出资模式

不出资模式下，虚拟股权的本质是员工无须出资，但以达成相应的业绩考核目标为条件，由股东出让部分股权分红权给员工，使员工获得对应的分红额。这种模式下，虚拟股权成为一种现金类激励工具。

不出资模式的好处是员工不需要出钱，所以必然会受到员工的欢迎。而且，也不会带来出资额账务处理等一系列风险和问题，操作相对简单。但是，缺点就是对于员工的约束效果没有那么强。

（二）出资模式

出资模式下，虚拟股权的本质是员工按照企业股权的价值进行出资购买，但是这个行为仅在企业内部记录，不改变企业实际的股权结构。由于不涉及企业真正的股权交易，所以股权定价更推荐大家按照经审计的净资产值进行确定，不涉及复杂的资产评估过程。

出资模式的好处是能够更好地实现员工与企业的利益绑定，实现了激励与约束相统一。当然缺点也很明显，由于员工的出资并不是真正购买企业股权，出资款项无法计入股本和资本公积科目，那么相应的账务处理将很复杂。同时，这样一大笔资金流入企业，是否又存在非法集资的嫌疑呢？这一系列问题，都需要企业去逐个解决。

（三）"半出资"模式

"半出资"模式是一种介于出资和不出资的新模式，已经被一些科创板及创业板企业适用。"半出资"模式的理念就是，员工需要按照企业股权的价值出资购买，但出资额无须在购买时全额缴纳。员工购入虚拟股权时仅需支付1元/股，未支付的部分在分红或退出时扣减。

"半出资"模式的好处是兼顾了出资的约束性和账务处理的便捷性，既使员工能够与企业实现利益绑定，又避免了一些潜在风险。

以上三种模式，优先推荐采用不出资模式或"半出资"模式。

二、收益模式

虚拟股权的收益模式也有三个选择，股权分红、股权增值、股权分红＋股权增值。

（一）股权分红模式

股权分红模式下，员工仅有虚拟股权的分红权，没有增值权，激励对象有权根据持有虚拟股权占总股本的比例享有企业当年的分红收益。股权分红的收益模式一般与不出资的入股模式搭配使用，基于激励与约束相统一的原则，既然不需要出钱，就需要配套较为严格的业绩考核目标。

业绩考核怎么做呢？既然虚拟股权没有相关的专项政策，那么建议大家参考其他已有中长期激励政策的相关要求开展，比如中央控股上市公司股权激励。在虚拟股权的授予阶段和生效阶段考核企业三类指标，包括反映股东回报和公司价值创造等综合性指标（净资产收益率等）、反映企业成长能力的指标（净利润增长率等）及反映企业运营质量的指标（资产负债率等）。在设定考核目标时，建议企业综合考虑自身历史业绩水平纵向比较和同行业优秀企业业绩水平横向比较确定，授予阶段可对标行业50分位，生效阶段可对标行业75分位。

股权分红模式的好处就是操作简便，关键是做好激励额度的内部分配和业绩考核工作。缺点是激励效果偏短期。

（二）股权增值模式

股权增值模式下，员工仅有虚拟股权的增值权，没有分红权。激励对象有权根据持有虚拟股权占总股本的比例享有股票价格上涨或公司净资产值增加带来的收益。股权增值模式一般与出资的入股模式或"半出资"的入股模式搭配使用，因为只有员工出资才能通过退出价格兑现虚拟股权的增值收益。

持有虚拟股权的员工，不会每年获得股权分红，只有在最后退出时才能一次性获得虚拟股权的增值收益。在实操时，企业需要注意入股价格和退出价格须按统一方式确定，若入股时按经审计的净资产值确定，退出时也需要按经审计的净资产值确定，这样才能准确计算出虚拟股权的增值部分。

股权增值模式的优点是激励员工更关注企业的长期发展和价值成长，因此激励效果偏长期。对应的缺点就是员工若不退出就难以拿到激励，无法进行即时激励。

（三）股权分红＋股权增值模式

股权分红＋股权增值模式下，员工既有虚拟股权的分红权，又有增值权。激励对象既可以在达成业绩考核目标时获得年度的虚拟股权分红收益，又可以在退出时获得虚拟股权的增值收益。

股权分红＋股权增值模式的好处是兼顾了短期激励与长期激励，只是在操作上会相对复杂一些，既需要设定业绩考核目标又需要多次计算虚拟股权价值。

三、退出模式

虚拟股权的退出模式也有三个选择，失效、回购和转股。

（一）失效模式

失效模式下，企业与激励对象约定虚拟股权的有效期（如3年），有效期满虚拟股权自动失效，激励对象不再享有股权收益。失效模式一般与不出资的入股模式搭配使用，操作十分简单。

（二）回购模式

回购模式下，企业在虚拟股权有效期满或上市前，由企业按照一定价格对虚拟股权进行现金回购，回购模式一般与出资的入股模式或"半出资"的入股模式搭配使用。由于回购模式涉及国有股东出资，需要格外注意定价的合理性和国有资产流失风险。原则上，企业若采用回购模式，建议员工入股和回购均按照经审计的净资产值确定价格。

（三）转股模式

转股模式下，符合约定的考核条件或企业上市前，激励对象可将虚拟股权转化为实际股权，并继续享有股权收益，转股模式一般也与出资的入股模式或"半出资"的入股模式搭配使用。转股模式在国有企业中应用较少，因为员工的持股有严格的政策限制。仅建议企业实施虚拟股权若干年后，待符合4号文或133号文实施条件时，通过实施股权激励或员工持股将虚拟股权转化为实际股权，以确保完全合规。在转股时，提醒企业要注意入股价格与转股价格的差异性，转股价格要严格按照经备案的资产评估值确定。

转股模式能够给予激励对象持有企业实际股权的期望，但同时操作复杂性和风险性都会提高，建议企业综合考虑后实施。

虚拟股权的操作空间很大，但每个事物都有两面性。操作空间大带来的是风险增加，同时也带来了多种组合、多种可能性和创新。对于具有改革精神的企业，可以好好利用虚拟股权设计出具有独创性的激励工具。

第49问 国有企业推行虚拟股权需要考虑哪些风险？

不同于民营企业或参股企业，鉴于国有资本保值增值的基本要求和杜绝国有资产流失的红线要求，国有控股企业探索推动虚拟股权激励模式时要防范四类风险。

一、合规性风险

要满足相关基本法律法规要求，如出资情况下，员工出资资金如何合法进入公司？是否有非法集资的嫌疑等。

二、国有资产流失风险

参考本轮改革提到的其他中长期激励基本导向，以增量激励为主，而不是存量。如赠予或奖励方式下实施虚拟股权激励要以增量收益分红为主，而不是分配存量收益；技术、知识、数据类要素如何界定是增量还是存量？

三、国有资产低估的风险

净资产值是底线，但是很多国有企业，如国有军工高科技企业的账面净资产值能否反映实际的资产价值？如何合理确定与实际股权匹配性的价格？

四、过度激励风险

虽然虚拟股权不涉及实际股权的交易，仅仅出让收益分红权，但仍要关注两个方面的过度激励问题：一是总体激励比例不能过大；二是单一对象激励比例不能过于集中。

虚拟股权激励无论从理论还是从实践角度，创新空间大、操作灵活度大，现行可直接参考的政策或制度较少，国企可探索实践的空间大，但在此过程中需重点以国有资产保值增值为目标，以杜绝国有资产流失为底线进行设计实施。

第50问 如何学习华为虚拟股权？

虚拟股权作为中长期激励工具其中一种，相比其他工具，它更具灵活性，如果科学使用，激励效果是可以很好的，但是目前还没有被广泛应用，一方面是操作难度相对较大，另一方面，也没有相关政策文件出台作为指导。

想用好一个工具，通常需要做两件事，第一，看看做得好的企业是怎么做的；第二，整理思路，依企施策。

一、华为虚拟股权如何做

华为的虚拟股权激励方案，总体上来看，分为两部分：虚拟受限股ESOP与TUP（现金奖励期权计划）的分层激励。

（一）虚拟受限股（ESOP）

1. 出资

对于ESOP来说，是需要员工实际出资的。迄今为止，华为ESOP的直接投资接近2000亿元。华为以每股净资产作为每股价格，员工需要按照相应的股份数量缴纳出资。通过出资，华为完成了知识资本化的过程，使优秀员工变成了持股员工。

谈到出资，一个比较关键的问题就是定价，对于上市公司来说，股票有市场价格，上市公司实施股权激励时，在法律规定的范围内打折，而华为是非上市公司，没有交易价格，则采用的每股价格是根据审计过的每股净资产来确定的。

2. 权益

（1）分红权。

分红权，也就是通常所说的利润分配权，是指股东依法享有从公司分取红利的权利，是股东财产权的重要组成部分。《公司法》第34条规定，我国的有限责任公司的股东按照实缴的出资比例分取红利，但是全体股东约定不按照出资比例分取红利的除外。

享有 ESOP 的员工每年都能分到高额的分红，其分配到的利润由实缴的出资比例确定。在分红权方面，ESOP 的权利与实股没有区别。不过华为持股员工的虚拟股票是通过工会间接持有的，工会委员会才是法律上的股东，所以，华为的分红是由工会委员会的账户进行支付，而不是直接由公司进行支付。华为工会委员会在支付员工的分红款时，已经按照 20% 的股息所得纳过税，持股员工拿到手的是税后收入。

（2）增值权。

享有 ESOP 的员工要兑现虚拟股票的增值，就需要通过处分的方式实现，换句话说就是，通过卖出才能实现虚拟股票的增值。具体来说，员工可通过申请回购或者离职回购的方式实现。股权回购可以按照当前的股价进行交易，员工通过交易就可以获得相应的股权增值。另外，持股员工不得将虚拟股票进行质押或者转让，即使是在内部也不允许相互转让。

总的来说，虚拟受限股就是员工按照当年的净资产确定的虚拟股票的价格出资购买虚拟股票享有对应股份的分红权和资本增值享有权。

（二）TUP（Time Unit Plan，现金奖励期权计划）

TUP 则是不需要员工出资，但是要达成业绩目标，做出业绩贡献才能享受分红权，相当于一种利润分享计划。TUP 存在授予和生效两个阶段。

1. 授予

所谓 TUP 授予，即华为把 TUP 权利授予给员工，员工有权按照规定享受年度收益和期末收益。TUP 是否能授予是由绩效考核决定的。另外，TUP 是根据上一年度的考核结果确定的，不是根据当年度考核情况确定。对于当年度表现优异的员工，TUP 是一种递延奖励。如果员工第二年离职，他就会损失这部分 TUP 收益。

2. 生效

TUP 生效则是指员工所获授 TUP 何时能够享受相应权利。2012 版 TUP 是分期生效。2012 年推出的 TUP 因为是在递延奖金的激励机制上的改革，所以设计时也采取了递延方式生效，员工所获授的TUP分三年生效，每年生效三分之一。2015年华为将TUP改为一次性生效，包括以前尚未生效的全部都一次性生效。授予TUP当年就可以享受年度收益，在第二年四月份分红时，就可以取得收益。这样，分红规则与虚拟受限股完全一致。员工获得TUP之后可以很快见到收益，改革之后的TUP激励性更强。

（三）两种工具如何选择

哪些员工可以获得ESOP？哪些员工可以获得TUP？这个是由两个因素决定的：职级和工龄。

1. 职级

华为的职级，总共分23级。13级是最大的分水岭，13级以下的属于基层员工，属于劳动者，13级及以上是中高层员工，属于奋斗者。

在华为，对13级以下员工以现金激励为主。员工要获得ESOP和TUP的资格，至少需要达到13级。任正非认为大部分基层员工属于劳动者，而不是奋斗者。基层员工更应该获得短期的工资和奖金收入，而奋斗者应该获得长期的股权收益。

13～14级员工属于初级奋斗者和新进奋斗者，工资收入不足，华为也不愿意发放太多虚拟受限股给13~14级员工，因为虚拟受限股一旦给出，只要员工不离职，就无法收回，是一项非常长期的激励。而TUP用于激励该层次员工非常合适，既不需要出资，又能获得收益作为激励，且无须考虑回购问题。

所以，TUP激励对象主要是初级奋斗者和新进奋斗者。ESOP的激励对象是14级以上的奋斗者。

2. 工龄

2012年时，TUP要求非中国籍员工需要2年才能获得。2014年，TUP要求员工入职满一年，当然1年只是基本要求，并不意味着满一年都会被授予TUP。

2014年，华为规定需要满3年才可获得配股资格。新员工进入华为的前3年往往是离职的高峰期。因为这时，总体收入水平对员工不足以产生吸引力、员工对华为认同感一般、文化的影响力还没有形成。受这些因素的影响，一旦产生大的波动、心理不适、外界机会等诱因，员工的离职就在所难免了。因为入职3年以内的员工离职率高，所以华为将ESOP的配股条件提高到了入职3年以上员工。华为对入职3年以下员工授予TUP。

2018年，某些部门甚至将ESOP的准入门槛提高到5年。因为华为的工作压力比较大，很多员工很难坚持到5年。但是一旦在华为工作满5年，并且获得了虚拟受限股，员工就会变得非常稳定。

总之，职级和工龄决定了是授予ESOP还是TUP。

除了华为之外，还有一些做得比较出色的企业，比如新三板挂牌公司北京精冶源新材料股份有限公司在2015年推出虚拟股权激励方案，该方案规定：虚拟股权指公司授予被激励对象一定数额的虚拟股份，被激励对象不需出资便可以享受公司价值的增长，其利益的获得需要公司支付。被激励对象没有虚拟股票的选举权、转让权和继承权，只有分红权。

二、从权责矩阵看股权激励

权责对等原则是企业管理运行的基本原则，没有无责任的权力，也没有无权力的责任，权力与责任缺一不可。中长期激励工具作为一种管理工具也是一样，也要充分体现权责对等的原则。

（一）虚拟股权中的"权"与"责"

1. 虚拟股权工具中的"权"：分红权和资本增值享有权

虚拟股权的本质就是将股票所有权、控制权、分红权、资本增值享有权进行分离，将分红权和资本增值享有权授予激励对象，不影响公司的所有权分布和控制权安排。

（1）分红权。

股东的分红是公司当年的利润总额扣除所得税之后，先弥补亏损，然后提取法定公积金，经股东会或者股东大会决议，还可以从税后利润中提取任意公积金，之后就可以按照股东持有的股份比例进行分红，但股份有限公司章程规定不按持股比例分配的除外。

虚拟股权的分红与股东分红的区别有两点：首先它不是真正的股权，所以虚拟股权分红不属于取得股息、红利所得，是虚拟股东在公司任职或受雇期间取得，属于工资、薪金所得。对于公司来说，这部分分红支出属于工资、薪金支出，所以在税前扣除。其次，虚拟股权的分红属于奖金的一种，要计入工资总额，应作为社保的缴费基数。

（2）资本增值享有权。

给一个直观的例子解释资本增值享有权，比如，企业年初净资产100万元，以每股1元的价格折合成100万股，某股东持有其中的10万股，年末净资产变成200万元，每股价格变成2元，那么该股东就享有10万元股本带来的10万元的增值。

2．虚拟股权工具中的"责"：出资和达标

（1）出资。

出资购买虚拟股权，虚拟股东对自己的资产负责，这是体现权责对等最直接的方式，也是对权利相对严格的约束条件，这是出资购买虚拟股权的优势。

但是由于虚拟股权不做工商登记，省去了烦琐的审批流程，那必然会增加合规性上的风险，员工的出资如何合法地进入公司账户？与员工实际持股计划不同，虚拟股权计划出资方式可以是员工个人合法收入所得以货币出资，也可以是员工相关业绩或专项奖励直接出资。若员工直接以货币出资，由于虚拟股权实际上没有实质性的股权交易，公司获得员工出资额用于代持方购买公司实际股权有不合法的募集资金的嫌疑。而通过员工业务或专项奖励的方式直接由公司增资或回购等方式对应股权实施虚拟股权，一方面，可以避免一些操作方面的问题，另一方面，结合财务管理相关政策要求，以业绩或专项奖励直接出资在操作上更为便利。

以上解决了资金来源的问题，接下来还有虚拟股权定价的问题。

因为分红权和资本增值享有权的实现都要建立在股权比例确定的基础上，所以虚拟股权还是需要与实际股权有严格的对应关系。以此为前提，虚拟股权的定价方式可以充分参考或对应于实际股权流转的定价方式。如经审计的净资产值、经评估的公司评估值等。但结合实际案例并考虑到操作的便利性和虚拟股权的特点，以经审计的净资产值作为取得或退出的价格更为合适。

（2）达标。

与员工出资购买虚拟股权对应的是公司奖励或赠予虚拟股权，也就是员工不出资。不出资却享有分红权和资本增值享有权，这明显不符合权责对等的原则，为平衡这个问题，一般会有约定的业绩目标要求，在达到业绩目标要求的情况下，员工才可能享有虚拟股权对应的权利，这样更为合理。

与出资的虚拟股权相比，公司奖励或赠予虚拟股权有两个明显的优势：一方面可以有效避免员工实际出资的资金处理问题；另一方面，非出资情况下，对激励对象的激励力度会更大。

(二)"权责矩阵"

对权的两方面，责的两方面有了认识之后，通过将它们之间的两两结合，就可以得到权责矩阵工具，对矩阵每个元素都进行认识分析之后，就能游刃有余地利用虚拟股权这个激励工具了。

"权责矩阵"：纵轴为责，分为出资和达标，横轴为权，分为分红权和资本增值享有权，经过排列，我们可以得到四个元素：（1，1）→（出资，分红权）、（1，2）→（出资，资本增值享有权）、（2，1）→（达标，分红权）、（2，2）→（达标，资本增值享有权)(见图5-2)。

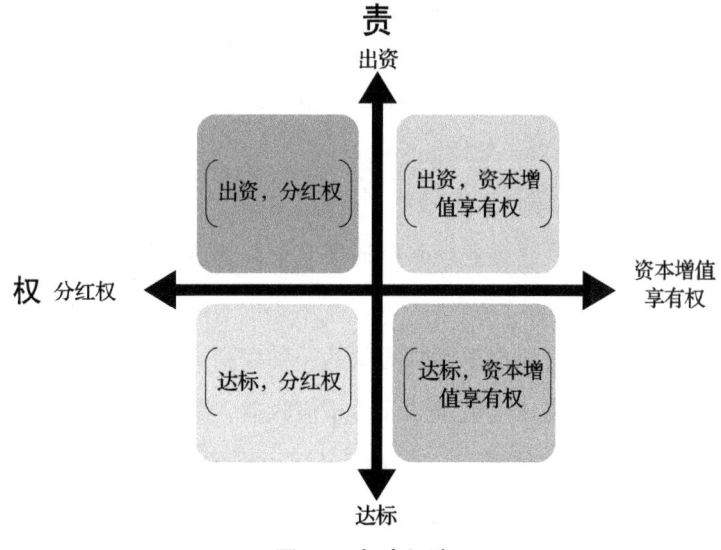

图 5-2 权责矩阵

1. (1, 1)→(出资，分红权)

出资方式下的虚拟股权同步享有存量和增量收益的分红权，这是与不出资方式下分红权的区别所在。

出资方式下，员工取得虚拟股权是实际直接或间接有货币投入的，虽然没有获得工商股权，但在收益分红权方面应该与实际股权对等，即出资方式下虚拟股权的收益分红权应该与实际股权同股同收益，分红权的落实等同于员工持股的分红权的落实，只不过需要在税前分配。

2. (1, 2)→(出资，资本增值享有权)

股东的资本增值享有权可以通过股票交易来行权，但是虚拟股东的资本增值享有权，只能通过公司回购来实现，这是因为虚拟股东没有对应股票的所有权和控制权。

出资方式下，虚拟股东等同于购买了公司的股票，那么在回购时，公司应该按照净资产价值和虚拟股东持股比例来确定回购价格。

同样，出资方式下，虚拟股东资本增值享有权的落实等同于员工持股的对应权利的落实。

3. (2, 1)→(达标，分红权)

以达成业绩目标作为分红权落实的前提，落实方式和第一象限相同，类似于超额利润分享工具。不同在于，超额利润分享是按照岗位价值系数等相关指标确定超额利润分配比例，而虚拟股权是按照对应的股权比例进行利润的分配。

4. (2, 2)→(达标，资本增值享有权)

在不出资，但是要达到业绩目标的模式下，虚拟股权的资本增值享有权可以等同于股票增值权。

股票增值权是指公司授予激励对象的一种权利，如果公司股价上升，激励对象可通过行权获得相应数量的股价增值收益，激励对象不用为行权付出现金，行权后获得现金奖励。从上述定义可以看到，在股票增值权模式下，公司授予激励对象的并不是股票，而是一种权利，这一点与期权是类似的。激励对象只有在约定的时间、达成约定目标的情况下才能行权，一旦行权，则约定数量股票的增值部分将以现金方式直接兑现给激励对象,无须激励对象履行出资购买的义务。如在约定时间内达不成约定的目标,或者行权不能获得收益,则激励对象也可以选择放弃行权。

行使资本增值享有权,获得资本增值收益,换个角度看就是公司对虚拟股权的回购,但是由于虚拟股东并非出资购买,所以回购价格只能是资本增值的部分。

| 第 6 章 |

CHAPTER 6

国有企业跟投机制

第51问 国有企业项目跟投的基本政策导向是什么？

自从 2018 年 9 月 12 日，国务院国有企业改革领导小组办公室在杭州海康威视公司召开科技型"双百企业"现场交流会以来，海康威视的项目跟投经验得到了肯定。此后，国务院国资委在相关国企改革政策中均将"项目跟投"列入中长期激励的主要改革举措，在"双百企业"和"科改示范企业"中掀起项目跟投的小高潮，出台国企项目跟投政策已经摆在重要议事日程中。

2019 年 10 月 31 日，国资委正式印发的 653 号文正式提出"鼓励混合所有制企业综合运用国有控股混合所有制企业员工持股、国有控股上市公司股权激励、国有科技型企业股权和分红激励等中长期激励政策，探索超额利润分享、项目跟投、虚拟股权等中长期激励方式，注重发挥好非物质激励的积极作用，系统提升正向激励的综合效果"。

2019 年，国务院正式出台的 9 号文明确规定："授权国有资本投资、运营公司董事会审批子企业股权激励方案，支持所出资企业依法合规采用股票期权、股票增值权、限制性股票、分红权、员工持股以及其他方式开展股权激励，股权激励预期收益作为投资性收入，不与其薪酬总水平挂钩。支持国有创业投资企业、创业投资管理企业等新产业、新业态、新商业模式类企业的核心团队持股和跟投。"以管资本为主的国企改革顶层设计方案实锤落地，国资授权经营管理正式进入全面实施阶段。9 号文把国企激励作为放权授权的重要事项，释放了积极推动国企激励机制改革的强烈信号，这对于激发国企活力必将产生深远影响。

2020 年，伴随着《国企改革三年行动方案》的部署和落实，国有企业改革从大面积试点阶段正式转入全面深化落实阶段。与此同时，作为

"1+N"国企改革政策体系重要组成部分的国有企业中长期激励政策体系也日趋完备。而目前国家的政策导向主要集中于在创新领域实施项目跟投，尤其是对于承担国家重点项目和解决卡脖子技术难题的企业。

2022年，随着跟投机制在企业中长期激励机制改革实践中的不断出现，规范管理跟投机制亟待发布政策。有关在创新领域先行试点推行跟投机制的指导意见也应运而生。

第52问 为什么要实施创新跟投？

创新跟投相较于其他的激励工具而言，有两点是其独有的吸引力所在。

一、制度吸引力：利益风险绑定效果好

"不当家不知柴米贵"，即使再过五百年，这句话也能成立。只管收钱、算账、拿薪水的跑堂和账房先生，肯定不会体会到当家人的压力感、责任感、收获感。

这个由于个人位置决定的激励难题，在跟投这种机制诞生时，就在一定程度上得到了解决。跟投机制让决策人和核心建议者都同时当投资者、参与者，和股东、当家人都坐到一条船上，这样带来的共荣共损效果，自然是很好的。

跟投机制这种利益风险同时绑定，既有激励又能约束的价值，企业的管理层都能直接体会到。这是企业股东需要的效果，也是管理团队落实战略需要的手段，因而在实践中，项目跟投机制的制度吸引力要比分红型、奖金型的单边激励工具高不少。

二、分配吸引力：获得更高的激励水平

创新跟投，在很多公司里，员工也很喜欢。

虽然首先绑定了风险，但员工跟投的份额毕竟只占一个不高的比例，同时作为局内人、知情人，跟投人员在这些项目的资本投入，实际要比对一些上市公司的股票投资更明白、更靠谱。

在这种情况下的跟投风险在一定程度上是可以通过团队努力克服的，而项目产生的实际收益也能够通过努力提升，这样一加一减的结果，使参与跟投成为一件让人信心十足的事情。

跟投是一种投资性活动，通过项目收益和利润分配获得股东回报，显然这种回报并非工资性收入，这种分配模式也对很多企业和员工有吸引力。

所以，创新跟投受到很多企业核心管理团队和员工的欢迎，认为这种工具分配吸引力高，激励获得感好。

第53问 什么样的项目适合实施创新跟投？

根据目前关于国有企业在创新领域实施跟投的诸多相关政策导向来看，现在国有企业的跟投和我们传统意义上的金融领域、房地产行业的跟投是不一样的。金融领域和房地产行业的跟投，重的是管理，要的是财务回报。如何把钱投在合适的地方，保证项目的平稳运行是这类跟投的主要目标，简而言之就是，求稳求回报。但创新跟投则不然，既然是在创新领域跟投，那传统的追求财务汇报的项目，自然不可能是国企跟投的重点项目。

创新跟投是和投资项目相联系的，对于一般企业来说，每年都会有固定资产投资、主业扩展投资、对外合资合作股权投资，还有一些是战略性投资、财务性投资。

这些投资项目，哪些能跟投？哪些不能跟投？

虽然政策进行了宏观的界定，明确为新产业、新业态、新商业模式等"三新"业务领域，但是新与旧的关系并不是绝对区分的，有大量的灰色地带和过渡区，必然有很多解释和人为判断因素存在，这样条件下的跟投决策，可能就会比较难判断。

比如，一家公司在原有客户体系基础上，开发出的新产业和新服务，就像汽车公司，原来生产汽油车，现在发展电动车，算不算三新业务，能不能跟投？

再比如，一家公司的产业链延伸形成新企业也不少，就像能源公司进上游材料行业、进下游装备行业，进而继续发展综合能源服务等业务，这算不算三新业务呢？

这类问题，在不同的行业里，可以列举出数以百计，不同的人会有不同的解释和答案，这就给项目跟投机制的规范发展，带来了模糊和不确定性。

那国企应该选择什么样的项目呢？细致来说，主要有两点因素决定了什么样的项目可以实施创新跟投。

一、跟投目的

国有企业实施项目跟投的目的，往大了说，是要孵化新产业，去培育形成新的国家支柱产业，进而促进国家的产业升级转型。小一点，对于各个中央企业或者地方国有企业而言，培育新产业是实现自身持续发展、升级自身产业链的需要。因此，国有企业的项目跟投绝不是简简单单的建立投资平台，以追求财务回报为目的的投资行为。

从这点来看，国有企业的跟投更加明确在创新领域，跟投项目要符合国家的产业发展需要，尤其是国家十四五规划中，构筑产业体系新支柱提及的新兴产业。主要集中在人工智能、量子信息、集成电路、生命健康、脑科学、生物育种、空天科技、深地深海等前沿领域。这一点是从大方向来看的，具体到每个企业，尤其是各中央企业集团公司和各地方国资委所属的一级公司，要根据自己所属企业的情况，以及自身战略发展的需要，制定本企业的项目清单，在清单范围内的项目作为优先实施创新跟投的试点项目。

此外，结合跟投的目的，既然是培育新业务，那么跟投项目的初始规模自然不宜过大，技术应处于不成熟的阶段。企业需要借助跟投进行有针对性的孵化，进而提升项目孵化的成功率。

二、项目特点

从项目特点来说，适合实施跟投的项目大致可分为两类，三新项目和高风险项目。

三新项目指新产业、新业态、新商业模式的投资项目。对于具体什么业务属于三新业务领域，国家统计局 2018 年发布了《新产业新业态新商业模式统计分类 (2018)》，各企业可以参考。

而高风险项目是各企业在实施项目跟投时要重点注意的，这里的高风险，大致可分为三类：技术风险、市场风险、管理风险。

技术风险的主要类型有技术不足风险、技术开发风险、技术保护风险、技术使用风险、技术取得和转让风险。企业通过对技术的可辨识、监控、应用、转化成本等方面进行评估，划分技术风险等级，对于中高风险的项目才是更加符合国家政策导向的跟投项目。

市场风险对于科技型企业而言，更多集中于未来的收益不确定、产品定价等问题上。对于一些开发成本较大的技术项目而言，可能还会涉及银行市场风险等方面。但市场风险更多的还是和技术的转化相关联，能不能找到技术合适的应用场景，并且实现产业化，是判断项目是否成功的唯一标准，也是跟投所要求的最终目标。此外，便是获得市场的认可。如果一家企业有三个符合跟投条件的投资项目，风险分别是高、中、低，在对外招募投资人时，外部机构可能并不能准确判断谁高谁低，结果在投资的时候就靠市场判断，大家都公平，这样的风险是市场风险。

而管理风险的核心就是两个字——决策。因为信息的不对称、内部管理不善所导致的各种决策失误都是管理风险。跟投的目的也在于此，要求的就是通过跟投，让管理人员和技术人员重视项目的管理过程，减少决策风险。

对于很多新兴产业而言，这三者都是最为核心的问题。

从跟投的目的和项目特点的描述中可以看出，项目跟投绝对不是把成熟的、赚钱的项目拿出来，给员工发福利。项目跟投主要围绕的就是项目的不确定性和高风险。因为有了不确定性，所以企业才希望决策者和管理者与被孵化的项目绑定；因为有了不确定性，所以项目跟投才会有好的激励效果。同理，重视高风险才能实现跟投过程的谨慎管理，风险与收益共担，高风险意味着高回报，但承担风险才是前提。

因此，在跟投项目的选择上，核心就是三个"重"，重技术、重创新、重风险。没有技术难度的项目，做了只是在发福利，达不到攻克技术难题的目标；没有创新的项目，跟投只是在走老路，培育不了新业务；没有风险的项目，无法提升员工的重视程度，自然也不存在所谓回报。

第54问 什么人可以参与创新跟投？

根据目前政策的导向而言，能够参与项目跟投的人主要集中在跟投主体的管理人员和跟投项目的核心人员。

具体来说就是解决"2—4—2"的问题。

第一个"2"解决的是"谁跟谁"的问题。跟投天然就会存在"上持下"，既上级单位人员持有下级单位股权的情况。这时候自然而然就分出了跟投的两个主体：跟投的实施单位和被跟投的项目公司。这也就是2—4—2里第一个"2"的含义，跟投首先要确定两级跟投主体。

这里引申出两个问题，也是各个公司在实施跟投时很犹豫的点，即被跟投的项目公司能不能是参股公司，兄弟单位之间能不能互相跟投？

解决这个问题，还要回到我们在跟投最开始提出的问题。企业到底该对什么样的项目实施跟投？跟投项目的核心是孵化新产业，目的是发展企业的主责主业，形成创新竞争力。那么判断参股公司和兄弟单位能不能跟投，核心就是看项目是不是跟投实施单位的主业。参股公司更多的是财务投资，企业的目的是直接获取收益；虽然部分参股公司对企业主业能起到一些辅助作用，企业仅为了获得业务上的联动而进行投资。这样的子公司不是企业自主孵化的，也不属于公司的核心主业，因此参股公司并不建议成为被跟投的项目公司。兄弟公司也是同理，如果是业务范围不同，那自然谈不到是企业主业范围内的项目；如果相同，那么这显然形成了集团内部同业竞争的问题，这种情况与其做跟投，不如先做业务的整合重组，厘清公司业务要比做跟投机制更有利于企业的发展。

所以第一个"2"，代表的是跟投实施单位和拟实施跟投的项目公司，明确了跟投单位的范围，才能确定出参与跟投的对象。

"4"指的是四类跟投人群。我们确定了两级跟投单位，但不代表两个单位里的人员都应该参与跟投，核心要看不同人员与这个项目的关联程度如何，并由此确定跟投人员范围。

第一类：投资决策负责人。跟投的重点是要承担风险，那么谁来承担呢？首当其冲就是跟投实施单位的投资决策负责人。一个项目要不要跟投谁说了算？自然是公司的决策者。决定了跟投，自然不能放任项目自生自灭，要想让项目能孵化成功，决策者必须要参与跟投。一方面提醒决策者谨慎下决定，做好跟投前的调研，做好了承担风险的准备再下决定；另一方面，增加决策者对项目的持续关注，明确被跟投项目的特殊性，在创新项目发展过程中，加大支持力度。

第二类：项目公司管理层。想要项目发展得好，光有上面开绿灯还不够，更重要的是项目的管理团队如何运营，如何把项目发展成产业。因此，项目公司的管理层必须参与跟投，项目发展得好，管理团队是最大的受益方，发展得不好，责任自然也在管理团队身上。

第三类：核心技术研发人员。跟投要重技术，要培养有技术含量、有技术发展前景、能形成自身核心优势的创新项目。那么核心技术研发人员的作用不言而喻。技术研发人员的跟投，是为了激发科研人员的工作积极性，加快技术研发，促进技术成果的产业化。

第四类：公司核心骨干。这点和企业实施员工持股很相似。项目公司的发展不能光靠管理层和技术人员，各个部门的协调，中层和各部门的核心骨干都能为技术成果的孵化提供助力，是项目公司的关键人员之一，所以应该根据项目需要，适当纳入一些核心骨干进入跟投人员范围。

第二个"2"所指是跟投类型。跟投不是员工持股，决定跟投一个项目，那么就得强制让一些人去出资，去让人和项目绑定起来，让这些核心人员想方设法把项目培育成功。因此，从与项目的关联程度而言，要把人员分为强制跟投人员和自愿跟投人员。强制跟投人员包括上面提到的跟投实施单位的投资决策负责人，以及项目公司层面的管理层人员。对于一个初创企业而言，这两类人是决定公司前期如何发展的核心人员，因此这些人必须要参与跟投。自愿跟投人员是项目公司的核心技术研发人员和核心骨干，在初创阶段这两类人员规模小，甚至公司未来还会去引进更多的技术和业务骨干，所以在公司设立的阶段，这部分人可以结合自身的意愿去参与跟投。

总的来说，项目跟投的选人要聚焦，负责决策和管理的核心人员必须跟投，其他人员可以根据项目需要自愿参与。

第55问 选择什么方式进行创新跟投？

依照目前政策的要求，在创新领域开展跟投应当采取股权跟投方式。跟投股份来源通过试点单位出资新设项目公司确定，并保证国有资本处于控股地位。这里的股权跟投要求的是实股，员工和企业共同出资新设公司，员工获得对应出资额的股权。

很多企业都在这个环节存在一些困惑问题，例如，虚拟跟投行不行，在现有子公司的基础上增资行不行？

如果只是单纯地想让员工和公司进行绑定，那么虚拟跟投和增资都没问题。但如果是这样，跟投的必要性就会大大减弱，项目激励通过员工持股或者虚拟股权也可以实现。

一、创新跟投不可以采用虚拟跟投

跟投是国有企业为了培育新产业而进行的。跟投的本质是重风险，激励是次要的；培育项目是根本，获取收益是项目发展的结果之一。因此，跟投一定要解决两个问题：第一，企业的全部精力是否集中在培养新项目上；第二，跟投员工是否能对项目的发展结果负责。

如果是虚拟跟投，对员工的约束完全依靠双方就虚拟跟投所签订的投资协议。这种情况下，员工更多的感觉是出了钱，但对企业发展的控制力小；也有的企业试图让员工不出钱，直接奖励虚拟股权。员工不出资，那么约束的作用就完全没有体现了。还是我们反复强调的问题，创新跟投不是发福利，是要培育新产业，要员工和企业共担风险，所以出资是必须的。从实际操作的角度来看，虚拟股权的出资额如何记账，后续的收益如何分配，目前还没有明确的处理办法，因此实施起来也有较大的风险。

二、尽量避免增资方式

在现有子公司增资实施跟投，一样存在是不是培育新产业的问题。如果现有子公司已经发展了一段时间，但产业没有发展起来，那跟投可能并不能解决目前的问题，要从战略规划、授权管理的角度进行更多的考虑。但如果是刚成立还不到半年的公司，还没有实质性地开展业务，人员组成也还不齐全，那么企业可以探索性地去实施跟投。不过建议实施跟投还是优先采用新设的方式进行，早谋划更有利于项目的发展。

新设企业实施跟投需注意一点，就是主营主业的问题。为了进行跟投而设立的企业，必须围绕所跟投的项目开展相关业务。如果为了企业的经营指标，而将其他业务，尤其是成熟业务注入新公司，那么这也是不符合要求的。为了企业的经营，可以适度开展一些辅助业务，但是核心要以跟投项目为主，公司的收入和利润来源主要依靠相关技术成果的转化。

同时，新设企业不能作为投资平台而设立。跟投要求的是针对单一项目，集中企业的人力、财力、物力发展相应的技术成果。如果跟投实施单位设立的是投资平台，那么已经超出了创新跟投的范围，投资成为主业且形成了分散投资的局面，分散投资各个业务领域也不符合国家政策导向。所以新设企业务必要做到专、精。

因此，实施创新跟投推荐的方式，即员工成立合伙企业作为跟投平台，与跟投实施单位共同出资设立新项目公司。为了管理上的便利，跟投实施单位的员工和项目公司员工可以分开设立合伙企业，以便后期出现其他跟投项目时，实施单位的跟投人员减少合伙企业的重复工作，只需在原有合伙企业的基础上进行增资，再投入到新的项目公司即可。

在项目公司成立之初，跟投实施单位应将项目所需的人员、资产、技术打包注入项目公司中。考虑到项目公司初期发展规模的问题，企业也可以逐步注入资源，但务必减少不相关业务的注入。

第56问 如何确定创新跟投出资额?

从目前的政策导向来看,创新跟投的出资要确定两件事,一是跟投平台的出资额是多少;二是每个人的出资额是多少,尤其是强制跟投出资额。因此,确定出资额主要分两步:第一步,定跟投总额;第二步,定强制跟投额度。

一、跟投总额的确定

根据政策导向,跟投总额不宜过大,比例上不能超过新设公司注册资本的30%,保证国有股东的控股地位。具体额度上,需要结合项目公司的预期发展规模来确定。通常来讲,项目公司成立的第一年,净资产和营收都不会太大,基本在几千万元左右,甚至更低,如果净资产和营收都比较大,那很难说明被跟投的项目是具有高风险、不确定性的项目,这与创新跟投的导向相违背。那么结合30%的跟投比例上限来测算,跟投平台的出资额不会太高。

这里也要注意一点,跟投总额并非是一成不变的。如果项目公司后续发展需要进一步的引资,那么跟投平台是可以和实施单位同比例增资的。这点也有利于满足项目公司不同阶段性的发展要求。在项目初期,企业的资产总额和营业收入控制在5000万元以内是最理想的状态,资产规模不大,企业轻装上阵,人员的出资压力也不会太大。

后续为了技术的产业化,项目公司可能需要更多的资金注入以扩大产业规模,这时再通过增资协议的方式,以资产评估值确定价格,增加出资额即可。项目公司也可以在此时引入相关的外部战略投资人,促进项目公司的进一步发展。但为了保证跟投的效果,建议跟投实施单位统筹规划,增资后保持跟投平台的持股比例维持在相对稳定的水平。

二、强制跟投额度的确定

个人跟投额度在设计时要区分强制跟投和自愿跟投。原则上，应该优先确定强制跟投人员的跟投额度，且强制跟投人员的出资额应该占到出资总额的一半以上。通常情况下，需要根据员工与项目的关联程度、承担风险能力、岗位价值等因素综合确定强制跟投人员的出资额下限。根据现有的实操经验来看，实施单位的管理层人员的出资额度要占大头，其次就是项目公司的核心管理层。结合以往的股权类激励政策来看，原则上个人跟投比例不应超过项目公司总股本的1%。但是跟投有其特殊性，需要更好地绑定项目的核心团队时，可以重点激励原始创新和攻坚攻关团队，并加大核心技术研发人员的跟投力度。对于团队的核心负责人，个人跟投比例可以适当提高，达到3%左右。

在确定了强制跟投人员的出资额后，再根据其他员工的意愿反推计算自愿跟投的出资额。对于单个自愿跟投对象，自愿跟投额度一般设置跟投上限，保证自愿跟投无论是总额还是个人出资额都不会太高。为了科学地确定出资额，企业可以根据员工的岗位价值和在项目中的工作内容进行分档，适当地控制自愿跟投人员的出资区间。如果项目存在后续增资的情况时，自愿跟投人员也可以按照自身出资额的档位确定增资额度。

第57问 如何设置跟投人员的流转机制

跟投人员的进出流转机制是企业确定实施跟投最关心的问题。在说明这个问题之前，我们需要强调一件事，即跟投不同于员工持股。这里不仅指人员的"上持下"突破了员工持股的人员范围，更重要的是在流转上，跟投人员有着比员工持股更加严格的要求。

我们一直强调跟投是"重风险"的，自然在跟投人员选择和股权流转机制方面，也要体现出"重风险"的特点。具体体现在三个方面。

一、有条件地退出

跟投的目的是培育新项目，那么如何体现出项目是否培育成功，或者说以什么标准判断新项目的培育达到预期目标了呢？预期标准就成为企业跟投方案在设计之初要明确的问题。最简单的方式自然就是要设置项目公司的业绩目标。同时这也是跟投退出的前提条件。业绩指标达成了，代表新项目培育成功，公司发展得好，人员可以退出，获得股权增值的收益；业绩指标没达成，新项目培育失败，那跟投人员必须要承担相应的损失，自然就不能退出。这就叫风险共担，也可以理解为一种简单的对赌协议，做好了，企业和员工都获利，皆大欢喜；做不好，那员工的投入就锁在企业里了。

项目公司业绩指标的设立要遵循两个基本原则，一是能准确衡量项目的完成质量，二是要具有挑战性。所以在指标的选择上，实施单位要明确采用何种指标，以及设立怎样的目标值。

从创新跟投的导向来看，指标应该以科技创新指标和经营业绩指标为主，可以根据企业情况辅之以管理指标。科技创新指标主要体现项目公司的科技创新情况，如企业的研发投入、专利数。但是这些不能体现技术产业化的成果，所以在科技创新指标上，建议企业还应选择与企业科技成果转化收入相关的指标，如科技创新收入增长率、科技创新收入占营业收入比重、新增（成果转化）合同额增长率等。经营业绩指标比较容易理解，一般选择公司的净利润增长率、净资产收益率、主营业务收入增长率等。管理类指标在企业发展初期其实比较难以确定，所以企业可以不做这方面的设置，确实有必要的，可以根据自身需要进行个性化的确定。

在目标值上，因为要体现项目的成长性，所以不宜过低，一般设置高于市场平均水平的增长率作为目标值；另外，由于创新项目存在不确定性，一般以3年或5年为一个周期来确定目标值。企业需要兼顾质量和周期两个方面，对项目公司的发展提出要求。

当然，不是所有的企业都适合选择明确的指标和目标值，对于一些不确定性大、研发周期长的项目来说，如医药、芯片制造这类业务，指标设置方面可以特殊处理。这些特殊情况的项目，如果以业绩目标来衡量有可能会出现延后完成，甚至难以完成的情况。在这种情况下，可以仅将跟投周期设为退出条件，设立至少5年的跟投周期，5年后无论成果如何，都可以约定跟投员工退出机制。但是这样的选择对企业的发展并没有严格约束，在激励上自然也没有太好的效果。所以，实施单位应尽量选择业绩指标的方式对项目公司进行考核，以确定人员的退出机制。

二、人退股不退

"人退股不退"是跟投和员工持股最大的区别之一。员工持股要求"人退股退"，离开公司的员工，不管是在锁定期内还是在锁定期外，都要人股同步处理。但跟投不同，跟投的投入是为了培育新项目，在没有达到业绩目标或跟投退出条件之前，即使跟投人员离职了，跟投资金也不能退出，必须要在达到业绩目标或退出条件后才能退出。这样要求的目的，也是为了让企业谨慎地做出跟投的决策，真正重视所培育的项目。

若在跟投周期内退出，即使公司达到业绩目标后，企业估值提高了，退出的价格也不能按照此时的价格退出。通常情况下，要比对出资额和公司净资产的审计值，按孰低原则确定退出价格。同时，如果有违法违纪和对企业造成重大不良影响的，还应该进行对应的惩罚，从交易金额中扣除。这样的设置也能够更好地约束员工，并体现跟投的公平性。企业能够做下去且发展好的情况下，跟投员工才能够获得对应的激励成果。

三、退出方式差异化

所谓的退出方式差异化主要体现在两个方面：不同的退出情况，退出价格有差异；不同的跟投人员，退出的方式有差异。不同的退出情况，即在企业完成业绩考核目标后，跟投人员的退出分为主动离职、被辞退、退休、调离等情况，不同的情况应对应不同的退出价格，以保证定价的公允合理性。另外，企业可以根据自身的管理需要，对不同的跟投人员设置不同的退出方式，例如，实施单位的跟投人员可以统一退出，由国有股东统一回购，或转让给第三方，而项目公司的跟投人员可以继续持有项目公司的股权，保证项目的持续运作。

各个企业在进行跟投的实操过程中，还可以根据自身需要进行个性化设计。例如，跟投人员的考核与分红挂钩，在跟投周期内不予分红，每年对跟投人员进行考核打分，跟投锁定期结束时，企业根据考核结果发放分红；还可以设置阶段性退出的机制，针对企业的发展阶段，实施单位的人员和项目公司的人员可以分开退出；如果有上市预期的企业，还需要结合中国证监会的要求，设置、调整退出条件。跟投机制的设计实施具有较大的操作空间，政策上也没有过于细致的限制性要求，目的是贴合项目的特点和不同的发展阶段特征，使企业真正利用跟投机制促进新产业项目的培育和发展。

| 第 7 章 |

CHAPTER 7

国有科技型企业项目分红

第58问 科技型企业项目分红的关联政策文件有哪些？

企业实施国有科技型企业项目分红主要依据"1+4+n"的政策体系。

其中"1"是指核心文件，即《关于印发＜中央科技型企业实施分红激励工作指引＞的通知》（国资厅发考〔2017〕47号）（以下简称国资47号文）。那什么叫核心文件呢？就是企业实施项目分红需要优先研读、准确理解的最重要的政策文件。但是需要提示大家的是，中央科技型企业必须严格按照国资47号文实施项目分红，地方国有企业可以参考执行。那么我们为什么把国资47号文定为核心文件，而不是将4号文定为核心文件呢？因为国资47号文在4号文的基础上进行了细化、补充，在指导企业实施项目分红方面更有借鉴意义。而且，国资47号文是专门针对分红激励出台的政策，使用起来更具针对性。国资47号文的正文主要包括总则、方案的制订、组织与实施、管理与监督4个部分，文后还提供了6个附件，包括审批流程图、申报材料等。

其中"4"是指配套文件，配套文件共有4个，具体如下。

（1）4号文。

（2）54号文。

（3）35问解答。

（4）《中华人民共和国促进科技成果转化法》（2015年修订）（中华人民共和国主席令〔1996〕第68号）（以下简称《促科法》）。

那么我们为什么将这些政策文件定义为配套文件呢？因为这4个文件与项目分红激励密切相关。

其中4号文、54号文和35问解答，我们在相关问题中已经做过说明，地方国有科技型企业可以依据4号文和54号文实施项目分红激励，而35问解答则是补充说明了很多实操和细节问题。

在这里需要重点提一下《促科法》,《促科法》其实是项目分红政策的基本法律依据。自 1996 年 10 月 1 日起,《促科法》就已经正式颁布实施了。《促科法》全文虽然并没有提及项目分红的关键词,但是项目分红这种激励方式与《促科法》的激励导向一致。所以对于希望深入理解科技成果转化的基本导向,或者不满足国资 47 号文实施条件的企业,可以研读学习一下《促科法》。

而最后的"n"是指工具文件,包括但不限于国统 47 号文和 195 号文。

为什么把这两个文件定义为工具文件呢?因为当我们需要查询相关内容时,查阅这两个文件即可,无须深入研读。查阅国统 47 号文,有助于企业明确研发人员的定义。查阅 195 号文,有助于企业明确研发费用的定义及相关科目。

第59问 哪些企业适合实施项目分红激励？

满足政策合规性是企业实施项目分红激励的底线，除此之外，企业是否适合实施项目分红激励还应结合激励目的和企业特点确定。

一、激励目的

实施项目收益分红激励的主要目的，一是调动科研技术人员和重要管理人员的积极性和创造性，二是促进企业科技成果转化，提升转化效率和效果。若企业的激励目的主要基于上述两方面，或存在上述两方面的短板，则较为适用项目收益分红激励。

二、企业特点

在满足实施项目分红政策要求的基础上，建议以下类型的科技型企业可以优先开展项目收益分红激励：一是符合国家科技创新规划战略布局和本集团"五年"规划科技创新研发方向的；二是承担国家科技创新重大专项、重大工程、国家重点研发计划的；三是企业收入和利润来源于集团公司外部市场占比较高的；四是符合所在企业主业发展方向的；五是自主创新能力较强、成果技术水平较高、市场前景较好的。

第60问 项目分红的实施条件是什么？

根据4号文和国资47号文等政策文件，国有科技型企业实施项目分红应具备3类实施条件。

一、企业性质

企业必须为国有科技型企业，即中国境内具有公司法人资格的国有及国有控股未上市的科技型企业（含全国中小企业股份转让系统挂牌的国有企业、国有控股上市公司所出资的各级未上市的科技子企业）。具体解读详见相关问题说明。

二、管理要求

企业实施项目收益分红应符合5项管理要求，管理要求大部分为软性要求，多数企业可以满足。但其中第（1）项和第（5）项为硬性要求，需重点关注，具体如下。

（1）企业原则上应当成立满3年。

企业自注册成立起，截至项目收益分红方案审批通过之日，企业成立应当满3年。

（2）制定明确的发展战略，主业突出、成长性好。

企业应制定经上级主管单位批复或确认的"五年"发展规划。

（3）内部治理结构健全并有效运转，管理制度完善，人事、劳动、分配制度改革取得积极进展。

企业属于董事会应建尽建范围的，其需要完成董事会建设，且外部董事占多数，配套治理体系文件健全，初步形成以董事会为决策中枢的治理体系。企业按照国家或本集团规定要求，形成规范的内部管理制度体系，正在积极推动或已经形成相对健全的三项制度体系。

（4）具有发展所需的关键技术、自主知识产权和持续创新能力。

企业应当具有与主业相关的自主研制、开发、生产的知识产品，以及获得相关专利、专有技术、商标、软件等，并拥有持续优化及突破创新的能力。

（5）年度财务会计报告必须经过中介机构依法审计，且激励方案制订后近3年没有发生财务、税收等方面的违法、违规行为，未出现重大收入分配违规、违纪事项。

企业每年开展审计工作，并具备会计师事务所出具的无保留意见审计报告。近3年未收到有关财务、税收等行政主管机构，以及国资监管机构等出具的违法、违规、违纪的相关文件。

三、科研要求

企业实施项目收益分红应符合4项科研要求，科研要求大部分为硬性要求，必须严格满足，具体如下。

（1）转制院所及所投资的科技型企业、高等院校和科研院所投资的科技型企业，以及纳入科技部"全国科技型中小企业信息库"的企业，近3年研发费用占当年营业收入均应当在3%以上。

（2）转制院所及所投资的科技型企业、高等院校和科研院所投资的科技型企业，以及纳入科技部"全国科技型中小企业信息库"的企业，激励方案制订的上一年度企业研发人员占职工总数（以上人数均按平均数统计）应当在10%以上。

（3）国家和省级认定的科技服务机构，近3年科技服务性收入不低于当年企业营业收入的60%。

（4）应当建立规范的项目管理和收益评估制度，项目资产、人员边界清晰，核算独立、收支明确。

其中第（1）项中的研发费用包括日常性支出和资产性支出，企业统计时可以参考国统47号文的相关定义。

其中第（2）项中的纳入科技部"全国科技型中小企业信息库"的企业是指根据 115 号文进入信息库的企业。

其中第（3）项中的国家和省级认定的科技服务机构是指主要业务符合 49 号文规定的范畴，并经国务院有关部委、直属机构或省（自治区、直辖市、计划单列市）有关部门认定的企业。科技服务性收入包括研究开发及其服务、技术转移服务、检验检测认证服务、知识产权服务、科技咨询服务、科技金融服务、科学技术普及服务等收入。

其中第（4）项，企业判断是否建立了规范的项目管理和收益评估制度，一是看各项目的资产、人员、业务边界是否清晰，二是看各项目能否独立核算收入、成本及利润，其中成本包括直接成本（如材料费等）和间接成本（如固定资产折旧等）。

研发人员包括研究人员、技术人员和辅助人员三类，企业统计时可以参考 32 号文的相关定义，职工总数统计口径可以参考 195 号文，或与本集团规定的统计口径保持一致。

第61问 项目分红的实施要义是什么？

根据国资47号文，中央科技型企业实施项目分红的实施要义涉及五个方面，分别是企业实施条件、激励对象选择、激励总额设计、个人额度设计及绩效考核设计。

一是企业实施条件。哪些企业能够实施项目分红？国资47号文等政策文件明确提出适用于国务院国资委履行出资人职责的中央企业及所属控股（含实际控制）未上市科技企业（含全国中小企业股份转让系统挂牌企业）。也就是说，只有未上市的科技型企业才能够实施项目分红。除此之外，实施分红激励的中央科技型企业应当制定明确的发展战略，内部治理结构健全并有效运转，具有发展所需的关键技术、自主知识产权和持续创新能力，近3年没有发生财务、税收等方面违法违规行为，项目资产、人员边界清晰，核算独立、收支明确。

二是激励对象选择。哪些员工能被纳入项目分红的激励范围？企业应当综合考虑职工的岗位价值、实际贡献、承担风险和服务年限等因素，确定分红激励对象，激励对象应当与本企业签订劳动合同，具体包括在科技创新和成果转化过程中发挥重要作用的技术人员及主持企业全面生产经营工作的高级管理人员，负责企业主要产品（服务）生产经营的中、高级经营管理人员。

三是激励总额设计。项目分红的激励总额是否有上限和下限？国资47号文没有明确规定，仅提出总体激励额度应当结合项目来源、项目级别、项目规模、发展阶段及创新贡献等因素进行约定。对于国家立项、创新贡献较大的项目可以适当加大激励力度。对于项目所在企业成立时间不满3年或实施当年未盈利的，应当结合项目收益情况控制总体额度，或采取分批分次的方式兑现。

四是个人额度设计。个人激励额度是否有上限和下限？国资47号文没有明确规定，但是要求企业在设计个人激励水平时应当结合激励对象人数、薪酬水平、市场对标等因素，根据激励对象个人在职务成果完成和转化过程中的贡献及绩效考核结果约定。对关键科研任务、重大开发项目、主导产品或核心技术的主要完成人、负责人等可以适当提高分配比例。对个人收入明显高于市场水平或同时参与多个项目激励的人员应当合理控制个人激励标准或项目分红总收入。

五是绩效考核设计。对于以职务科技成果作价投资、以自行实施或者与他人合作实施方式开展项目收益分红激励的，国资47号文要求企业应当结合企业科技创新及项目实施情况，从项目财务类、项目创新类和项目管理类指标中至少各选一个约定年度考核指标。

第62问　企业如何实现项目的独立核算？

国资47号文中有这样一条要求——企业还应当建立规范的项目管理和收益评估制度，项目资产、人员边界清晰，核算独立、收支明确。

问题一：什么才是"项目资产、人员边界清晰，核算独立、收支明确"？

在很多科技型企业中，会出现多个科研项目共用同一批设备仪器和同一办公场所的情况，或者多个科研项目成果生产出的零部件组装成一个产品进行销售。面对这些情况，有的企业因为核算难度较大，没有明确划分各项目边界，也未对各项目单独核算收入及成本，这就是典型的未实现独立核算的情况。

什么是项目资产、人员边界清晰？对于科研项目来说，资产主要包括固定资产和无形资产。其中固定资产主要指本项目专用的土地及其地上建筑物、设备仪器、办公用品等，无形资产主要指本项目专有的专利、商标、商业秘密等。科研项目在实施项目收益分红前，需梳理明确本项目所属的固定资产、无形资产及项目成员。

什么是核算独立、收支明确？科研项目需建立独立的核算账目，核算项目的收入、成本及费用。对于合同收入来源于多个科研项目的情形，需根据产品或服务的特点选择合适的方式进行收入分摊，如成本法、价值法等。对于成本和费用来说，由项目所属的固定资产、无形资产，以及项目成员直接产生的固定资产折旧、无形资产折旧、人工成本等直接计入项目。而对于多个项目共同产生的成本及费用，也需要选择合适的方式进行成本及费用的分摊，如按人数、人工时、机器工时等。

问题二：如何界定项目的成本和费用？

国统 47 号文和 195 号文两个文件对于研发费用给出了具体的定义和科目。

其中，国统 47 号文提出，R&D 经费内部支出按支出性质分为日常性支出和资产性支出。日常性支出是指单位为实施 R&D 活动发生的、可在当期直接作为费用计入成本的支出，资产性支出是指单位为实施 R&D 活动而进行固定资产建造、购置、改扩建及大修理等的支出（见图 7-1）。

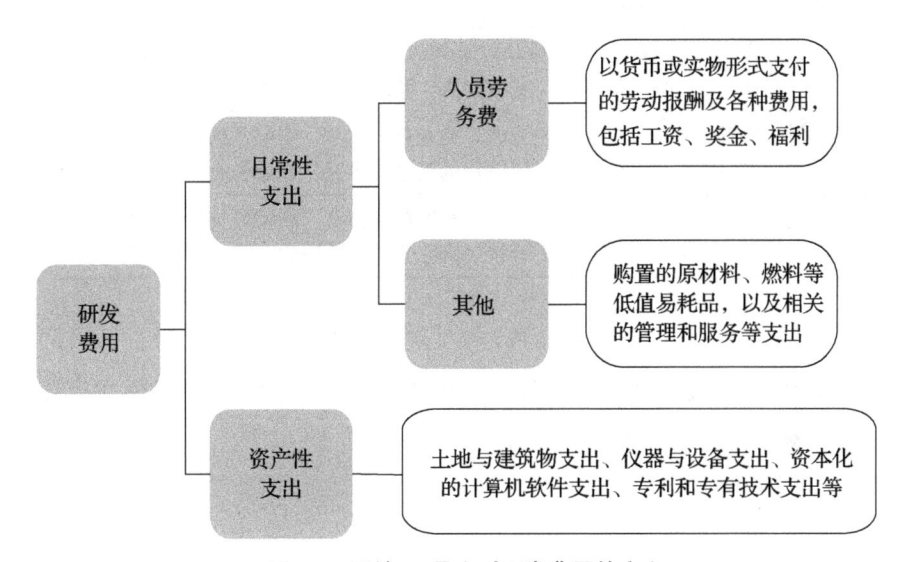

图 7-1　国统 47 号文对研发费用的定义

而 195 号文直接指出了研发费用包含的科目及各项费用科目的归集范围（见表 7-1）。

表 7-1　195 号文对研发费用的定义

序号	科目	归集范围
1	人员人工	从事研究开发活动人员（也称研发人员）全年工资薪金，包括基本工资、奖金、津贴、补贴、年终加薪、加班工资及与其任职或者受雇有关的其他支出
2	直接投入	企业为实施研究开发项目而购买的原材料等相关支出。如水和燃料使用费等；用于研究开发活动的仪器设备的简单维护费

续表

序号	科目	归集范围
3	折旧费用与长期待摊费用	包括为执行研究开发活动而购置的仪器和设备，以及研究开发项目在用建筑物的折旧费用，包括研发设施改建、改装、装修和修理过程中发生的长期待摊费用
4	设计费用	为新产品和新工艺的构思、开发和制造、进行工序、技术规范、操作特性方面的设计等发生的费用
5	装备调试费	主要包括工装准备过程中研究开发活动所发生的费用（如研制生产机器、模具和工具，改变生产和质量控制程序，或制定新方法及标准等
6	无形资产摊销	因研究开发活动需要购入专有技术（包括专利发明、非专利发明、许可证、专有技术、设计和计算方法等）所发生的费用摊销
7	委托外部研究开发费用	是指企业委托境内其他企业、大学、研究机构、转制院所、技术专业服务机构和境外机构进行研究开发活动所发生的费用
8	其他费用	办公费、通信费、专利申请维护费、高新科技研发保险费等，此项费用一般不得超过研究开发总费用的20%，另有规定的除外

企业可参考国统47号文和195号文对研发费用的定义及科目，根据本企业实际情况明确项目研发费用包含的科目，并建立配套的项目独立核算管理制度，每年核算项目的研发费用。

第63问 企业实施项目分红如何选择科技成果转化方式？

科技成果转化的基本方式共有五种，通过这五种方式进行科技成果转化的，可以实施项目收益分红激励。

一是科技成果转让，即科技成果所有人或持有人直接将科技成果有偿转让给第三方，由第三方进行开发、运用、产业化运营或以其他方式实施转化。本方式适用于技术成熟度较高且市场成熟度较高的行业，这类技术的转让需求较多且评估定价难度较低，易于操作实施。

二是许可他人实施科技成果，即科技成果所有人或持有人保留成果的所有权，将成果的使用和收益权许可第三方进行开发、运用、产业化运营或以其他方式实施转化。本方式可以使科技成果的所有权和使用权相分离，适用于自行实施难度较大、模仿学习难度较大且较为核心的技术。

三是科技成果作价投资，即科技成果所有人或持有人将成果评估作价后与第三方共同设立项目公司或参股第三方进行科技成果的开发、运用、产业化运营或以其他方式实施转化。本方式适用于具有独立发展基础且发展前景良好的技术公司，缺点是需要对科技成果进行评估定价且成立新公司的流程较为复杂。

四是科技成果自行实施，即由科技成果所有人或持有人自行出资建立科技成果转化体系或基于原有科技成果转化体系实施转化。本方式为最常见的转化方式，适用于技术复杂程度较高、投资周期较长的成果，这种转化方式对企业的资金实力和产业链资源具有较高要求。

五是与他人合作实施科技成果，即科技成果所有人或持有人与其他第三方通过协议约定对科技成果进行开发、运用、产业化运营或以其他方式实施转化。本方式适用于技术或市场不太成熟的科技成果，合作实施的双方优势互补，可快速推进项目研发、试验、生产及市场推广。

第64问 企业实施项目分红如何选择激励项目？

企业在选择实施项目收益分红激励时，建议综合考虑以下5个因素以选择激励项目并确定优先级别。

一、项目级别

企业科技成果或科研项目通常可以分为国家级、省部级、集团公司级和公司级，项目级别越高其重要性越高，可以优先考虑开展激励。

二、项目阶段

企业科技成果或科研项目阶段通常可以分为前期、中期和后期，项目所处阶段越靠前其激励的必要性越大，可以优先考虑开展激励。

三、战略重要性

战略重要性衡量科技成果或科研项目对公司整体发展和战略目标实现的影响程度，战略重要性越高其激励的必要性越高。

四、创新贡献性

创新贡献性衡量科研项目成果的创新程度及对企业技术体系的贡献，创新贡献性越大其激励的必要性越高。

五、市场化程度

市场化程度判断科研项目成果收益来源主要是集团公司内部市场还是外部市场，市场化程度越高其激励的必要性越高。

第65问 企业实施项目分红如何选择激励对象？

企业应当通过综合考虑员工的项目角色、实际贡献、服务年限等因素确定项目收益分红激励对象，具体如下。

一、基本条件

企业项目收益分红的激励对象应当与本企业签订劳动合同，并且是从事科研创新和经营管理工作的核心员工，具体包括：

（1）在科技创新和成果转化过程中发挥重要作用的科研人员，包括关键职务科技成果的主要完成人，重大开发项目的负责人，对主导产品、核心技术及工艺流程做出重大创新或者改进的主要技术人员；

（2）负责企业产品（服务）科研创新和科技成果转化的中、高级经营管理人员。

下列人员不得参与项目收益分红激励：

一是未与企业签订劳动合同的人员，包括事业编制人员、人事代理、劳务派遣、劳务外包等其他人员；

二是企业监事（包括职工监事）、独立董事；

三是与企业科技创新和成果转化无直接关联的管理人员；

四是有关政策法规明确不得成为激励对象的人员。

二、激励对象范围

建议企业项目收益分红的激励对象以研发人员为主。激励对象可主要包括以下项目角色。

（1）项目负责人：指负责组织项目成果研究创新和转化推广的项目经理或技术带头人。

（2）主要完成人员：指对项目成果研究创新做出重要贡献的研究人员。

（3）技术人员：指在项目负责人及主要完成人员的指导下参加研究活动，应用有关原理和操作方法执行科学技术任务开展活动的人员。

（4）辅助人员：指参加研究开发项目或协助研究开发项目的有关人员。

（5）转化人员：指对科技成果转化和推广具有关键作用的市场营销、生产制造的有关人员。若企业已经针对市场营销、生产制造等转化人员建立了配套激励机制，且难以清晰界定上述人员与激励项目的关联度，不建议将转化人员纳入项目收益分红激励对象范围；若企业无配套激励机制，且能清晰界定关联度，可以将转化人员纳入激励对象范围。

第66问 企业实施项目分红是否可以调整激励对象？

根据相关政策文件规定，在项目收益分红方案的审批程序要求里，要求企业需要在上报文件中将激励对象的名单和科技贡献进行详细说明。这一点也同时告诉大家，项目收益分红的激励对象应该是明确的、确认的，每一个被激励的人都需要明明白白。

这样的整体规定，原则非常清晰，那就是项目收益分红作为一种回报科技成果创造市场价值的激励手段，需要每一分钱都激励到真正对科技研发和转化有直接贡献的核心人员。政策要求简单明确，但在企业具体落实激励人员名单的时候，却面临一些共同的难题。

有的科技成果转化是卖给其他企业或者成立一个新公司，让新的技术实施主体去转化，这个时候转化实施主体的变更能够给历史贡献和未来贡献划分天然的界限，项目收益分红用来激励历史贡献人员，也就很容易把激励名单定出来。

但是有很多国有企业的科技成果转化，研究立项的目的是提升主业技术能力，技术转化的主体也只有企业自身独立自主实施一条路，这个时候问题就出现了。

（1）制订项目分红激励方案的时候，通常科研成果还没转化，能够确定的是前期参与研发的人员，但是在转化过程中是不知道还需要哪些核心人员参与的，有的时候也确实迫切需要新团队的核心人员一起从事转化，如果没有相应的激励安排，这些新加入的核心人员就没法参与项目收益分红激励。

（2）在企业内部实施转化通常是一个相对较长的过程，特别是对一些关键性技术的应用，需要边应用、边改进、边研究，成果转化和科技研发在很多情况下是交叉并行的。在项目收益分红的 3～5 年，仍需要很多新的研发人员和其他人员参与进来。但是如果激励对象名单只能在几年前制定，这些新人才没法激励到位，可能会产生新的激励公平性问题，激励的效果将受到直接影响。

那么，企业实施项目收益分红激励时，就需要解决一个问题：能不能在项目收益分红实施周期内，调整和增加激励对象的名单？

从企业发展和项目收益分红的激励导向上来讲，是必要的。项目收益分红激励需要从企业实际情况出发，在激励成果研发和转化全流程中起到关键作用的人才才能把激励工具用足、用好。

从政策空间来看，在中长期激励的相关政策工具中，对于预留激励份额的问题，有不少类似的规定。例如，科技公司股权激励工具中的股权期权的形式，国有上市公司股权激励中分期发放限制性股票的形式，以及混改企业员工持股政策中的预留股权机制，都是优化、增加激励对象的有效安排。

虽然，在国资 47 号文中规定，中央科技型企业因出现特殊情形需要调整激励方案的（如激励对象范围变化、单个对象激励水平变化等情况），应当重新履行内部审议和外部审核程序，但知本咨询认为，这个规定与国有企业自主实施科技成果转化、开展项目收益分红必需的激励对象合理优化并不矛盾，需要关注的问题有两个。

一是如何解决好激励对象新增和预留的问题。

二是怎样能够防止这样的政策不走偏，变成激励工具的滥用。

我们认为在实践过程中，可以注意安排设计两个关键细节，而且需要在激励方案中明确，并有效得到审批同意，具体如下。

第一，在制定 3～5 年期激励方案时，就需要明确约定从总的激励盘子里预留一个比例作为预留激励基金池，如 20%。未来有新核心人才就用来激励，没有的话就自动收回。

第二，激励对象的调整不能过于随意，可以在 3～5 年激励周期内，根据项目实际情况，明确 1～2 次调整时间窗，由有授权的审批单位（集团公司或者其他机构）进行新增名单的审核。

总之，每个企业在制订实施项目收益分红激励方案时，要对技术成果的转化周期和特点仔细分析、全面考量，让激励周期和转化周期相匹配，让更多的科技成果转化核心人员都能成为中长期激励对象。

第67问 企业实施项目分红如何核算激励总额提取基数?

根据4号文和国资47号文等政策文件,不同的科技成果转化方式对应不同的提取基数(见图7-2)。

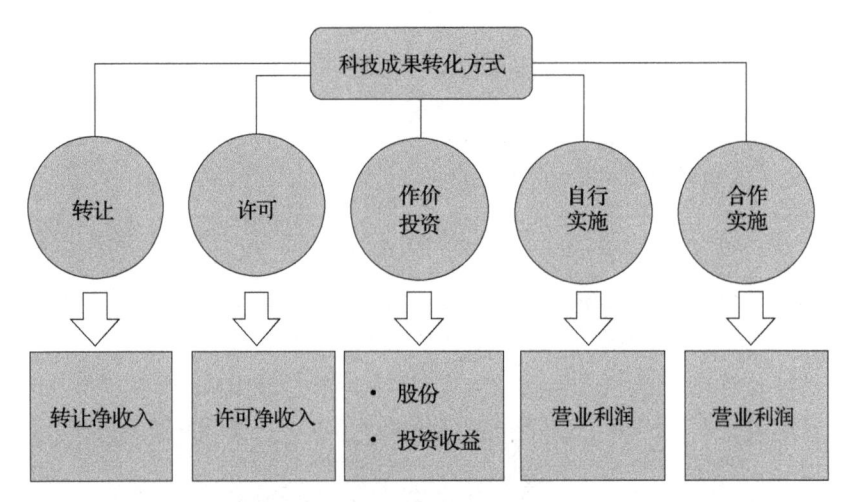

图 7-2 科技成果转化的不同方式

其中的转让、许可净收入,国资47号文明确提出转让、许可净收入是指企业取得的科技成果转让、许可收入扣除相关税费和企业为该项科技成果投入的全部研发费用及维护、维权费用后的金额,但是对于以股份、投资收益和营业利润为提取基数的情形并没有给出明确的核算方式。

根据科技成果转化的基本原理、国企中长期激励的基本导向及众多项目收益分红实践经验,可总结出以下几点经验。

(1)通过科技成果转让、许可的方式进行科技成果转化,在计算提取基数时要用收入扣除历史转化成本及当年转化成本。

(2)通过科技成果作价投资的方式进行科技成果转化,若提取基础为股份，在计算提取基数时无须扣除历史转化成本及当年转化成本。

（3）通过科技成果作价投资提取投资收益、自行实施或与他人合作实施的方式进行科技成果转化，在计算提取基数时要用收入扣除当年转化成本，是否扣除历史转化成本可以根据项目实际情况确定。

看完这三点经验，企业仍会持有疑问，即为什么同样是科技成果转化，有的要扣成本，有的却不需要扣成本呢？

首先看转让和许可，对于通过这两种方式进行科技成果转化的情形，分红激励往往是一次性的。对于这种一次性的激励行为，国有企业必须确保科技成果转化形成的收益能够覆盖之前所有的投入，剩下的增量收益才能用于激励。所以，在计算提取基数时，既要扣除历史转化成本，又要扣除当年转化成本。

其次看作价投资中的提取股份，对于通过这种方式进行科技成果转化的情形，提取基数为股份而不是收益，无法进行转化成本的扣除，相关历史转化成本和当年转化成本只能由企业承担。但是，为了体现成本扣除的基本原则，可以通过适度降低股份提取比例的方式弥补企业的前期投入。

最后看作价投资中的提取投资收益、自行实施及与他人合作实施的方式，对于通过这三种方式进行科技成果转化的情形，分红和激励往往要持续3～5年。既然提取基数是投资收益或营业利润，当年的转化成本肯定是要扣除的，因为利润的概念是收入减去成本。而历史转化成本是否需要扣除的问题，国资 47 号文并没有明确说明，企业应根据不同项目投资主体进行分类讨论确定。

若投资主体为企业，一般则应扣除历史转化成本。因为企业是以盈利为目的设立的经济组织，除了一些公益类企业，大部分企业的研发行为是为了获取科技成果转化收益。企业进行激励的前提是项目的收入覆盖了之前所有的投入，剩下的增量收益才能用于激励。如果一个项目前期投入巨大，在项目刚产生收入的时候就对员工进行激励，显然不符合激励的基本原则。

若投资主体为国家财政，且不要求收回投资成本，一般则可以考虑不扣除历史转化成本。因为国家财政投资的科研项目，往往是一些基础研究项目，属于对相关行业升级发展具有重要意义的"卡脖子"技术。对于这类项目，其更具有战略意义，而盈利的目的相对弱化。为了激发顶尖科研人才的积极性和创造性，更好地推动相关项目的研发，可以在不扣除历史转化成本的情况下进行项目收益分红激励。

第68问 企业实施项目分红如何选择激励总额提取方式？

对于不同科技成果转化方式，实施项目分红激励可以采取不同的激励总额提取方式。我们以科技成果自行实施或者与他人合作实施为例，以该项科技成果产生的营业利润为提取基数，按约定或规定比例提取激励额度进行项目收益分红。提取的方式一般有3种，即统一比例法、"存量＋增量"比例法和增量比例法。

一、统一比例法

统一比例法是指对于科技成果转化形成的收益，无论多少都采取统一的提取比例。统一比例法的好处是计算简单，容易理解。具体计算公式如下：

年度项目收益分红激励总额＝年度项目营业利润 × 提取比例

二、"存量＋增量"比例法

"存量＋增量"比例法采用"存量提取＋增量提取"的模式，对当年项目营业利润超出上年项目营业利润的增量部分，可适当增加提取比例。"存量＋增量"比例法的好处是对营业利润在年度之间的不正常波动，可以有较大的平滑和对冲作用；同时对科技人员来说，可以更持续地激励大家不断创新突破，实现技术迭代升级，创造新价值，这本身也符合技术发展的客观规律。具体计算公式如下：

年度项目收益分红激励总额＝项目存量营业利润 × 项目存量提取比例＋项目增量营业利润 × 项目增量提取比例

项目存量营业利润是指当年项目营业利润同上年项目营业利润持平的部分，项目增量营业利润是指当年项目营业利润与上年项目营业利润相比增长的部分。

例如，假定一个科技成果转化项目，第一年创造了1000万元营业利润，第二年创造了2000万元营业利润，第三年创造了3000万元营业利润。我们用"存量＋增量"比例法，把激励提取比例划分为至少两个部分，一个是存量利润的部分，一个是增量利润的部分。存量利润的部分是对历史的肯定，比例可以适当低一些，增量利润部分是对新增价值的激励，比例可以相对高一些。年度激励的总量应该是存量激励和增量激励的总和。

根据上述原则，在这个模拟案例当中，项目收益分红的激励比例就不是简单的每年将营业利润乘以一个固定的比例，而是区分存量和增量，分别制定比例。例如，我们确定存量激励比例为10%，增量激励比例为20%，那么，在这三年激励周期内，科研人员获得的激励金额就是：

第一年：1000×20%=200万元

第二年：1000×10%+1000×20%=300万元

第三年：2000×10%+1000×20%=400万元

三、增量比例法

增量比例法更强调鼓励创造增量利润，仅对当年项目营业利润超出上年项目营业利润的增量部分确定提取比例并计算激励总额。具体计算公式如下：

年度项目收益分红激励总额＝项目增量营业利润 × 项目增量提取比例

第69问 企业实施项目分红如何设计激励总额提取比例？

根据4号文和国资47号文等政策文件，不同科技成果转化方式对应不同的激励总额提取比例。

实施项目收益分红的企业，应当在职务科技成果完成转化后，按照与重要技术人员的约定或企业有关规定，合理确定激励额度（包括提取模式、比例等）和执行时限。但是如果企业未规定，也未与重要技术人员约定的，可以参考下列标准执行。

（1）将该项职务科技成果转让、许可给他人实施的，从该项科技成果转让净收入或者许可净收入中提取不低于50%的比例。

（2）利用该项职务科技成果作价投资的，从该项科技成果形成的股份或者出资比例中提取不低于50%的比例。

（3）将该项职务科技成果自行实施或者与他人合作实施的，应当在实施转化成功投产后连续3至5年，每年从实施该项科技成果的营业利润中提取不低于5%的比例。

以上标准是企业与项目团队未约定情况下参考的，一般情况下，企业应重点考虑项目级别、项目阶段、战略重要性、创新贡献性及市场化程度等因素，设计并约定项目的收益提取比例。

第70问 企业实施项目分红如何设计个人激励额度？

企业实施项目分红时，个人激励水平应当结合激励对象人数、薪酬水平等因素，根据激励对象个人在科技成果完成和转化过程中的贡献及绩效考核结果约定。一般对于项目的负责人、主要完成人等可以适当提高分配比例。

一、激励额度分配

（一）项目负责人

项目负责人对企业科技创新及成果转化具有重要贡献，为了吸引并保留技术领军人才，并提升其科研创新积极性，企业应重点激励项目负责人。项目负责人的分配比例可以根据项目实际情况进行差异化设计，对于国家级、革命性的创新项目可以适当加大激励力度。

（二）主要完成人

主要完成人对项目成果的研究及转化也具有重要贡献，建议主要完成人分配比例与项目负责人分配比例之和占一半以上。各主要完成人激励额度与其在项目中的贡献系数紧密挂钩，由项目负责人与各主要完成人协商确定。

（三）其他项目成员

其他项目成员主要包括技术人员、辅助人员和转化人员，其激励额度通过系数评估方法确定。项目收益分红系数通过评估员工的项目角色和个人贡献综合确定，其中项目角色系数和个人贡献系数由项目负责人与项目成员协商确定。

二、激励水平

国资47号文要求，对于个人收入明显高于市场水平或同时参与多个项目激励的人员应当合理控制个人激励标准或项目分红总收入。

政策规定清晰，关键是如何实施落地。由于项目收益分红是在科研项目创造营业利润后，以提取比例的方式来确定的，因而个人激励水平直接和每年提取的总激励金额相关联。但项目成果转化的营业利润到底有多少？是什么量级的，1000万元还是5000万元？这些数据事先可以大致估计，但是很难准确判定。而对1000万元和5000万元来说，同样的20%提取比例，相差就会是200万元或者1000万元，达到五倍之多，对于同样的激励对象及数量来说，这个激励程度差别就很大，如果没有一个好的方法，合理控制总收入就很难落到实处。

为了合理控制总收入，我们需要明确并解决三个问题。

第一个问题：多少分红激励金额是合理的水平？

部分企业会认为一个科研人员获得的项目分红激励应该和这个类似岗位的年度市场薪酬总收入挂钩对齐。例如，一个计算机行业的架构分析师，设计出一款非常好卖的软件，他能获得的分红金额是不是就应该通过与行业内其他架构分析师的年度薪酬总额的比较来确定？类似的岗位年收入可能是80万元，这位分析师在国企目前年收入是40万元，那么合理的项目分红激励金额，是不是大致增加40万元，达到80万元总收入水平就能体现合理的水平？

但知本咨询认为，项目收益分红是中长期激励，而不是年度绩效薪酬，因而市场对标的范围不是和一个架构分析师年度收入进行比较，而是要和其包括长期激励收入在内的总收入进行比较。这个时候，企业要寻找的市场对标对象应该是那些已经上市或准备上市，拥有上市公司股权的架构分析师，衡量一下他们包括股权激励价值在内的总收入水平，来看企业对应岗位应该有的激励水平。

也就是说，如果有可能，应该让科研人员通过科技研发转化，拿到那些与上市股票增值一样多的价值或回报，这样能够推动科研人员积极创造，投身科技创新。

第二个问题：要不要设置分配金额的上限？

企业应该在提前约定的分红提取比例基础上，适当设置个人分红金额的上限封顶值，避免企业营业利润波动过大时，个人分红激励水平畸高。

这种上限设置是有效的，也是合理的，能够通过事前约定，预防市场波动或者其他不可见因素造成的不确定风险。

关键是上限如何确定，设置多少才是合适的？前面提到合理的水平是充分考虑到中长期激励的价值，同时还要考虑科技人才是要优先倾斜激励的关键人才，在此基础上，这个上限设定在多少合适，需要每家企业根据自身情况加以衡量。

从实践角度来看，可以以激励对象当年不含项目分红激励部分的总收入为基数，考虑到长期激励效果，设置若干倍的系数作为分红激励的上限额度。

第三个问题：要不要设置分红激励分配池来平衡收入水平？

与上限规定相对应的问题是下限该不该平衡。

如果在技术成果转化过程中出现了外部环境变化，导致每年的营业利润有的高、有的低，很不均衡，应该如何处理？

在一些企业年度业绩考核奖金提取的实践里，针对类似问题的解决方案是设置一个"奖金池"模式，将高利润年度的奖励金额暂存一部分，在低利润年度里统一进行发放，以起到削峰填谷的作用。

这样的方法对项目收益分红的激励兑现也有参考价值。实际上，这是一种类似于递延发放的形式，能够平衡各年度的收入波动。

总体来看，激励水平是中长期激励工具设计应用的核心变量之一，企业在给科技人员开展项目收益分红时，请提前对激励水平进行多种情景的估计和测算，通过上、下、左、右的框定，给科技成果顺利转化为市场竞争力保驾护航。

第71问 企业实施项目分红如何进行绩效考核?

本轮国企改革实施中长期激励的核心要义是激励与约束统一。对于项目分红来说,有了激励的部分,还要有约束的部分,那就是绩效考核。只有满足了绩效考核目标,才能进行分红激励的兑现。通常来说,项目分红的绩效考核分为项目绩效考核和个人绩效考核。

一、项目绩效考核

哪些项目必须要设置项目绩效考核?我们认为对于以科技成果作价投资(提取投资收益)、自行实施或者与他人合作实施方式开展项目收益分红激励的,应当结合企业科技创新及项目实施情况,设置年度考核指标。以科技成果转让、许可给他人实施的,若不采取一次性激励的方式,原则上也应当制定激励有效期内的考核指标。

(一)指标设置

根据相关政策规定,企业实施项目收益分红激励应从以下维度约定年度考核指标,原则上三类指标至少各选一个。项目实施分红激励首年,若无上一年度指标数据,可设置绝对值指标(如收入、净利润等),后续年度设置相对值指标(如收入增长率、净利润增长率等)。

(1)项目财务类指标,如项目收入增长率、项目投资回报率、项目净利润增长率等。

(2)项目创新类指标,如项目专利和知识产权数量、项目获奖情况、专项任务完成情况等。

(3)项目管理类指标,如项目研发费用占营业收入比重、新增项目合同数(额)增长率、合同履约率等。

（二）考核应用

企业科技成果转化项目的考核结果应当与分红激励总额挂钩。在项目收益分红激励前，应由实施项目分红的企业与项目核心团队讨论确定未来3～5年绩效指标目标值，并报所在集团公司审批。原则上每年目标值不得低于上一年度目标值，无特殊原因不能进行调整。

项目收益分红激励财务类指标未达到考核目标的，原则上应当终止实施方案，项目收益分红实际发放额为零。

其他指标未达到考核目标的，应当按照约定或规定扣减额度（达成率最高值为100%）。

同时，项目收益分红激励实际发放额度可以考虑与项目回款情况挂钩，当年仅发放项目已回款部分对应的激励额度，其余部分待后续年度项目回款后兑现。

二、个人绩效考核

个人绩效考核评价结果应当应用于个人分红激励兑现，在项目收益分红激励期间，每年年初由企业与激励对象讨论确定当年个人绩效指标目标值，第二年年初进行绩效结果统计。

激励对象未达到个人年度绩效考核要求的，应当按规定或约定扣减、暂缓或停止项目收益分红激励，具体参考以下三点。

（1）年度个人绩效考核结果为不合格（百分制60分以下）的，停止当年及约定实施期剩余年限项目收益分红激励。

（2）年度个人绩效考核结果为合格或良好（百分制60分～90分之间）的，扣减当年本人项目收益分红激励。

（3）年度个人绩效考核结果为优秀（百分制90分以上）的，全额发放项目收益分红激励。

第72问 企业实施项目分红如何进行分红兑现？

企业实施项目收益分红激励后，应按年度兑现激励额度，在进行分红兑现时，一般可以遵循以下步骤。

一、项目财务预算

企业对项目净收入、项目投资收益、项目营业利润等财务数据进行预估，据此预估项目收益分红金额并在当年进行计提。

二、项目财务决算

企业负责根据相关财务管理制度在次年进行科技成果转化项目决算，出具项目财务报表，提供项目收益分红核算所需的项目净收入、项目投资收益、项目营业利润、项目当年回款率等财务数据。

三、项目财务审计

企业聘请会计师事务所对项目财务情况进行审计并出具专项审计报告。

四、绩效考核

企业组织开展项目绩效考核与个人绩效考核工作，并最终确定考核结果。

五、项目收益分红金额审核

根据项目专项审计报告和绩效考核结果，企业组织计算、核定当年准备发放的各项目及各激励对象项目收益分红额度，报经上级主管单位审核。

六、发放兑现

企业负责组织项目收益分红的发放,并建立个人收益分红台账。

七、备案

企业将当年项目收益分红激励的实施情况总结并报告给所在集团公司,由集团公司按规定报国务院国资委备案。

第73问 企业实施项目分红如何设计退出与约束机制?

大家都知道,本轮国有企业改革中长期激励的一个重要思想是激励与约束统一。企业实施项目分红后并不会一劳永逸,需要约定人员退出及方案终止的相关情形。

一、退出机制

国资47号文规定,激励对象因辞职、调动、免职、退休、死亡、丧失民事行为能力、违法违规等原因与企业解除或者终止劳动关系的,应当终止其分红激励资格。

除此之外,激励对象出现个人绩效考核不合格、离开所在项目等情形,也应该退出项目分红激励,不再享受项目分红。

二、方案终止

国资47号文规定,企业出现如下情形的,应终止方案实施。

(1)激励方案发生重大调整的(如激励方式变化、业绩考核指标调整等情况)。

(2)分红激励考核指标未达标,根据约定或规定应当终止方案实施的。

(3)会计师事务所、资产评估机构、法律事务机构等第三方中介组织对激励方案涉及的数据、结果等事项出具否定意见的。

(4)企业股权或产权结构发生重大变化,导致激励方案无法实施的。

(5)其他需要终止方案实施的情形。

对于终止激励方案的情形,企业内部决策机构应当向本集团公司报告并向股东(大)会说明情况。

| 第 8 章 |

CHAPTER 8

国有科技型企业岗位分红

第74问 国有科技型企业岗位分红的实施条件是什么?

岗位分红激励的政策体系与项目收益分红激励基本一致,依据现行的激励政策体系,国有科技型企业实施岗位分红,核心参照文件为国资47号文。相关研发费用的定义及相关科目可参照195号文进行确定。

具体政策文件可参考涉及"项目分红的关联政策文件"的相关说明。

岗位分红激励的实施条件与项目收益分红激励基本相同,根据4号文和国资47号文等政策文件所规定的,国有科技型企业实施分红激励有三类实施条件。

即企业性质上,必须为国有科技型企业;管理要求上,企业成立满3年(对于实施岗位分红的企业必须满足此项要求),制定明确的发展战略,主业突出、成长性好,内部治理结构健全并有效运转,管理制度完善,人事、劳动、分配制度改革取得积极进展,具有发展所需的关键技术、自主知识产权和持续创新能力,年度财务会计报告必须经过中介机构依法审计,且激励方案制订近3年没有发生财务、税收等方面违法违规行为,未出现重大收入分配违规违纪事项;科研要求上,转制院所及所投资的科技型企业、高等院校和科研院所投资的科技型企业及纳入科技部"全国科技型中小企业信息库"的企业,近3年研发费用占当年营业收入均应当在3%以上,激励方案制订的上一年度企业研发人员占职工总数(以上人数均按平均数统计)应当在10%以上。国家和省级认定的科技服务机构,近3年科技服务性收入不低于当年企业营业收入的60%。

在此基础上,根据相关政策规定,实施岗位分红要求企业近3年税后利润累计形成的净资产增值额应当占企业近3年年初净资产总额的10%以上,且实施激励当年年初未分配的利润为正数。此项的计算方式有两种,一是将企业近三年的净利润相加，减去已经向股东分配的利润；二是用企业最近一年年末的净资产值减去近三年年初的净资产值，同时减去股东注资和其他补贴收入等。二者计算后的结果应相同。

在管理要求上，国资 47 号文特别提出，中央科技型企业实施岗位分红激励，应当建立规范的岗位管理和评估体系，岗位序列清晰、岗位价值明确。此项也是企业实施岗位分红激励的重要要求。

除此之外，在 274 号文中对国有科技型企业实施岗位分红进行了强调说明，即中央企业应当按照深化收入分配制度改革的总体要求，从所属企业规模、功能定位、所处行业及发展阶段等实际出发，结合配套制度完善情况，合理选择激励方式，优化薪酬资源配置。鼓励符合条件的企业优先开展岗位分红激励。

第75问 国有科技型企业岗位分红政策及实施要义是什么?

国有科技型企业实施岗位分红激励的核心要义主要为三大原则和四大环节,即"3+4"模型。

一、三大原则

三大原则为:增量激励原则、权责对等原则和效益导向原则。

(1)增量激励原则:岗位分红的本质是激励对企业科技创新及收益创造有重大贡献的岗位上的人员,但是激励的来源不能是从企业原有的存量利润中来,岗位分红激励要求的是这些有贡献的员工自己创造自己的分红。所以,设计实施岗位分红激励机制时要体现企业盈利能力较历史业绩或同行业更为优秀的表现,相应的目标设置要更高,增长率要有明显提升。而人员选取上,激励对象要注重选择做出更多贡献的人员,尤其是科研技术人员。

(2)权责对等原则:参与岗位分红的人员,其分红激励额度要与其业务、岗位职责直接挂钩,分解创新或业绩责任的同时,需要将与科技或业务直接相关的决策权进行有效授放。同样,在企业经营过程中,这部分人的责任也要与之匹配,考核结果要与分红的激励额度有直接的联动机制,考核结果好,激励额度更高,考核结果不好,扣减激励额度,甚至不分发。

(3)效益导向原则:岗位分红的目标是使企业的经济效益增长,激励员工做出更多贡献。因此,在设计岗位分红激励机制时,指标的选择要有代表性,以经营效益类指标为主,科技创新类指标要体现企业的成果转化收益,而且企业业绩目标的设置要体现自身效益的增长,目标值要具有挑战性。同时激励对象每年需要依据岗位变动进行动态调整,淘汰对企业效益增长贡献不突出的员工，候补人员要通过市场化方式进行择优选择。

二、四大环节

岗位分红激励机制的设计实施核心包括四大环节：激励范围、激励总额、内部分配、业绩考核。

（1）激励范围。岗位分红激励范围的确定与其他激励方式不同，要求"对岗不对人"。即企业通过对各岗位进行岗位价值评估，确定对企业贡献程度较高的岗位，以岗位划定激励范围，再从各岗位中择优选择激励对象。这一点与岗位价值的确定方式是一样的，要针对岗位进行选择，不考虑任职人员的因素。同时岗位的选择要集中，不是每个岗位序列都可以参与，重点从对企业经营管理和技术创新有重要作用的管理序列和技术序列中选择。

（2）激励总额。根据4号文和国资47号文对岗位分红的定义，岗位分红的激励总额应该以企业的经营收益为标的，通过选择体现企业盈利能力的绝对指标作为计提基数，合理设置计提比例，结合企业业绩考核结果最终确定激励总额。同时，激励总额的提取核心要体现增量激励，而不是单纯从企业的存量收益中提取。换句话说，企业的激励额度提取后，不能影响企业的利润目标，同时在企业进行分红激励后，其经营效益仍然是增长的，这样才能说明岗位分红激励确实让企业的经营效益有了显著提升。

（3）内部分配。岗位分红的激励额度在进行分配时，一方面要结合岗位价值和被激励对象的绩效考核情况，确认个人的分配额度；另一方面还要兼顾与岗位薪酬总额水平的关系，以及与岗位市场化激励水平的关系。个人分配额度不应过高，大大超出其薪酬水平，也不宜过低，影响激励对象的工作积极性。企业要从收益、团队贡献、个人贡献等多方面确定内部分配的方式方法及额度。

（4）业绩考核。业绩考核是岗位分红的重点环节，企业要合理选择自身的业绩考核指标，使业绩考核指标符合企业自身的发展趋势，同时确实能够起到激励作用。其中，净利润增长率指标为必选项，在科技创新类和管理类指标中，企业也要根据自身情况至少各选择一个指标进行年度业绩考核。指标的选择要突出企业的特点，对于科技创新类的指标，尽量体现科技成果的转化收益或者其主业的收入规模，管理类指标要重点体现劳动生产率或者核心人才保留率等，以体现企业对科技人才的重视和技术发展带给企业的效益增长。

第76问 企业如何理解建立规范的岗位管理和评估体系要求?

国资47号文要求实施岗位分红企业应当建立规范的岗位管理和评估体系,岗位序列清晰、岗位价值明确。

规范的岗位管理和评估体系即企业应根据企业战略、内外环境、员工素质、企业规模、企业发展、技术需要等因素,合理进行岗位设置、分析、描述、评估等工作,确定各岗位对企业发展的贡献度,并依据岗位的工作内容和工作性质,进行分类管理。岗位序列一般可以分为行政管理岗位、核心技术岗位、技能操作岗位、市场营销岗位等,目的是后续在确定岗位分红激励范围时,能够明确各岗位的职责是否满足政策要求。

而岗位价值明确这一点,需要企业根据岗位对企业的贡献程度大小,排除此岗位对在职员工的能力、素质影响的因素,确认相对应的岗位价值。

总体来看,有关"规范的岗位管理和评估体系"的要求,将直接关系到对于纳入激励范围的核心岗位的选择,也关系到岗位对应的激励额度的设置,以及关系到基于岗位人员绩效考核结果挂钩的激励额度兑现等内容。

从政策导向上,企业应该有针对自身的岗位价值评估体系,能够对各岗位的岗位职责、任职条件、工作强度等进行系统性的评估,最终确定各个岗位对企业的贡献度,即岗位价值。其目的是以岗位价值最终确定各岗位的激励水平,即权责利对等。而岗位分红要求"岗位价值明确",也是为了能够根据岗位价值确定各岗位的岗位价值系数,进而按岗位对激励额度进行分配,并以此合理拉开各岗位的收入差距,体现激励效果。

具体方法一般有排序法、分类法、要素比较法、评分法四种。排序法是一种较为简单的岗位价值评估方法,是根据岗位对企业发展成果所做出的贡献来将岗位价值进行从高到低的排序。分类法是将企业的所有岗位根据工作内容、工作职责、任职资格等方面的不同要求，划分不同的类别，通常与岗位序列相对应，然后给每一类确定一个岗位价值的范围，并且对同一类的岗位进行排列，从而确定每个岗位不同的岗位价值。要素比较法是一种相对量化的岗位评价技术，企业将所有岗位的内容抽象为若干个要素，如智力、技能、体力、责任及工作条件等，并将各要素区分成多个不同的等级，然后再根据岗位的内容将不同要素和不同的等级对应起来，最后则要把每个岗位在各个要素上的得分通过加权得出一个总分，这样就得到一个总体岗位价值分。评分法是运用最广泛的一种岗位评价方法，它也是一种量化的岗位评价方法。这种方法要求首先选择、确定岗位关键评价要素和权重，并将各评价要素划分等级并分别赋予分值，然后对每个岗位进行评估。评分法需要用到的报酬要素比其他方法更多。企业可以根据自身的需要选择合适的岗位价值评估方法。

但在实际操作过程中，并非所有企业都有一套单独的岗位评估办法或者每年对各岗位进行价值评估。如果为了实施岗位分红而单独开展岗位价值评估工作，将会耗费大量的人力、财力、物力，增加管理成本，并有可能造成激励机制设计实施时的矛盾，影响到激励效果。

岗位价值评估的目的是"以岗定薪"，所以从结果导向上来看，薪酬也是一种确认岗位价值的方式。通常企业在确定岗位薪酬时，都会有所谓的岗位职级或者基础薪资的确定依据，以此换算为岗位价值系数也是确定岗位价值的一种方式。除此之外，企业也可以将各岗位的平均年度薪酬进行换算。用岗位的平均年度薪酬来确定岗位价值，是因为各企业在确定岗位薪酬时，其实已经对该岗位进行了价值评估，只是并未形成完整细致的评估体系。以岗位平均年度薪酬作为各岗位的岗位价值系数，确定岗位价值，并以此为基础推动岗位分红机制设计实施同样是可行的。若企业的岗位管理制度本身是完善和健全的，企业各岗位的平均年度薪酬基本能够体现各岗位的价值。因此，如果企业实施岗位分红时暂无单独的岗位评估办法，可以以上述两种方法进行岗位价值的确定。

第77问 国有科技型企业岗位分红的激励对象有哪些要求，如何合理确定？

一、对激励对象的要求

从分红激励的整体政策导向看，4号文和国资47号文对参与岗位分红激励的对象要求一致，即激励对象应当与本企业签订劳动合同，具体包括以下内容。

（1）在科技创新和成果转化过程中发挥重要作用的技术人员，包括关键职务科技成果的主要完成人、重大开发项目的负责人、对主导产品或者核心技术及工艺流程做出重大创新或者改进的主要技术人员。

（2）主持企业全面生产经营工作的高级管理人员，负责企业主要产品（服务）生产经营的中、高级经营管理人员。

（3）通过省、部级及以上人才计划引进的重要技术人才和经营管理人才。

在此基础上，针对岗位分红激励，4号文规定，企业应当按照岗位在科技成果产业化中的重要性和贡献，确定不同岗位的分红标准。激励对象应当在该岗位上连续工作1年以上，且原则上每次激励人数不超过企业在岗职工总数的30%。

从4号文的政策导向可以看出，岗位分红激励对象的要求条件主要为在岗位上连续工作1年以上，但明确指出了要确定企业中不同岗位的分红标准。

除上述规定外，国资47号文又规定，岗位分红激励对象应当通过公开招聘、企业内部竞争上岗或者其他市场化方式产生。

由此可见，岗位分红在激励对象选取上的核心原则为"对岗不对人"，即岗位分红应该优先确定企业中哪些岗位可以纳入激励范围，再通过市场化的方式从对应岗位中选取具体激励对象。

二、激励岗位的确定方法

岗位分红在确定激励岗位时，应重点结合两个"定义"设计实施。

一是《促科法》对科技成果转化的定义，即为提高生产力水平而对科技成果所进行的后续试验、开发、应用、推广直至形成新技术、新工艺、新材料、新产品，发展新产业等活动。

从分红激励整体的政策导向而言，在科技成果转化各环节中发挥重要作用的岗位，原则上都可以被纳入岗位分红的激励范围。

二是国资47号文对岗位分红的定义，即岗位分红激励，是指企业实施科技创新和成果产业化，以企业经营收益为标的，按照相应岗位在科技成果产业化中的重要性和贡献，确定激励总额和不同岗位的分红标准并对激励对象实施激励的行为。

这里特别强调了两点，一是岗位分红重点在科技成果产业化，即岗位分红的激励岗位范围需要更加侧重于能够将企业的科技成果发展为新产业的岗位。因此，与科技成果形成并与产业化直接相关的研发岗位、技术岗位、管理岗位、销售岗位都可以作为岗位分红的重点激励岗位。二是按照岗位的重要性和贡献确定激励总额和分红标准。在选取激励岗位时，要根据岗位价值确定分红额度和标准。在实际操作中，企业可以对每个岗位序列中的对应岗位，按照岗位价值进行排序，选取岗位价值较高的作为激励岗位。

三、激励对象的确定方法

依据国资47号文以市场化方式产生岗位分红激励对象的要求，企业在确定激励对象前，应制定针对岗位分红人员选取的管理办法，通过管理办法对激励岗位内的员工进行竞聘或选聘考核，以考核结果作为最终激励对象的确定依据。在实际操作过程中，企业可参照内部的人员绩效考核办法确定激励对象的选取管理办法，以历史绩效考核结果作为选聘标准之一。

也可以以团队为主体，企业确定核心激励团队，团队的负责人再根据成员的历史贡献和未来贡献等综合评价，选择激励对象。以团队方式进行激励对象确认时，除了以团队负责人的评价为主外，还应该结合其他关联比较密切的合作团队或者部门的意见，综合性考量团队成员。

激励对象的选取务必要做到公开透明，评价方式要公平合理，激励人员名单要在企业内部进行公示，激励对象选择的责任部门要对职工的疑问做出解答。因此，在选择激励对象的时候，相关考量因素的设置应尽量量化，避免主观因素的影响，选择的标准要严格，保证选择的对象能够得到其他员工的信服。

第78问 如何理解通过市场化方式产生岗位分红激励对象？

一、为什么是市场化方式

国资47号文件规定，岗位分红激励对象应当通过公开招聘、企业内部竞争上岗或者其他市场化方式产生，且应当在该岗位连续工作1年以上。

通过市场化方式产生激励对象的主要原因有3点。

（1）体现效益导向原则。岗位分红的激励对象选择要体现其对企业的贡献，一方面，要体现被激励对象所在岗位对企业的贡献程度，即岗位价值；另一方面，要体现被激励个人的贡献程度，换句话说，在每个岗位中，要择优选取员工，对各岗位的任职人员还要进行一次筛选，如此，才能真正体现出效益导向的原则。

（2）控制激励总比例。国资47号文规定，原则上每次激励人数不超过企业在岗职工总数的30%。如果企业在选择激励对象时，将激励岗位的全部人员都纳入激励范围，有可能出现激励对象人数超过在岗职工总数30%的情况。尤其是一些设备、材料等制造类企业，往往出现某个技术岗位人数较多的情况，如果不对人员进行筛选，那么在激励对象的人数控制上可能会出现问题。而通过市场化的方式产生激励对象，企业可针对各岗位制定筛选标准，进而将整体人数比例控制在政策规定的范围内。

（3）设置激励对象进出标准。岗位分红激励的核心原则是"对岗不对人"。在岗位分红实施期间，被激励对象不应该是一成不变的，每年都需要对被激励对象进行考核，淘汰考核不合格的员工。同时，企业可将符合条件且表现优秀的员工纳入对应的激励岗位范围内。而在确定哪些员工可以替换被淘汰的员工时，就需要一套较为合理的选聘标准。如果在岗位分红第一次选聘激励对象时就形成了较为合理的人员选拔管理办法，那么在后续人员更替时，就可以沿用这套管理办法，从而可以保证人员选聘的公平性与合理性，促进岗位分红动态调整、有序实施。

二、如何设计市场化方式

依据国资47号文的政策要求，最常用的方式是通过公开招聘、企业内部竞争上岗等方式进行人员选聘。企业可以对各岗位职工进行笔试考核，并成立专项小组对人员进行面试考核，最终确定激励对象。如果企业本身已经有较为成熟的选聘制度，则可在岗位分红实施过程中沿用。结合国企劳动、人事、分配三项制度改革的相关要求，将管理人员竞聘上岗、全员绩效考核、岗位晋升的相关要求进行整合，说明选拔的规则，以此进行考核也是可行的。

但需要注意的是，在设计市场化选聘方式的同时，也要遵循激励对象选择的前提条件，即在该岗位连续工作1年以上。这一点实际是要求激励对象在目前岗位上已经对企业做出了一定的贡献。结合"对岗不对人"的要求，人员的激励水平和绩效考核都需要根据目前所在的岗位进行确定，如果激励对象在不同岗位间频繁变动，那么很难说明激励对象的历史贡献，以及此岗位的重要性。所以新引进的员工仍需在岗工作1年以上，才可以参与岗位分红。

当然，企业的人员变动有时会受到上级的人员调动影响，导致部分高级管理人员在岗不足1年，这时企业可以根据岗位的重要程度和上级的安排灵活处理，将该高级管理人员纳入激励范围内。但在上报方案过程中，也要说明相应的情况。

除此之外，临近退休或调任的职工，建议不纳入市场化选聘的范围，尤其是在3年的激励期内出现此类情况的人员。因为临近退休或调任，企业很难对其进行考核，只对人员进行短期的分红，随机性也很大，很难说明岗位分红的约束性，所以出现这种情况的人员，不建议纳入岗位分红的激励范围。

市场化方式的选聘核心在于建立公平公正的激励人员选拔规则，所以具体的方式，企业可以根据自身情况进行设计，具体的评价因素和流程也需要企业根据内部规定灵活调整。但是不管采用何种方式，都不可以简单地通过"一刀切"的方式进行人员的选择，为了保证激励对象选择的公平合理，相关的选拔制度和结果都需要听取职工代表大会的建议，获得职工代表的认可后方可执行。对于还未实施或者准备进行第二次岗位分红的企业，建议完善市场化选拔的规则设置，建立长效机制，保证岗位分红激励能够顺利实施。

第79问 激励对象变动是否需要重新履行岗位分红激励方案审批程序？

国资47号文规定，中央科技型企业因出现特殊情形需要调整激励方案的（如激励对象范围变化、单个对象激励水平变化等情况），应当重新履行内部审议和外部审核程序。

在上述问题中已经提到，岗位分红的激励对象，每年都应该进行考核，并进行不合格人员的淘汰与更替，那么这种情况是否属于政策规定的激励对象范围变化，企业的岗位分红激励方案是否需要重新制订并履行审议审核流程呢？

知本咨询认为，这里需要分为两种情况。

一、换人不换岗

换人不换岗即上文中提到的，企业每年进行人员更替的情况。我们反复提到，岗位分红的核心原则是"对岗不对人"，在激励范围的确定上也是以确定激励岗位为核心，在激励岗位不变的情况下，每年对在岗激励人员进行更替属于正常的人员变动。实施岗位分红是在明确岗位价值的基础上进行的，岗位价值考虑的是岗位对企业的重要程度，而不是个人对企业的影响，如果在岗的职工满足不了岗位的要求，无论是依照管理人员末等调整和不胜任退出的要求，还是员工市场化退出的要求，都需要从任职岗位上退出。如果从岗位上退出，但不退出岗位分红的激励范围，那显然不符合政策导向。其次，岗位分红不能成为高水平"大锅饭"，一定要有对应的竞争机制，对于贡献水平不能增长的员工，即使满足了岗位的基本要求，也需要判断他的贡献是否达到了参与岗位分红的标准。而且，因考核而产生的人员变动，也符合政策提出的依照市场化方式产生激励对象的要求。因此，换人不换岗的情况不属于政策规定的激励对象范围变化的情况，企业不需要完全重新制订方案并履行审议审核流程。

二、换岗又换人

换岗又换人指企业在岗位分红实施过程中，将纳入激励范围的岗位进行调整，使原岗位从激励范围中移除或添加了新的激励岗位，而激励对象也由于激励岗位的变化而产生了变动。这种情况其实很常见，因为多数企业处于人岗绑定的状态，认为岗位分红激励的是人，如果激励对象调整了岗位，那岗位分红的激励方位也可以变化。这点是与政策相违背的，也不符合以岗位价值为基础的激励岗位的选择。实施单位务必要区分人和岗位，如果人员进行了岗位调整，但依然在激励方案限定的岗位范围内，那么依然可以参与岗位分红，但如果是向下调整，或是调整出了方案中的岗位范围，此时进行调整，无疑是对岗位分红激励方案的核心环节产生了较大改动，属于政策明确提到的激励对象范围变化的情况，出现此种情况时，企业应对激励方案进行修订调整，并重新履行内部审议和外部审核程序。

第80问 国有科技型企业岗位分红的激励额度确定原则是什么?

国资47号文明确指出,中央科技型企业应当以推动科技成果转化、提升企业经营效益为目标,坚持增量激励、效益导向的原则,统筹考虑企业经营发展战略、自身效益状况及人工成本承受能力等因素合理确定分红激励额度。实施岗位分红激励的企业,应当以反映企业盈利能力或价值创造的绝对指标作为提取基数,科学设计计提模式,合理确定提取比例。年度分红激励总额不得高于当年税后利润的15%,并统筹好与当期工资总额和效益增量的比例关系,避免因实施分红激励出现工资效益不匹配问题。

从国资47号文的相关规定可以看出,企业在确定岗位分红激励额度时要重点注意三点。

第一,激励总额在提取时,要选择反映企业盈利能力的经济指标作为基数进行提取。具体来说,一般应选择企业税后利润或经济增加值等指标进行计提。

第二,激励总额需要统筹考虑企业经营发展战略、自身效益状况及人工成本承受能力等因素,在确定激励总额前,应对各岗位的激励额度进行初步测算,使各岗位的激励额度不超过政策上限水平要求[依政策要求,不高于其年度薪酬总额(不含分红所得)的2/3]。同时兼顾激励效果,在此基础上,确定激励总额和个人激励额度。

第三,年度分红激励总额不得高于当年税后利润的15%。企业确定激励总额时也要考虑平衡工资总额与企业效益的关系,不能因实施岗位分红激励而导致企业收益水平与员工激励水平的失衡。

此外,在确定激励总额时还要遵循3个基本原则。

一、增量激励

这四个字是政策文件中明确提出的，是实施岗位分红激励时最核心的原则。增量激励说明的是激励总额的提取从哪来，激励总额在提取时，要选择反映企业盈利能力的经济指标作为基数进行提取，具体来说，应在企业税后利润或经济增加值等指标中计提。同时，提取的部分应该主要来自上述指标中的增量部分，企业绝对不能完全用历史累计的收益进行提取分红，简单来说，岗位分红，分的是企业的新增利润。

二、效益导向

效益导向说明的是激励总额怎么提，能分多少的问题。第一是岗位分红的计提总额要和企业的业绩考核挂钩，业绩考核目标完成得好就提得多，完成得不好就提得少，没完成最低目标的，不予计提；第二是激励对象的个人分红额度要根据岗位的价值和员工的贡献来综合确定，岗位价值高的岗位多分，同一岗位里，贡献多的人多分。

三、动态调整

激励总额需要统筹考虑企业的经营发展战略、自身效益状况及人工成本承受能力等因素，因此，建立动态调整机制很重要。首先，年度分红激励总额不得高于当年税后利润的 15%。企业调整激励总额时也要考虑平衡企业收益情况，不可因实施岗位分红激励而对企业的经营收益造成较大影响。其次，在确定激励总额前，应对各岗位的激励额度进行初步测算，使各岗位激励额度没有超出员工自身的工资水平，依政策要求，不高于其年度薪酬总额（不含分红所得）的 2/3，同时兼顾激励效果，在此基础上，确定激励总额。

第81问 国有科技型企业岗位分红的激励额度计提模式是什么？

根据实践经验，岗位分红激励总额的计提模式通常有两种方式。

一、从单一经济指标中提取

企业可以从税后利润、税后利润增加值、经济增加值、经济增加改善值等指标中，选择任意一项作为提取基数，结合激励对象的工资水平和企业预期的激励效果，最终确定计提比例。

即计提模式为：经济指标 × 计提比例

这种计提方式无论是理解还是计算，都比较简单。企业便于把控整体的激励水平，在进行每年的成本预算时，也能比较容易地计算出大致的激励额度。因此，多数企业都会倾向于选择这种单一指标的计提模式。

但简单自然也有简单的坏处。一方面，这种计提方式受企业的经营变动较大。如果企业受到诸如大型设备成本、行业变动等影响，导致企业的盈利能力出现波动，那么在计提激励总额时，很有可能会出现激励额度的增长有限的情况；另一方面，单一指标的计提模式较难体现出政策倡导的增量激励原则。如何能够说明激励的计提总额来自企业所创造的增量利润，这往往是各个集团在审批岗位分红方案时最关注的问题。这不仅仅牵扯到计提模式是否合理，其根源问题在于岗位分红是否真的对员工起到了激励作用，企业是否通过实施岗位分红真的创造了比历史业绩更多的增量收益，而不是单纯地依靠企业的正常增长给员工发福利。这点才是岗位分红在设计激励总额计提模式时最需要关注的问题。

二、从"存量+增量"指标中提取

前面提到了，政策的导向是增量激励，因此只从单一指标中提取激励总额还是比较难以体现是从增量利润中提取的。但是如果只从增量利润中提取又会忽略员工对企业所创造的历史贡献。因此，企业在设计计提模式的时候可以采取"存量+增量"的方式。

企业要将自身的各项经济指标进行分类，表现企业历史经营情况的视为存量指标，如企业税后利润、净资产、经济增加值等；表现企业与历史经营对比情况的视为增量指标，如企业税后利润增加值、经济增加改善值等。

在设置计提模式时采用"存量+增量"的方式，即从存量指标和增量指标中各选择一项作为计提基数，分别从中提取一定比例，二者相加作为最后的激励额度。

即计提模式为：存量指标 × 计提比例 + 增量指标 × 计提比例

这种方式既体现了增量激励原则，又兼顾了员工的历史贡献，因此更为合理。但如何说明激励比例的合理性是这种方式需要注意的。增量指标作为单独的提取部分，确实体现了企业的增量收益，设置提取指标的时候，只要注意和员工个人年度薪酬的比例即可，但存量部分如何体现增量原则仍然缺少相应的说明。

这种情况下，可以通过与同行业比较的方式确定。即将企业年度的平均净资产值作为存量提取基数，以企业净资产收益率高于同行业的部分作为提取比例进行提取。

举个简单的例子，假设公司A年度平均净资产值是1亿元，净资产收益率是15%，而同行业与公司A资产相当的公司平均净资产收益率是10%。

这里公司A的存量提取额度就是1亿元 × （15%-10%）=500万元。

那这500万元代表了什么呢？我们仔细看一下计算公式就可以发现，实际上，同样都是1亿元净资产，同行业公司能靠1亿元赚1000万元，而公司A靠1亿元赚了1500万元，这500万元恰恰代表了公司A比同行业其他公司盈利能力强的那部分，而这也就是我们所说的增量利润。

因此，在这种情况下，岗位分红激励总额计提模式就变成了：

企业年度平均净资产值 ×（企业净资产收益率 − 行业净资产收益率）+ 增量指标 × 计提比例

这种方法最符合增量激励原则，同时，也能够消除企业由于非经营性因素导致的企业经济指标波动，如股东注资、企业固定资产减值等，可以说是较为合理科学的计提方式。

在使用上述两种模式的基础上，激励总额的计提要强调效益导向，要跟企业的业绩考核挂钩。这里要分为两部分，第一是否定性指标，政策规定各年度净利润增长率应当高于企业实施岗位分红激励近 3 年平均增长水平（复合增长率）。因此，企业的净利润增长率达标了才能计提分红总额，才能进行分红。第二是完成度指标，企业要从财务类、科技创新类、管理类指标中各选至少一个指标，设置业绩考核目标。这里不仅要选指标，还要建立完善的业绩考核体系和考核办法。例如，如果企业选择将科技创新收入增长率作为科技创新类的指标，那么企业就需要规定什么情况算达标。具体来说，有两种方式。

一是百分比法。企业设定一个目标值，达成率达到 80% 才可以进行总额的计提，同时依据完成情况对计提总额进行扣减，未达到目标值的 80% 则不予分红。

二是分级法。还是拿科技创新收入增长率举例，假设企业设置科技创新收入增长率达到 20% 为优秀，按 100% 计提激励总额；15%～20% 为合格，按 80% 计提激励总额；低于 15% 为不合格，不予计提。

两种方式都不复杂，主要是为了能够体现激励总额与业绩考核的挂钩，并且体现岗位分红对企业效益增长的激励和约束作用。

综上所述，企业在设计岗位分红激励方案，尤其是激励总额的计提这一关键环节时，一定要充分体现岗位分红对企业的激励作用，以增量激励为核心，进行计提模式的设计，以效益导向为指导，合理设置岗位分红的业绩考核体系，最后进行动态调整，保证方案的设计合理、合规。

第82问 国有科技型企业岗位分红的业绩考核要求如何理解？

依据国资47号文的规定，岗位分红激励方案有效期原则上不超过3年（自制订方案当年起）。中央科技型企业应当建立完善的业绩考核体系和考核办法，在激励方案中明确除净利润增长率应当高于企业实施岗位分红激励近3年平均增长水平（复合增长率）的要求外，还应当结合企业经营特点、发展阶段及科技创新等情况，从以下维度综合确定年度考核指标（原则上三类指标至少各选一个）。

（1）财务类指标，如净利润增长率（必选）、净资产收益率、主营业务收入增长率等。

（2）科技创新类指标，如科技创新收入增长率、科技创新收入占营业收入比重、新增（成果转化）合同额增长率、专利数量等。

（3）管理类指标，如核心人才保留率、劳动生产率、成本费用占营业收入比重等。

因此，企业在实施岗位分红激励时，在业绩考核要求上需要关注以下三点：

一是实施周期为3年；

二是净利润增长率为必选项；

三是财务类指标、科技创新类指标、管理类指标都需要选取至少一个指标。

国资47号文要求中央科技型企业（科技成果转化项目）的考核结果应当与分红激励总额度挂钩，因此，企业要对各类指标进行比重设置，并对考核结果进行分级管理。

实施岗位分红的企业指标完成的比重设置一般侧重于财务指标，而科技创新类指标和管理类指标的占比可以适度降低；对考核结果进行分级管理时，净利润增长率指标为否定指标。根据国资47号文规定，岗位分红激励年度净利润增长率低于近3年平均增长水平的，应当终止实施方案，其余指标可按完成程度分级，并设置最低标准，低于最低标准则取消当年的岗位分红。

第83问 国有科技型企业岗位分红的业绩考核目标怎么定？

一、净利润增长率指标怎么定

4号文规定，各年度净利润增长率应当高于企业实施岗位分红激励近3年平均增长水平。国资47号文也进一步明确指出，各年度净利润增长率应高于近3年净利润的复合增长率。需要强调说明的是，在计算净利润符合增长率水平要求时，企业需要使用滚动增长计算方式。具体计算公式参考如下：

企业近3年净利润复合增长率＝[(第四年净利润/第一年净利润)$^{\frac{1}{3}}$－1]×100%

滚动增长计算方法要求企业需要以考核年前3年的净利润数据进行计算。例如，若某企业2022年开始实施岗位分红，则2022年的净利润目标值选择2018—2021年的净利润值进行计算，2023年计算2019—2022年的净利润复合增长率，2024年计算2020—2023年的净利润复合增长率。

企业净利润复合增长率采取滚动计算的方法，其实质要求是，企业不仅要实现净利润绝对额的增长，还需要能够实现加速增长的趋势。如果一个企业的净利润绝对额增长水平每年都稳定的话，企业3年的净利润复合增长率会略低于企业当年的净利润增长率。

另外，在实践中有三种特殊情况，如果不采用滚动增长计算方法则无法体现企业的真实经营状况。

（1）初创企业，净利润基数小。初创企业在发展前期每年净利润值可能较低，增长幅度较大，后期增长会趋于稳定。如果不进行滚动计算，很可能出现目标值过高，甚至未来净利润值每年都需要翻倍的情况，企业的业绩完成压力过大，甚至会无法完成。在这种情况下，滚动增长的计算方法能够在方案实施的后两年平衡业绩完成水平，也更能体现企业的实际盈利和增长水平。

（2）受非经营性因素影响，净利润波动较大。部分企业在发展过程中会出现净利润波动较大的情况，比如实施岗位分红前的第一年和第四年受到固定资产减值或者会计政策变动等非经营性因素影响，净利润值较低，且增长幅度较小，但第二年和第三年，企业在正常经营的情况下，净利润增长较快。这种情况下，如果不利用滚动增长方式计算，净利润复合增长率可能会较低，固定的净利润复合增长率水平并不能反映出企业的实际经营水平。因此，这种情况下使用滚动增长的计算方式，在方案实施的后两年能够逐步提升净利润目标值，使持续增长的导向得以落实。

（3）复合增长率为负。若企业在设计实施岗位分红激励机制时，前3年每年的净利润水平呈下降趋势，净利润复合增长率为负数。这种情况下并不代表企业可以随意设置目标值，即未来只要净利润实现每年正常增长即可。通过滚动计算的方式可以合理处理该问题，使方案实施后两年在计算复合增长率时由负转正，进而合理设置净利润目标值水平。

二、其余指标目标值如何确定

除净利润增长率指标外，政策中并未明确指出如何确定其余指标，根据政策导向和企业情况，可以有4种方法确定考核目标值。

（1）纵向比较，即企业与自身历史业绩比较，确定目标值。国资47号文指出，考核目标以自身历史业绩水平纵向比较为主，因此纵向比较较为符合政策导向，但纵向比较时需要注意，目标值的选取不能仅按照企业正常的经营预测水平确定，考核目标值需要能够体现出实施岗位分红后对企业的激励效果，因此实际设置时应说明较正常预测所高出的部分。

（2）横向比较，即企业与同行业或对标企业业绩横向对标的方式。对标时，可采用国资机构每年颁布的《企业绩效评价标准值》，选取同行业的平均值或优秀值作为目标值，或者企业选取同行业的多家企业，设置对标组，选取对标组业绩的 50 分位或 75 分位值作为目标值。横向比较需注意，如果企业自身业绩已经处于同行业前列水平则不适用此种方法。

（3）政策要求。部分业绩指标如项目专利和知识产权数量、研发投入占营业收入比重等，企业可通过参照国家相关政策进行目标值确认，如参考证券交易所要求和《科创属性评价指引（试行）》等。同样，若企业已满足相关政策的要求，则不适用此方法。

（4）集团考核。部分企业的一级集团公司每年都会设置集团内部的业绩考核指标，企业可将考核目标值设置为高于集团内部考核指标的优秀值。

第84问 国有科技型企业岗位分红的内部分配如何设置？

依据国资47号文规定，实施岗位分红激励的企业，应当按照岗位在科技成果产业化中的重要性及激励对象个人的贡献情况，确定不同岗位激励对象的分红标准。激励对象个人年度分红所得不得高于其年度薪酬总额（不含分红所得）的2/3。同一企业内激励对象个人最高和最低激励额度的倍数设定应当充分考虑岗位价值评估结果，并且根据个人贡献、企业内部收入分配关系等因素综合确定。

国资47号文对岗位分红的个人所得上限进行了明确规定，防止出现员工激励与工资总额不匹配的问题。个人激励额度要根据岗位在科技成果产业化中的重要性及激励对象个人的贡献情况确定，换句话说，确定个人激励额度时要结合激励对象所在岗位的岗位价值及员工任职期间的绩效考核情况。不同级别的岗位之间要合理拉开收入分配差距，以体现激励作用。

实际操作时，企业可采用两种分配方式。

第一种是团队分配法，即先对企业内各业务团队进行考核，将激励总额分配给各团队，由各团队根据团队内人员的岗位价值和业绩考核结果再进行岗位个人分配。这样的分配方式适用于各部门业务分工相对清晰的企业，这样的分配方法能够比较精准地激励各业务团队，以整体方式提升激励对象的工作积极性。

第二种是直接分配法，即企业依据个人所在岗位的岗位价值和业绩考核结果直接将激励总额进行分配。这样的方法先按岗分配，再分配到岗位个人，整体操作上较为简单，对岗位职责划分相对清晰的企业更为适用。

在内部分配上，国资47号文还规定，个人绩效考核评价结果应当应用于个人分红激励兑现。因此，企业需要针对员工的业绩考核情况设置相应的兑现规则，明确不同考核结果所对应的分配比例。同时，为体现效益导向的原则，还应设置业绩考核的最低标准，若考核结果低于该标准，则取消个人该年度参与岗位分红的资格。

第85问 企业实施岗位分红如何进行分红兑现？

企业实施岗位分红激励后，应按年度兑现激励额度，在进行分红兑现时可以具体遵循以下步骤。

一、企业财务预算

企业对净利润、净资产收益率、营业收入等财务数据进行预估，据此预估岗位分红金额并在当年进行计提。

二、企业财务决算

企业负责根据相关财务管理制度在次年进行企业经营收益决算，出具公司财务报表，提供岗位分红核算所需的企业净利润、净资产收益率、营业收入等财务数据。

三、财务审计

企业聘请会计师事务所对公司财务情况进行审计并出具审计报告。

四、绩效考核

企业组织开展公司绩效考核与个人绩效考核工作，并最终确定考核结果。

五、岗位分红金额审核

根据公司的审计报告和绩效考核结果，企业组织计算、核定当年准备发放的各激励对象岗位分红额度，报经集团公司审核。

六、发放兑现

企业负责组织岗位分红的发放，并建立个人收益分红台账。

七、备案

企业将当年岗位分红激励的实施情况总结报告给所在集团公司，由集团公司按规定报国务院国资委备案。

第 9 章
CHAPTER 9

国有企业超额利润分享

第86问 国有企业超额利润分享关联政策文件有哪些？

653号文提出，鼓励混合所有制企业综合运用国有控股混合所有制企业员工持股、国有控股上市公司股权激励、国有科技型企业股权和分红激励等中长期激励政策，探索超额利润分享、项目跟投、虚拟股权等中长期激励方式，注重发挥好非物质激励的积极作用，系统提升正向激励的综合效果。超额利润分享被纳入鼓励探索之列，排在第一位。

2020年6月30日，中央全面深化改革委员会第十四次会议审议通过的《国企改革三年行动方案（2020—2022年）》中明确提出，鼓励商业一类国有企业以价值创造为导向，聚焦关键岗位核心人才，建立超额利润分享机制。超额利润分享已经成为国企改革三年行动方案中加快建立健全市场化经营机制，推动各类中长期激励政策，着力提高企业活力和效率的重要工具之一。

2021年1月26日，国务院国有企业改革领导小组办公室印发《"双百企业"和"科改示范企业"超额利润分享机制操作指引》（以下简称《操作指引》），指导"双百企业""科改示范企业"率先推进相关工作，发挥引领示范带动作用。

《操作指引》共分为八个部分：一是基本概念和应用原则，明确了超额利润分享机制的基本概念，提出应把握战略引领、市场导向、增量激励的原则。二是适用条件和工作职责，一般在符合条件的商业一类企业开展，明确了"双百企业"和"科改示范企业"及其控股股东、集团公司等不同主体在相关工作中的职责。三是基本操作流程，包括制订方案、制定《超额利润分享实施细则》、制订《超额利润分享兑现方案》和实施兑现。四是确定激励对象相关环节操作要点，重点激励在关键岗位工作并对企业经营业绩和持续发展有直接重要影响的核心骨干人才。五是设定目标利润相关环节操作要点，明确了设定目标利润"四个不低于"的标准。六是确定超额利润分享额相关环节操作要点，明确了确定超额利润时一般应考虑剔除的影响因素及分享比例，重点向做出突出贡献的科技人才和关键科研岗位倾斜。七是实施兑现相关环节操作要点，超额利润分享额在工资总额中列支，一般采用递延方式予以兑现，明确了不得继续参与超额利润分享兑现的 6 种情形及企业应终止实施的 5 种情形。八是监督管理相关环节操作要点，对建立健全超额利润分享机制监督体系提出了具体工作要求。

在传统的分配模式中，员工仅仅是作为一个成本项，除了股东，无论是经营者还是核心员工，都没有资格参与最后的可分配利润分享。在国有企业中，由于所有权和经营权的分离，传统的分配模式已经明显不合理。

超额利润分享机制的基本逻辑是员工先拿到了按劳分配所得，股东也先拿到了应得的股权成本，之后额外的利润由股东和核心员工分享。激励对象在没有持有公司股权的情况下，同样可以获得一部分利润的分红权。

按照这个逻辑，推行超额利润分享机制的企业在实现公司计划目标利润后，公司与相关利益贡献者共同分配超出的一部分利润，分享激励来源于超出目标利润的部分，不会挤压归属于股东的净利润，更容易获得股东的认可，处于充分竞争领域的国有企业可广泛参考使用。

所以，通过超额利润分享体现核心员工与公司共创价值、共享收益，既能够激发员工的工作动能和士气，又能够降低企业的管理监督成本。

国有企业由于其自身特点和管控模式，现金方式的激励（除了批准单列之外）都应该从工资总额中列支，而不是直接从利润中扣减分配。从这个角度来看，在国有企业推行超额利润分享机制是通过特定超额利润计算方法明确超额利润分享额，计入企业的人工成本。实际上是一种工资总额分配办法，是一种差异化薪酬的体现。

《操作指引》的出台，进一步丰富了国有企业中长期激励的"政策包"和"工具箱"，有利于指导、推动国有企业强化正向激励，健全市场化经营机制，有利于鼓励引导国有企业通过做大"蛋糕"、创造增量价值，完善内部分配、实现有效激励，有利于将激励资源向企业关键岗位、核心人才，特别是科技研发人员倾斜，充分调动其积极性、主动性和创造性，进一步提升国有企业的活力和效率，更好地实现高质量发展。

这是因为超额利润分享是一种基于利润增量的分配逻辑，明确企业需要产生的增量利润才能实施超额利润分享。国有企业要求实现国有资产保值增值，应该充分遵循增量激励原则。

企业在设定目标利润时，一般要与企业的利润考核目标达成情况比较，与企业的历史经营业绩比较，同时与本行业平均利润水平比较，充分体现高质量发展的要求。

超额利润分享是以结果为导向的激励机制，先有超额利润，后有激励分配，没有超额利润，就没有激励分配。这一属性决定了企业必须健康、稳定、可持续发展才能不断实施和兑现激励，所以，推行超额利润分享会促使企业提质增效，追求业绩利润不断增长。

第87问 国有企业超额利润分享政策及实施要义是什么?

《操作指引》对实施超额利润分享机制进行了系统说明,企业在推行时,应关注四个要点:三大应用原则、五条适用条件、三个基本步骤、四项目标基准。

一、三大应用原则

《操作指引》指出,企业实施超额利润分享时,需要把握战略引领原则、市场导向原则、增量激励原则。

战略引领原则,明确指出了超额利润分享机制在实施中,虽然计算基础依据是企业的年度利润,但这种机制并非年度绩效激励,而要和企业三年的战略规划紧密衔接。激励周期内各年度利润的实现是在公司规划目标明确、战略实施有序的前提下进行的,实施超额利润分享要为战略规划目标实现提供支撑保障,不鼓励企业追求年度利润快速拉升等短期行为。

市场导向原则,重点强调了超额利润分享机制产生作用的前提,是能否以市场作为核心的价值评价手段。实施超额利润分享的企业,应该是那些充分面向市场竞争的行业和业务,同时可以在市场上找到价格、成本等准确信号,从而完成市场角度的价值衡量。这也说明,如果有些企业和业务是以资源导向、牌照导向、内部计划导向为基本模式的,开展超额利润分享就需要谨慎论证。

增量激励原则,清晰界定了超额利润分享机制实施的基础条件是国有企业创造增量价值。企业创造增量价值,需要保证包括国有股东在内的所有投资者的资本保值增值,所以企业实现持续稳定盈利是前置条件。同时,增量价值的计量是建立在同口径可比的基础上的,所以需要对各种经营因素带来的口径尺度变化进行调整确认。

战略引领原则、市场导向原则、增量激励原则是企业实施超额利润分享机制需要把握的基本原则，一企一策的详细设计，都需要以这三大原则为基础。

二、五条适用条件

《操作指引》对实施超额利润分享企业的基本条件做出了五个方面的基本规定，分别是：

（1）商业一类企业；

（2）企业战略清晰，中长期发展目标明确；

（3）《超额利润分享方案》制定当年已实现利润以及年初未分配利润为正值；

（4）法人治理结构健全，人力资源管理基础完善；

（5）建立了规范的财务管理制度，近三年没有因财务、税收等违法违规行为受到行政、刑事处罚；

总体来说，这五条适用条件是从业务条件、财务条件和管理条件三个角度，对企业是否适合实施超额利润分享机制进行了规定。

业务条件方面，实施超额利润分享机制的企业和业务需要处于充分竞争领域，在主业划分中处于商业一类的范畴。同时，由于超额利润分享对于成熟期和稳定期的业务更具激励效果，对于处于初创期、业务整合调整期等的企业，需要谨慎开展。

财务条件方面，由于超额利润分享是以衡量企业年度会计利润为尺度的，因而要求企业具有一个充分满足会计核算、内部控制和财务管理要求的财务基础，并且相关财务数据要经过外部审计。同时，通过年初未分配利润和本年已实现利润的要求，规定了实施超额利润分享机制的企业，需要至少在两年以上的时间周期内保持盈利，处于扭亏、减亏状态的企业，难以纳入实施的范围。

管理条件方面，超额利润分享机制的实施贯穿了从战略规划年度分解，到公司年度预算和财务决算，再到绩效考核目标制定和达成的全部环节，是推动"战略规划—计划预算—绩效管理"这个典型管理闭环有效运转的重要激励工具，所以，与之配套的基础管理机制要健全和完备。特别是在战略管理、财务管理、人力资源管理这三个主要管理领域，企业需要具备完善的管理制度和闭环管理的能力。同时，企业整体层面法人治理体系建立健全，才能够更好地发挥战略制定、考核评价、薪酬激励的功能。总体来看，管理条件虽不像业务条件、财务条件是具体的、量化的，但仍是非常关键的基础性条件，企业需要在设计实施超额利润分享机制前充分评估，如果一些环节能力不足、体系不全，需要抓紧补齐、补强。

三、三个基本步骤

超额利润分享机制的实施，是通过前后连接的三个步骤完成的，也可以叫作"三步走"。具体来看，《操作指引》规定了三个关键性方案或细则文件：

第一步，制定和审批《超额利润分享方案》；

第二步，制定和审核《超额利润分享实施细则》；

第三步，制定和审核《超额利润分享兑现方案》。

这三个关键性实施步骤，在内容重点、前后顺序和审批程序上有明显差异。

《超额利润分享方案》是核心要点总纲，它以三年为一个激励周期，内容需要包括企业基本情况、可行性分析、确定激励对象的原则和标准、设定目标利润的原则和标准、分享比例、实施及兑现流程、约束条件和退出规定、监督管理和组织保障八个方面。通过这个方案的制订和审批，企业要明确实施超额利润分享机制的核心机理和关键要素，企业上级国有控股股东等审核单位要充分了解和评估未来三年企业实施该机制的模式、参数和预期效果。

《超额利润分享实施细则》的核心内容只有一项，那就是在实施超额利润分享机制周期内，在每年年初时明确当年的目标利润，从而作为当年超额利润的计量基础。由于在《超额利润分享方案》中，虽然已经对企业三年战略规划目标进行了分析描述，但是由于外部经营环境的变化，企业在每年年初预测确定当年目标利润才会更加科学准确，因而需要通过《超额利润分享实施细则》来进行规范和确认。在这个文件中，需要企业动态评估三年目标利润的完成情况，确定本年度目标利润的影响因素和确定原则，并将其与三年战略规划目标进行差异分析，确定当年激励和分配的具体规则。

《超额利润分享兑现方案》是在年度经营数据已经实现、企业完成业绩考核和财务审计后展开的，其主要目的是准确核算年度超额利润金额，并据此确定当年分享的总金额和每个激励对象的分配金额。因而，这个文件的核心内容是四项，分别是分析当年实施兑现的可行性、计算超额利润分享额、明确当年激励兑现方案，以及兑现后上报备案的相关安排。

可以清晰地看到，以上"三步走"在前后顺序上是紧密联系在一起的。《超额利润分享方案》的制定和审批是前提，这个方案将覆盖整个三年的激励周期；之后进入每年年初开展的《超额利润分享实施细则》的制定和审核工作；在完成当年实际经营，计算出会计利润时，也就是下一年的年初，进入《超额利润分享兑现方案》的制订和审核流程。为了进一步简化程序，《操作指引》规定，每年年初制定本年《超额利润分享实施细则》和完成上年《超额利润分享兑现方案》，可以根据企业实际情况合并在一起开展，同步完成。

从审批程序上看，三个文件的审批和审核是有所不同的。《操作指引》要求，在大多数情况下，《超额利润分享方案》需要逐级审核并上报至中央企业集团公司或者地方一级企业进行审批决策。如果中央企业或者地方一级企业是国有资本投资、运营公司，那可以进一步由其授权给所出资企业进行审批。《超额利润分享实施细则》和《超额利润分享兑现方案》的审核和批准，相关权限授予了实施企业的控股股东，可以按程序在每年年初进行，以缩短流程，提升效率。

四、四项目标基准

超额利润分享机制是否科学有效，关键取决于目标利润设定的科学性和合理性。《操作指引》对企业设定目标利润进行了"四个不低于"的规定，也被称为四项目标基准。具体来看，《操作指引》规定企业制定目标利润不能低于以下四个基准值的高者：

（1）企业的利润考核目标；

（2）按照企业上一年净资产收益率计算的利润水平；

（3）企业近三年平均利润；

（4）按照行业平均净资产收益率计算的利润水平。

目标利润确定采用了典型的"孰高"原则，是体现增量激励基本思想的具象化，同时也要求企业从三个方向进行增量价值创造。

第一个方向，企业制定目标利润要和历史纵向比。年度目标利润不能低于上一年度的利润水平，如果企业之前三年出现利润波动或者下降，那么本年度目标利润也不能低于近三年的平均利润水平。同时，利用上一年净资产收益率指标来进一步剔除企业净资产变动等外部因素对于利润的影响，增强数据可比性和一贯性。总体来看，超额利润分享的目标利润，要高于历史水平。

第二个方向，企业制定目标利润要和行业横向比。企业需要通过选择确定对标组、寻找行业净资产收益率数据等方式，确定可比同期、同口径下本行业其他企业的盈利水平。企业确定的目标利润需要超出同行的盈利水平，才算创造增量价值。

第三个方向，企业确定目标利润要和未来需求比。每一年度，国有控股股东直接、间接给企业确定的经营业绩绩效考核目标，是从股东角度进行的目标要求，企业需要先完成这一利润考核目标，然后新增的部分才可能属于超额利润分享的激励范畴。同时，虽然《操作指引》并没有对企业完成战略规划中当年规划利润值进行硬性规定，但在企业制定目标利润时，也要充分考虑三年规划利润目标的要求，如果产生不一致的情况，需要进行专门的差异原因说明。

"四个不低于"的目标利润设定原则是企业超额利润分享机制的关键阈值确定原则，也直接影响到这项中长期激励工具的科学性、有效性，所以需要反复试算、综合平衡。

第88问 《超额利润分享操作指引》有哪些创新和突破？

本轮国企混合所有制改革中长期激励机制政策体系，653号文中首次提出了"3+2+1"的中长期激励机制，即国有控股混合所有制企业员工持股、国有科技型企业股权和分红激励、国有控股上市公司股权激励政策，以及超额利润分享、项目跟投、虚拟股权等中长期激励方式，其中超额利润分享机制在国企改革三年行动方案中再次提及，《操作指引》的正式发布，为健全并促进更为灵活的运用中长期激励方式提供了新的政策依据。

梳理比较已经发布的国企混改相关中长期激励政策或方式，《操作指引》的适用性具有明显的特点。《操作指引》在适用范围、激励力度、激励对象、增量引导、动态调整五大方面突破性明显，具体如下。

一、适用范围更广

从《操作指引》的适用条件中可以看出，商业一类企业基本上都可以设计实施，其他治理等方面的限制都相对容易满足。由此可见，其适用范围更广。

（1）对股权设置没有限制要求。对比133号文员工持股，其对非公有资本股东及参与治理有硬性要求。而《操作指引》针对全资、控股、参股等国有或国有混合所有制企业均适用。

（2）对企业科技性质没有限制要求。对比4号文，其仅对国有科技型企业适用，股权和分红激励必须是国家高新技术企业等，而且对科研费用投入、科研人员比例等都有硬性要求。而《操作指引》适用于各类企业，并不一定具备科技创新能力。由此可见，《操作指引》更多地在引导放大国有资本的投资回报水平，而不是科技创新。当然，通过创新实现更大的价值增量也是鼓励支持的。

（3）对上市与否没有要求。相较于102号文等仅针对国有控股上市公司股权激励，4号文主要针对非上市公司，《操作指引》并没有要求必须为上市或非上市公司。由此推断，二者均可，尤其不可忽略的是国有控股上市公司也可以参考《操作指引》实施超额利润分享机制。

针对适用范围广的问题，除没有上述三方面限制外，最重要的是很多难以实施中长期激励的企业也可以依据《操作指引》设计实施，具体如下。

一是重资产类的企业，由于投资回报率普遍较低，很难实施股权类的激励，且大多并非科技型企业，这种情况下，只要通过规模扩大并保持ROE（净资产收益率）基本水平，也能很好地利用超额利润分享机制达到激励效果。

二是成熟并大幅增长不突出的企业，由于大幅增长空间有限，股权类激励很难落地实施，但若有很大运营效率提升空间的话，同样适合选择超额利润分享机制。

总之，一句话概括超额利润分享机制的适用范围：其他中长期激励模式适用的，超额利润分享机制也适用；其他中长期激励机制不适用的，超额利润分享机制大部分也适用。

二、激励力度更大

激励力度的大小当然是相对而言的，超额利润分享相对于国有科技型企业岗位分红来说，激励力度总体上更大，具体如下。

（1）从提取总额上限看，超额利润分享的总额为不超过超额利润的30%；而4号文规定，企业年度岗位分红激励总额不高于当年税后利润的15%。基数不同，如何能比较提取额度的大小？

其实，简单计算一下，当超额利润达到目标利润的100%时，出现临界点，即低于100%比例时，岗位分红提取总额较大；而高于100%时，超额利润分享提取总额较大。

由此可知，从提取总额看，增量利润完成越好，超额利润分享机制的激励力度相较岗位分红越大。

（2）从单体分享额度看，超额利润分享机制仅规定了公司班子成员的整体比例，虽对单个岗位激励额度有影响，但整体上并未限制激励上限。而4号文明确规定，激励对象获得的岗位分红所得不高于其薪酬总额的2/3，即单体岗位激励上限为岗位薪酬总额（不包括分红额）的67%。

由此，从单个岗位激励额度看，贡献突出的岗位可以达到更大的激励额度。

结合提取总额和单体岗位激励额度的比较，超额利润激励的上限理论限制很小，而岗位分红封顶要求相对更严。

三、激励对象放宽

超额利润分享的对象要求规定，一般与本企业签订劳动合同并工作1年以上，特殊兼职人员也可纳入激励范围，整体上，以岗位价值贡献为中心，激励对象进一步放宽，具体如下。

（1）超额利润分享将上级股东等兼职人员纳入范围。

《操作指引》规定，集团公司或控股股东相关人员在本企业兼职的，按其主要履职的岗位职责、实际履职时间等因素综合确定是否可参与本企业超额利润分享机制，且仅可在一家企业参与超额利润分享机制。即体现岗位价值创造特点，对企业发展有重要影响的上级集团或股东派出人员，同样可以参与超额利润分享。

（2）超额利润分享明确将营销、业务等核心骨干人才纳入激励范围。

《操作指引》规定，将对企业经营业绩和持续发展有直接重要影响的管理、技术、营销、业务等核心骨干人才作为激励对象。而4号文岗位分红中针对非技术人员的规定为主持企业全面生产经营工作的高级管理人员，负责企业主要产品（服务）生产经营的中、高级经营管理人员。虽然在实际操作过程中，两者的差异并不明显，但从政策的导向看，激励对象范围明显扩大。

总之，激励对象以体现岗位价值创造为导向，围绕此导向，对纳入超额利润分享的对象范围进行放宽。

四、增量引导明晰

《操作指引》中的应用原则明确提出增量激励，企业推行超额利润分享机制应以创造利润增量为基础，以增量价值分配为核心，实现有效激励。该原则如何在超额利润分享机制中体现？

（1）从分享额的来源看，全部源于超额利润的部分，以超额利润作为基数，不涉及存量利润的部分。

（2）从目标利润的设定看，"四个不低于"与历史业绩、利润考核目标、自己和行业净资产投入产出比，大幅排除了行业增长、增加资本或资产投入的影响等，更体现经营创造的增量，以增量分享收益。

（3）从兑现方式看，《操作指引》中明确了分期递延方式予以兑现，体现了中长期的整体增量，而不是短期的波动性增量，也间接强调了增量分享的要求。

五、动态调整客观

《操作指引》中，基于环境的复杂性变化及企业经营波动的客观性规律，融入了较多超额利润分享机制的动态调整机制，这并不是放松管理，而是更符合企业经营规律、市场化竞争规律等，具体如下。

（1）《操作指引》中的《超额利润分享实施细则》一年一定，尤其是关键的目标利润水平；而且，针对不可抗力或特殊情况，经控股股东同意，可对目标利润进行一次调整。

（2）《操作指引》中的兑现方式设立追回机制。其明确规定，计划期（三年）内企业净利润一般应保持稳健增长，若出现大幅递减或亏损，审核单位有权对上一年度超额利润分享额未兑现部分进行扣减，并对已兑现部分进行追回。

总之，超额利润分享机制覆盖其他中长期激励机制无法实施的范围或场景，以价值创造为导向，有增量有分享，无增量不分享。

第89问 如何正确把握超额利润分享的基本原则?

区别于大多数机制方面的操作指引,《"双百企业"和"科改示范企业"超额利润分享机制操作指引》(以下简称《操作指引》)增加了应用原则的部分,既是对《操作指引》内容的抽象,也是对《操作指引》导向的说明。

《操作指引》中十二字应用原则为"战略引领;市场导向;增量激励"。

一、战略引领:避免短期效应,匹配长期战略目标

《操作指引》在战略引领原则中指出,企业推行超额利润分享机制应以企业实现战略规划为目标,避免追求短期效应。核心要义是超额利润分享机制是中长期激励机制,不是年度激励或年度奖励,体现方式如下。

(1)目标利润确定时体现。目标利润不低于企业利润考核目标,而企业利润考核目标本身就是企业匹配于上级集团要求和本企业战略发展要求确定的。而另外"三个不低于"更体现了企业战略发展过程中相对于行业或竞争对手的竞争力水平。由此,目标利润确定体现了超额利润分享机制的战略引领性。

(2)兑现方式体现。一是采用递延方式予以兑现,分三年兑现完毕。延期兑现的方式使激励作用在实施期具有持续的作用,有效规避期间利润主观造成的波动性,极力保障战略发展的延续性;二是计划期(三年)内企业净利润一般应保持稳健增长,若出现大幅递减或亏损,审核单位有权对上一年度超额利润分享额未兑现部分进行扣减,并对已兑现部分进行追回。有关稳健增长的要求及追回机制,再一次强调了分享机制的战略性考虑。

在实践应用中,有利于企业战略目标的实现,在设计目标利润或兑现机制,以及进行必要性调整时都可以以此原则进行把握。

二、市场导向：要素配置引导，高效配置、高回报匹配

《操作指引》在市场导向原则中指出，超额利润分享机制要以要素市场化配置为导向，体现生产要素由市场评价贡献、按贡献决定报酬原则。核心要义是市场化的影响因素，包括业务是市场的、激励团队以最接近市场的对象为主等，体现方式如下。

（1）目标利润设定时体现。一是"四个不低于"中两项条款提到了净资产收益率计算的利润水平，即剔除由于资本性的投入带来的回报并不属于经营性努力的成果，将团队或人员的努力或能力影响的利润水平匹配得更直接充分；二是有关超额利润确定时，五个剔除项目和一个加回项目的计算要求，同样是在剔除非经营性工作对利润的影响，同样聚焦体现团队经营努力和能力的影响。

（2）激励对象确定方式体现。区别于很多机制以劳动合同关系为刚性约束，增加了集团公司或控股股东相关人员兼职情况下，确对公司经营利润有影响时，同时可以参加分享机制，体现市场导向。

（3）分享比例确定体现。有关确定分享比例中规定，企业高级管理人员（或经营班子）岗位合计所获得的超额利润分享比例一般不超过超额利润分享额的30%，其他额度应根据岗位贡献系数或个人绩效考核结果分配给核心骨干人才，重点向做出突出贡献的科技人才和关键科研岗位倾斜。一是防止高管团队的分配过度，难以体现集体贡献的成效；二是岗位需与考核结果挂钩，或重点突出关键贡献岗位，与贡献大小相关，与贡献重要性相关，再次体现市场导向。

实践应用中，对于确定岗位范围，以及确定范围后真正兑现方案的确定，调整原则及思路都可以以此为准则解决个性化问题。

三、增量激励：严格增量分享，严格高水平增量分享

《操作指引》在增量激励原则中指出，企业推行超额利润分享机制应以创造利润增量为基础，以增量价值分配为核心，实现有效激励。核心要义是既要考虑国有股东的权益增量，也要考虑国有股东的收益增量问题，体现方式如下。

（1）目标利润确定体现。"四个不低于"的目标利润确定要求，不仅要求有增量，而且要求高于自己的历史水平，高于行业水平的增量要求，体现增量激励最为突出，而不是有增长就一定有增量分享。

（2）分享额计提体现。有关"确定分享比例"中规定，年度超额利润分享额一般不超过超额利润的30%。该计提方式完全与存量利润区分，即所有分享额来源于全部的增量部分，体现增量激励最为直接，而没有任何存量计提并分享的可能。

（3）追回机制体现。文件中提到，若出现大幅递减或亏损，审核单位有权对上一年度超额利润分享额未兑现部分进行扣减，并对已兑现部分进行追回。该要求实现了整个激励期的增量要求，若企业经营出现较大的波动性情况，整个实施期出现增量不明显或倒退的情况，可以启动该机制，从而直接规避短期主观操纵的情况，体现增量激励的底线思维。

实践应用中，应该严守实施期整体增量的底线控制思维，在此基础上，才可以考虑增量激励的程度或水平。

综上所述，超额利润分享机制看似是简单的激励方式，但要想用对、用好、用足，真正起到中长期激励的目标，确需要深刻理解"战略引领；市场导向；增量激励"的十二字要义，把握本质，助力企业活力和动力提升。

第90问　制定目标利润需要考虑哪些关键因素？

结合对《操作指引》的整体理解，实施超额利润分享最关键的内容就是目标利润的确定，其直接影响到以下两方面。

激励的程度和水平。定低了可能激励过度，定高了可能激励不充分。

合规性风险控制。"四个不低于"是底线，任何针对这一底线的突破都面临实质性的合规性风险。

由此，在设计实施本企业的超额利润分享机制时，无论是方案设计还是方案决策审核过程，都需要对目标利润的确定原则或标准进行严格性管理，建议"严控政策底线，匹配战略要求"。

一、严控政策底线

如何理解"四个不低于"的目标利润确定要求？其实，对很多企业而言，该条件已然比较严格，这也是防止泛化使用该激励机制的主要控制要求，让真正创造增量利润的企业享受增量成果，而不是让有利润贡献或低水平的利润贡献的企业可以享受增量成果。

（1）体现战略导向要求。不能低于利润考核目标，并与战略发展要求匹配。

（2）体现经营对利润的影响。不能低于上一年度净资产收益率计算的利润水平，即剔除由于资本性投入产生的或直接导致的利润变动，体现经营团队主观努力和能力水平决定的利润成果。

（3）体现持续增长贡献。不低于近三年平均利润，而不是分享高水平经营下的存量利润贡献，激励更多的增量创造。

（4）体现国有资本配置水平。不低于行业平均净资产收益率计算的利润水平，追求的超额利润不是低水平的超额，而是高水平的超额，即同样的国有资本配置水平，能够创造高于行业水平的利润增量。

从"四个不低于"的计算和控制难度看，前三个"不低于"容易界定或计算，而第四个"不低于"使对标组的选择和计算，以及决策控制面临一定的挑战。第四个"不低于"如何对比确定？

第四个"不低于"建议围绕"强调公允性，关注科学性"开展，具体步骤如下。

第一，选取对标组。一是对标组数据来源要公允。如通过中国证监会发布的《上市公司行业分类指引》（2012年修订）或国务院国资委考核分配局编制的《企业绩效评价标准值》，以及国家统计局和相关行业协会定期统计和发布的行业数据，关键是保障数据有公允性和公信力。二是对标组的对象选择是否恰当。如若按中国证监会发布的《上市公司行业分类指引》（2012年修订）分类选择，或按中国证监会第一季度公布的行业分类结果，选取对应类全部上市公司数据，或选取与公司规模或发展阶段等更为匹配的部分上市公司个案组作为对标组。

第二，净资产收益率的计算。若选择的对标数据来源直接公布了行业净资产收益率，直接使用即可。如国务院国资委考核分配局编制的《企业绩效评价标准值》直接给出了可参考的行业数据，直接取平均值即可。若选择的对标组数据仅有各个企业的数据，在计算净资产收益率时，建议以净利润的和与净资产的和计算净资产收益率，而不是直接计算净资产收益率的简单算术平均数，在综合考虑资产规模等权重基础上计算的净资产收益率更具对比科学性。

第三，特殊事项处理。若选择以多个个案企业作为对标组计算净资产收益率，当个案数量较少时，建议剔除部分异常的数据，如明显大或明显小的数据，这样更能体现科学性。

二、匹配战略要求

目标利润确定的"四个不低于"仅规定了目标利润的最低要求，并不直接代表已经确定目标利润。明晰"四个不低于"的最高者后，目标利润值是否还需要进行上调？建议考虑以下几个因素进行必要的上调操作。

（1）是否处于快速成长期。如由于行业快速成长且企业收益规模基数较低，从战略发展角度需要快速发展壮大等情况。

（2）是否具有相对明确的市场空间。如由于阶段性行业政策影响，或系统内部关联业务市场空间相对明晰等，从市场的角度看已经有明确的增长空间等情况。当然，这部分也必须是通过市场化竞争才能取得的市场空间，而不是行政性指定就可以获得的市场。

（3）是否具有技术创新性促发的市场空间。如由于技术的突破或创新，带来可预见的相对清晰的市场发展空间，从创新突破的角度看有较大的发展空间等情况。

综上所述，超额利润分享机制的确因其适用范围广泛可能成为很多国有企业推动中长期激励机制最重要的选择之一。但从目标利润确定的角度看，激励确实需要，但还是要防止成为"福利"，让真正创造增量价值的企业核心团队或人员共享发展成果，真正起到激励的作用。

第91问 计算超额利润需要关注哪些问题？

针对超额利润的计算和确定，《操作指引》明确提出了"5+1"的规定要求，即5个剔除因素和1个加回项目，那么在具体操作时，如何理解这些处理要素？应该注意哪些内容？

一、5个剔除因素的理解与处理

《操作指引》在确定超额利润时，提出了5个剔除因素：

一是重大资产处置等行为导致的本年度非经营性收益；

二是并购、重组等行为导致的本年度利润变化；

三是会计政策和会计估计变更导致的本年度利润变化；

四是外部政策性因素导致的本年度利润变化；

五是负责审批的单位认为其他应予考虑的剔除因素。

（一）剔除因素包含正反两个方向

可能很多国有企业在看到这5项剔除因素时，往往单方面理解为对超额利润的调低影响。其实，仔细看来，外部因素造成的非正常经营导致的收益或利润变化，大多数可能是增加利润水平，但还存在很多情况是减少利润水平。由此看，若由于非经营性因素导致利润水平降低，同样可以调高超额利润，从而达到客观反映经营性产生的利润水平的目标。

（二）剔除因素中涉及主要事项理解

（1）重大资产处置问题：主要涉及非经营性收入的部分，尤其是由于土地、房产、大型装备等涉及金额较大的资产处置收益。

（2）并购、重组问题：主要涉及收并购、分拆处理等，以及业务的重组整合（划入或划出）等的问题，导致合并报表中收益发生变化的情况。

（3）会计政策和会计估计问题：主要涉及税收、折旧、收益确认等政策，以及减值准备、坏账处理等会计估计方面的变动。

（4）外部政策因素问题：这里所说的外部政策并不是指正常的政策变化，也不能简单理解为由于政策变化导致竞争性行业市场放大或缩小的变化，而是外部政策直接给予或行政性强制等政策导致的市场变化，进而影响到利润水平变化，需要因地制宜处理。

（5）其他剔除因素：围绕一个词判断，即"非经营性"，不是由于正常经营努力而导致或影响到的收益变化。

(三) 剔除因素中涉及主要事项要全部剔除吗

该问题建议还是要从整体上把握要义，本质上剔除因素是极力减少由于非经营性行动导致的对利润水平的影响。所以，在处理涉及相关条款的具体事项时，建议考虑对利润水平的影响程度，对于剥离计算复杂且影响总额很小的情况，还是建议综合考虑计算成本和影响水平，酌情进行处理。

二、1个加回项目的理解与处理

《操作指引》在确定超额利润中，提出了1个加回项：对科技进步要求高的企业，在计算超额利润时，可将研发投入视同利润加回。

(一) 研发投入加回项的意义

研发投入的加回与当前鼓励国有企业技术创新的整体政策导向保持一致。其充分借鉴了《中央企业负责人经营业绩考核办法》有关经济效益计算时研发投入加回的处理思想。为鼓励国有企业创新，尤其是针对创新驱动突出或创新意愿强烈的企业，鼓励技术创新的同时，有效保障超额利润分享的激励作用。

对科技进步要求高的企业一般包括：

（1）"双百企业"及"科改示范企业"；

（2）转制院所企业、国家认定的高新技术企业；

（3）高等院校和科研院所投资的科技企业；

（4）国家和省级认定的科技服务企业；

（5）以科技进步为导向，且能够实现过去3年研发费用逐年增加、上一年度研发费用占当年营业收入在3%以上的企业。

(二) 研发投入加回的处理方式

企业若处理研发投入的加回问题，就涉及研发投入的归集和计量，目前也有配套的政策支持。根据财政部《关于修订印发合并财务报表格式（2019版）的通知》（财会〔2019〕16号）的要求，合并报表中已有明确的"研发费用"科目，若不存在其他复杂性情况，可以以此科目进行研发投入的归集计量并加回。若出现其他专项研发投入等情况，可结合相关专项政策要求进行加回处理。

有关超额利润确定过程中的剔除或加回处理，核心是围绕"非经营性"进行界定和处理，真正体现主观经营努力实现的利润，而不是其他非经营性因素影响的利润部分。

第92问 确定超额利润分享比例需要关注哪些问题？

从《操作指引》中可以看出，超额利润分享绝对额无论从分享总额还是岗位分享额来看，原则上是没有上限约束的。但从管理客观性角度和现实操作性角度来看，综合考虑激励的最优效用，还是需要在满足合规性的基础上，科学合理地处理分享比例的问题。

因为，虽然分享额上限本身无约束，但政策中规定，超额利润分享额在工资总额中列支，在没有完全配套的市场化工资总额决定机制的情况下，一定程度上还是受到工资总额与企业效益联动机制健全程度的影响。

从《操作指引》中可以看出，分享比例的确定主要涉及两大项，一是整体的年度超额利润分享额，二是岗位超额利润分享额。

一、年度超额利润分享额

（一）整体分享比例的确定

根据《操作指引》规定，年度超额利润分享额一般不超过超额利润的30%。那么，各个企业在具体确定比例时，应该考虑哪些因素？

因素1：占企业整体净利润的比例。

对比岗位分红的总额上限，当超额利润达到目标利润的100%时，按30%计提超额利润分享额，若与岗位分红规则对比，就已经达到了净利润的15%的上限。企业可以以此作为一个重要的参考系，进一步考虑激励的放大额度，并具体确定计提比例或计提总额，适度约束上限。在前期模拟测算过程中，结合适度约束的要求，最终确定绝对额的上限。

因素2：占工资总额的比例。

鉴于目前超额利润分享额仍要求从工资总额中列支，所以在确定计提比例或计提总额时，要充分考虑工资总额的增长幅度，以及可能统筹解决的空间。激励力度要有，但也要预防激励过度的问题。

（二）整体分享比例的计提方式

根据《操作指引》规定，企业可以在《超额利润分享方案》中针对不同业务特点，确定差异化的超额利润分享比例。具体可采用统一比例或累进计提等不同方法。那么，有关固定统一比例和累进计提的方式有何差异，如何选择？

统一比例计提的优势是计算相对简单，但相对于累进计提的方式而言，无法实现调节性功能。相反，累进计提的方式较统一比例计提在计算或操作时稍微复杂一点，但可以有效落实一些调节的功能。

累进计提方式是通过分段的形式计提，可以有两种方式设计，一是计提比例由大到小设计，即利润超额部分越多的一段，计提比例应该越小；二是计提比例由小到大设计，即利润超额部分越多的一段，计提比例应该越大。两种方式达到的管理调节效果各有差异，具体如下。

1. 由大到小的累进计提方式

在该方式下，一方面，可以促进目标利润值的确定更为准确，而不是越小越好。因为越接近目标利润的部分计提比例越大，同样的利润段，目标利润值大时，更容易接近目标利润值，计提的额度会更大。另一方面，可以进一步引导稳定的利润增长，规避短期效应。因为只有稳定增长，才有利于超额分享绝对额的提高，激励力度才越能得到保障。

2. 由小到大的累进计提方式

在该方式下，鼓励各年度尽量做大超额利润，超额利润越多，超额利润分享额度会越大。与由大到小的方式比较看，对目标利润确定的科学性提出了更大的挑战，即在目标利润的确定过程中，需要尤其关注因不确定性造成的重大影响，可能出现较大的波动性。

二、岗位超额利润分享额

有关岗位超额利润分享额，《操作指引》规定，企业高级管理人员（或经营班子）岗位合计所获得的超额利润分享比例一般不超过超额利润分享额的30%，其他额度应根据岗位贡献系数或个人绩效考核结果分配给核心骨干人才，重点向做出突出贡献的科技人才和关键科研岗位倾斜。

（一）为什么规定了经营班子的整体比例而没有规定岗位比例限制

这其实与"价值创造"导向是匹配的。一是只要有足够的价值创造就应该对应多分享超额利润，不应该仅仅偏向于管理层，更应该体现公平性，其他岗位应该被同等对待；二是超额利润分享机制更倾向于一线岗位或员工，尤其是既能够创造短期价值，又能够影响长期价值创造的科研人才或科研岗位。激励的导向性更为突出明显。

（二）单个岗位或人员并不设上限约束，是否应该完全不设约束

类似于超额利润分享总额度的适度约束性说明，虽然政策上对于岗位超额利润分享额并无约束，但同样考虑到激励的效果，还是有必要进行适度的岗位激励上限约束。具体的约束水平要充分结合企业的实际情况在测算基础上确定。

具体的约束性基点同样可以将岗位分红有关岗位三分之二的激励力度作为参考系数进行调节确定。需要强调说明的是，政策上对于超额利润分享总额和岗位超额利润分享总额是无上限限制的，即有足够的空间。建议企业可以考虑进行适度的上限约束，这完全是基于激励的力度、激励的延续性等激励效果考虑的，同时可以有效规避因主客观不可控因素导致的目标利润确定偏差过大，从而无法控制的预期结果。

基于价值创造，激励充分，拉开差距；基于有效控制，激励有度，确保兑现。

第93问 如何确定关键岗位核心人才的超额利润分享激励？

激励分配是涉及员工切身利益的"大事"，尤其是国有企业，市场化薪酬改革还在逐渐摸索，如何确定哪些岗位参与超额利润分享，每个岗位的分享比例又如何确定，才能有理有据，让人信服？实操中应该把握三个核心要点。

一、价值创造决定关键岗位

超额利润分享激励对象的选择应该向一线岗位倾斜，向企业价值创造者倾斜。激励对象应该是企业内部直接产生业绩价值的岗位员工，包括但不限于管理、技术、营销、业务等岗位的核心骨干人才。《操作指引》中强调，重点向做出突出贡献的科技人才和关键科研岗位倾斜。

企业利润的达成是诸多岗位人员共同努力的结果，在选择激励对象时，应聚焦在核心高管层，同时，影响利润的核心岗位都应纳入激励范围内，同股权激励工具一样，应该有明确的定岗选人标准。

企业在确定激励岗位时，要以岗位业绩贡献系数为基本依据。其实，企业需要有一定的岗位评价的基础数据，例如，做过岗位价值评估，岗位价值评估的方法有很多种，企业可以根据自身特点选择。与股权激励确定岗位贡献系数类似，在岗位价值评估的基础上，还应该进行多因素分析以确定岗位贡献，如历史贡献、未来贡献等。

企业在制定《超额利润分享方案》时，就要确定拟纳入激励范围岗位的确定原则，而且应以公示、召开职工代表大会等方式听取职工意见，履行企业内部民主决策程序。

二、价值评价指标明确可量化

实施超额利润分享机制，企业在确定激励岗位时，以岗位贡献系数为基本依据。在兑现超额利润分享额时，要以个人绩效考核结果为依据。业绩考核结果是否能让人信服，关键在于业绩指标的合理性和可量化。业绩指标的设定又与企业经营业绩目标强关联。

通过企业经营业绩考核，客观、公正、准确地判断企业的实际经营水平和成果，评价经营者的贡献，促进企业改善管理，提高企业的整体效益是业绩考核的核心问题。而在这其中，业绩考核指标的确定又是这个核心问题的关键所在。国有企业业绩考核指标目前仍存在持续优化的空间，在超额利润分享机制这个范畴里梳理出简单的逻辑，即设定的目标利润决定业绩考核指标，业绩考核指标关系到个人绩效考核结果。

从国有企业业绩考核的指标体系来看，主要还是围绕企业自身的纵向比较，即企业制定目标和完成情况的比较。实施超额利润分享要求企业不仅跟自己比，还要横向与行业内的其他企业比。因为从股东的角度出发，如果这个企业没有达到行业平均的净资产收益率水平，那么为什么要投资这个企业，而不投资行业内其他收益率更高的企业？

在行业内横向对比，需要确定行业对标组，可以综合参考国内外本行业上市公司数据、行业统计数据，以及国家统计局和相关行业协会定期统计和发布的行业数据等。应注意选择发展阶段相同、规模相当、处于同一产业生态下的企业，这样才具有可比性，目标利润数据才能让人信服，与激励对象沟通考核指标时才更容易达成共识。对标组选取依据、范围等情况应在《超额利润分享方案》中说明。

企业业绩考核指标（包括目标利润水平）合理制定后，可采用战略地图分解，依据流程从市场端向研发、支持端进行传递，以明确每个岗位的考核指标。在岗位员工的业绩考核评价环节，应以工作业绩、工作任务完成情况综合评价作为具体实现载体，采用岗位与部门相结合的方式。当然，也可以借鉴行业内成熟的考核评价体系，为超额利润分享激励的实施提供有理有据的支撑。

三、价值分配决定个人所得

在明确超额利润分享激励对象和超额利润分享总额后，需要进行激励对象内部超额利润分配。超额利润分享的比例完全取决于是否与本企业匹配，激励对象内部超额利润分配比例则要确保个人最终分享金额与绩效成绩，以及自身岗位价值密切相关。常见的内部超额利润分配方法有两种，一种是以岗为基础，一种是以人为基础。以岗为基础是指以激励对象的岗位价值系数为基础确定分配系数，以人为基础是指根据激励对象或团队的绩效确定超额利润分享比例。

（一）以岗为基础

以岗为基础，如将岗位按照两类人群分类，一类为高管，一类为核心员工，企业高级管理人员（或经营班子）岗位合计所获得的超额利润分享比例一般不超过超额利润分享额的30%。每类人群中个人的分享金额提成基数为所在类别的超额利润分享金额，为保障个人贡献度大小与实际收入的高度相关，需要将个人最终分享金额与绩效成绩、自身岗位价值紧密挂钩。企业可根据薪级系数制定各超额利润分配资格岗位的分配比例，得出各超额利润分配资格岗位的提成基数，从而根据个人绩效确定该岗位的个人分配额。

（二）以人为基础

根据个人薪级系数并结合工作胜任情况，由公司确定各个参与分配人员的超额利润分配基数，再将当期超额利润分配基数与个人绩效系数挂钩，得出个人超额利润分配金额，其中个人绩效系数与个人绩效、团队绩效、组织绩效直接相关，对三大系数设置个人影响占比，且三大系数占比总计达100%，根据个人影响占比及三大考核系数，计算出个人绩效系数，将个人与组织利益进行捆绑，共同为实现组织目标努力，具体算法如下：

某人提成基数＝超额利润分享包 × 某人商定分配占比

某人超额利润分配额＝某人提成基数 ×（个人绩效系数 × 个人贡献占

比＋团队绩效系数 × 个人团队贡献占比＋组织绩效系数 × 个人组织贡献占比）

其中，个人贡献占比＋个人团队贡献占比＋个人组织贡献占比=100%，此方法在集团公司高层及项目公司中适用。但由于操作复杂，难以客观界定，故在实际操作中建议使用第一种方式。

一般每一期的激励人数不超过企业在岗职工总数的30%。具体分配时，也可参考股权激励的个人分配原则，从岗位层级、岗位贡献等角度进行分配。

第94问 "超额利润分享"的"利润"如何理解?

《操作指引》作为国企进一步深化中长期激励改革的政策工具，一经发布就引发很多国有企业的高度关注。一些企业摩拳擦掌、跃跃欲试，一些企业反复研读、深入思考，继续用足、用好国企改革政策工具的能量进一步汇聚。

如果把这个指引政策的内容深入研读几遍，就能感受到，超额利润分享机制的实施落地其实并不如想象的简单。或者说这件事刚开始感觉是特别容易的，但是，如果深入思考实施落地细节的时候，可能会发现仍有不少需要解决的概念和方法问题！

这其中可能需要回答的首要问题是：超额利润分享机制当中的这个"利润"到底是什么，怎么界定？

之所以说这是首要问题，是因为如果"利润"边界没搞清楚，那么企业实施激励的目标导向就不清楚，超额利润就没法准确得出，甚至利润这个基础指标的财务统计都会出现偏差。

所以，首先来理一理"利润"这个词，深入理解一下在超额利润分享机制中的"利润"概念。

一、单体利润还是合并利润

国有企业当中的很多成员都已经发展成为多投资层级、多业务类型、多级法人组织的大中型企业或者集团公司。那么，从会计核算的角度来看，就出现了单体企业利润和集团合并报表利润。怎么在超额利润分享机制设计实施过程中理解和区分这两种利润？

解答这个问题，要从两个层面进行。

第一个层面，《操作指引》是以市场导向、增量激励为基本原则的激励工具，所以主要的激励对象是直接创造利润增量的企业一线组织单元，对于没有经营职能，不直接从事业务，只有管理职能部门的控股型集团母公司来说，是不适合直接开展超额利润分享的。

所以，对于这样的母公司，其单体母公司报表如果没有直接创造的经营利润，那么并不建议采用包括了很多下属投资企业经营业绩的合并报表利润展开超额利润分享。

第二个层面，如果一家国有企业从事经营业务，也有很多下属投资子公司，就像很多国有上市公司一样，那么单体会计报表和合并会计报表的区分使用，总体标准如下。

超额利润分享机制如果针对具体的下属企业进行设计实施，就要以这家企业的单体会计利润为基础。

超额利润分享机制如果是针对多层级经营性集团公司整体来设计实施的，那么集团公司这个组织层次更适合应用合并利润数据。

同时，如果超额利润分享机制要覆盖多个层次、多个业务线条，建议在不同的组织单元采用差异化的利润确定口径，以真正体现责任权利对等的基本原则。

总之，无论企业最终采用单体报表利润还是合并报表利润，都要和激励对象的价值贡献直接绑定，这样才能实现激励到位、精准有效的初衷。

二、子公司利润还是分公司利润

《操作指引》指出，激励对象为对企业经营业绩和持续发展有直接重要影响的管理、技术、营销、业务等核心骨干人才，这条规定充分说明了该激励工具需要向一线倾斜、向关键岗位倾斜、向价值创造者倾斜。

对于国有企业权益激励工具来说，公司需要有清晰的产权作为保证，才能界定股权并确认股权价值，所以实施的企业必须是独立法人单位。对于超额利润分享机制这种现金类中长期激励工具，是不是必须使用在企业法人层面？分公司、事业部这样的经营组织能不能采纳使用？

从政策和实践两个维度来看，都是可行的。

超额利润分享机制是从近些年国有企业改革实践中总结而来的，在这些已经局部展开的案例中，很多企业都把实施的重点放在包括分公司和事业部在内的一线基层经营单元当中，因为这些组织才是直接创造价值的。

从会计核算来看，如果一家国有企业下属的分公司或者事业部成为单独的会计主体，实现独立财务核算，出具分公司或者事业部的财务报表，并且展开年度财务审计，分公司或者事业部就基本具备实施超额利润分享的条件。

当然，分公司或者事业部可以作为实施超额利润分享的单元，但是却不能独立设计这个机制，因为它没有完善的治理结构，所以必须由其上级公司整体设计、具体实施，这也是在《操作指引》中提出，实施企业条件之一是"法人治理结构健全"的原因。

三、利润总额、净利润还是归母净利润

《操作指引》中规定：企业设定目标利润时，可以根据实际情况选取利润总额、净利润、归母净利润等指标。

那么，不免有问题出来，什么时候用利润总额？在哪些情况下选择净利润或者归母净利润？

先简单一句话说说总体原则，那就是当超额利润分享是针对单体企业使用单体会计报表的时候，采用利润总额较为适合；当针对一个大中型多级法人企业，必须采用合并报表口径的时候，采用净利润或者归母净利润更为妥当！具体说明如下。

单体企业用利润总额，是因为超额利润分享机制的操作是计入工资总额和人工成本的，所以需要在企业年度所得税计算前完成。同时利润总额可以直接衡量出企业各个单元的价值创造能力，是一个有效的标尺。

当一家大中型企业采用合并会计报表计算超额利润时，很多情况下采用净利润或者归母净利润指标更可行。这是因为虽然可以将下属企业的利润总额和净利润金额都合并上来，但是超额利润分享是要实实在在拿出一部分来激励员工的，对于母公司来说，子公司创造的利润必须要在全额缴纳所得税后，才能变成母公司的增量收益，才可以进行增量分配，所以这个时候，合并净利润口径就显得更好一些。

如此推理，如果一家大中型企业的下属子公司里面有不少合资型、多元

股东型的投资企业，那么国有股东能够用于支配的增量收益就不只是下属企业的净利润，而要进一步扣减其他股东的收益部分，最后以归母净利润为衡量依据。

因而，企业在设计超额利润分享机制时，需要根据公司组织架构和会计核算特点，因企施策、适当选择。

四、年度利润还是规划利润

《操作指引》规定，分成三个步骤完成机制的实施落地工作。在《超额利润分享方案》中进行对未来三年激励期的规划利润目标设定，在《超额利润分享实施细则》中进行对当年目标利润的设定。

这两个步骤中都涉及目标利润设定，那么它们是什么样的关系？这个问题的答案，从三个角度展开。

第一，规划可行。在《超额利润分享方案》中确定的三年发展规划和对应的财务目标，不能是天方夜谭，必须实实在在可以执行落地，并且具有完成的资源保障，真正可行。这就需要企业全面分析之前三年的经营情况、现有的资源能力和未来的业务前景，在满足股东战略目标整体要求的条件下，科学测算出未来三年的收入、成本和利润目标。

第二，年度优化。《超额利润分享实施细则》规定在每年年初确定当年企业目标利润，充分体现了实事求是的原则，给予企业根据年度外部环境变化来调整经营策略，进而优化财务目标的空间。年度目标利润的确定，是在三年规划值的基础上进行的优化调整，可以保持一致，也可以适度加快或者适当延后，但不能另起炉灶，和规划目标南辕北辙。

第三，合理解释。当三年规划目标利润和年度目标利润出现差异时，企业需要充分说明变化的原因和理由。这项工作虽然烦琐，但却很必要，这其实是一种论证和思考的过程，能够保证目标利润确定这个核心工作更具科学性，减少主观因素的干扰。

所以，关于年度利润和规划利润的关系，可以简单归纳为：先长后短，先有后优，保持方向，合理调整。

第95问 如何确定企业是否符合超额利润分享的实施条件？

很多国有企业在超额利润分享方案设计过程中，都遇到了很多实操的问题，这些问题有的很有代表性。

集团公司总部是否可以推行超额利润分享？

关联交易占比高是否可以推行超额利润分享？

企业减亏、扭亏是否可以推行超额利润分享？

这些问题都是涉及企业实施条件的，根据《操作指引》规定，超额利润的实施条件主要有以下五大方面。

一、超额利润的实施条件

（一）商业一类企业

根据《国资委 财政部 发展改革委关于印发<关于国有企业功能界定与分类的指导意见>的通知》（国资发研究〔2015〕170号）对国有企业的划分标准，以及集团公司内部企业或产业分类要求，企业主业处在充分竞争行业和领域，具备充分市场化发展的空间，可以实施超额利润分享。

（二）企业战略清晰，中长期发展目标明确

企业具有清晰的中长期发展路径，并制定出企业中长期发展规划。《操作指引》中明确规定，企业推行超额利润分享机制应以企业实现战略规划为目标，避免追求短期效应。

推行超额利润分享机制的企业必须具备清晰的中长期战略发展规划（时间至少为3～5年），内容至少应包括但不限于战略定位、中长期发展目标、战略实施路径等。若企业目前还未有针对自身实际、有前瞻性、有针对性，并且能够有效落地的战略规划，不建议实施超额利润分享机制改革。

（三）《超额利润分享方案》制定当年已实现利润及年初未分配利润为正值

《操作指引》中明确规定，推行超额利润分享机制的企业应具备条件之一为《超额利润分享方案》制定当年已实现利润及年初未分配利润为正值。

是否满足该条件并能够实施超额利润分享机制？企业根据自身已审计的财务报告数据判断即可。基于增量激励原则，超额利润分享实施的基础是企业产生利润增量贡献，因此，超额利润分享不适用于减亏、扭亏条件下的企业。

（四）法人治理结构健全，人力资源管理基础完善

在企业自身股权结构清晰的情况下，需要完成董事会建设，且外部董事占多数，配套治理体系文件健全，初步形成以董事会为决策中枢的治理体系。

在企业自身股权结构清晰的情况下，初步完成法人治理结构的搭建，由控股股东委派执行董事对企业进行管理，由执行董事经上级委派方的授权对企业整体领导班子进行考核。

以上两种企业内部独立核算的法人单位、分公司、子公司或事业部，也可以单独进行超额利润分享（由所在企业、控股股东方全程组织实施）。

按照国家或集团规定要求，形成规范的内部管理制度体系。人力资源制度基础完善，各岗位职责明确，权责划分清晰，各项人力资源制度均已完备，岗位体系建设健全，岗位人员流动机制有效。

（五）建立了规范的财务管理制度，近三年没有因财务、税收等违法违规行为受到行政、刑事处罚

企业已建立有效的企业财务内部控制系统，已具有完善的财务分析体系。近三年未收到有关财务、税收等行政主管机构，以及国有资产监督管理机构等违法、违规、违纪的相关文件。

此外，《操作指引》中还隐含了两个额外的适用条件。

1. 有连续三年的财务数据

在设定目标利润时，《操作指引》要求不低于企业近三年平均利润。也

就是说新设企业（若没有连续三年的财务数据）一般不建议实施超额利润分享机制。基于企业存续期较短，可能存在发展波动，业绩表现不够稳定的情况，超额利润分享机制对于业务成熟稳定的企业激励效果更好。对于经营期较短的初创企业，处于业务转型期、重组整合期等特殊阶段的企业或者经营状况波动较大的企业，要谨慎开展。

2. 关联交易保证公允性、合理性

如果企业的业务处于集团公司整体业务的某些环节，由此产生内部关联交易，并对企业经营成果产生重要影响，实施超额利润分享时，集团公司需要对关联交易进行公允性、合理性审定。审定时把握的基本原则需包括：内部关联交易对集团公司整体业务价值创造的必要性，内部关联交易对应的产品、服务有明确的市场价格标准和定价机制，内部关联交易的核算参照市场价格进行等。

根据以上实施条件的说明，就可以回答开篇的三个常见的问题。

二、集团公司总部是否可以推行超额利润分享

集团总部，或者作为区域协调管理的小总部，是否可以推行超额利润分享？这个问题不太好回答。因为这些总部里面都是领导和职能部门，那他们对价值创造没有贡献吗？当然有了，但是这个贡献不直接，更不好衡量。

超额利润分享机制的特点是倾向于重点鼓励直接创造超额业绩的团队。对于控股型集团公司总部、区域协调管理机构（小总部）等不直接从事生产经营、不直接产生经营业绩的组织单元，建议应谨慎推行。

但是，当下属组织单元不具备实施条件的，如法人治理不健全等，也可以由上级法人主体（如小总部）申报超额利润分享方案。方案中针对每个下属组织单元独立制订子方案，明确目标利润及提取比例等。避免以法人主体核算，导致不同项目的利润增减在公司内部相互抵消的情况。

三、关联交易占比高是否可以推行超额利润分享

企业关联交易比较多，再极端一点，企业的经营全部来自关联交易，是

否可以推行超额利润分享?

这是一个非常现实的问题，因为太多的国有企业在自己集团内部存在关联交易，如果有关联交易就不能做超额利润分享，那么很多优秀的企业将不能使用这个工具，超额利润分享的适用条件，只要求是商业一类企业，并没有要求企业营业收入主要来自外部市场。

所以，关联交易占比高的企业是可以推行超额利润分享的，但是要有理有据，应该满足三个要求：内部关联交易对集团整体业务价值创造是必需的；内部关联交易对应的产品、服务有明确的市场价格标准和定价机制，内部关联交易的核算参照市场价格进行；集团公司需要对关联交易进行公允性、合理性审定。

以上内容，要在三年期的超额利润分享方案中进行详细说明。

四、企业减亏、扭亏是否可以推行超额利润分享

《操作指引》中明确规定，《超额利润分享方案》制定当年已实现利润及年初未分配利润为正值。所以亏损的企业是可以推行超额利润分享机制的。

同时，基于增量激励原则，超额利润分享实施的基础是企业产生利润增量贡献。所以减亏、扭亏的企业应该在实现盈利之后，再考虑推行超额利润分享。

第96问 如何确定超额利润分享的激励对象？

《操作指引》规定，激励对象一般为与本企业签订劳动合同，在该岗位上连续工作1年以上，对企业经营业绩和持续发展有直接重要影响的管理、技术、营销、业务等核心骨干人才，且一般每一期激励人数不超过企业在岗职工总数的30%。

集团公司或控股股东相关人员在本企业兼职的，按其主要履职的岗位职责、实际履职时间等因素综合确定是否可参与本企业的超额利润分享机制。合乎条件的仅可在一家企业参与超额利润分享机制。实施超额利润分享机制的企业，一般不在同期对同一对象开展岗位分红等现金类中长期激励机制。

企业实施超额利润分享方案时，需要明确年度超额利润分配的具体岗位，此时确定的是岗位而非具体个人。建议从企业价值链主要经营活动部门进行选岗，或者基于企业岗位设置情况进行内部岗位价值评估，根据内部岗位价值评估结果进行选级定岗。具体岗位价值评估模型参照相关问题中的岗位价值评估模型。具体激励对象，可以参考以下岗位。

一、公司经营班子：战略决策岗位

（一）董事长（执行董事）

董事长（或上级控股股东方派出的执行董事），对公司战略发展承担第一责任，理应进入超额利润分享范围内。

《操作指引》中对激励对象的基本要求是，激励对象一般为与本企业签订劳动合同，在该岗位上连续工作1年以上的核心骨干人才。

但是在国有企业中，控股股东派出的董事长很多都不是与本企业签订的劳动合同。但是董事长这个岗位的重要性，对于任何一个企业来说都是毋庸置疑的，这个问题就复杂了，其实，这个时候应该考虑的是价值贡献。

一个企业如果能够创造超额利润，业绩突出，那么企业的带头人一定功不可没。而且政策从原则上也是向价值贡献者倾斜的。所以，控股股东派出的董事长，如果其主要工作职责是负责本企业的经营管理，无论是否与本企业签订劳动合同，都属于超额利润分享激励范围。当然，如果其只是挂名，并没有参与企业的实际生产经营的管理工作，那么就没有资格参与超额利润分享。

所以，劳动关系在公司内部，通过董事会民主程序选举产生的董事长，应进入超额利润分享范围。控股股东派出的董事长，如果其主要工作职责是负责本企业经营管理，无论是否与本企业签订劳动合同，都应进入超额分享范围。

（二）董事会成员

与公司签订劳动合同，在公司长期有效履行董事职权的董事会成员，应进入超额利润分享范围。

（三）上级单位在公司本级兼任关键职位的有关人员

集团公司或控股股东相关人员在本企业兼职的，按其主要履职的岗位职责、实际履职时间等因素综合确定是否可以参与本企业超额利润分享机制，合乎条件的仅可在一家企业参与超额利润分享机制。

（四）其他战略岗位的特殊规定

公司外部董事、独立董事、监事不得参加超额利润分享。

二、公司高中层管理岗位：市场化经营管理岗位

（一）公司高级管理人员

一般包括公司总经理、副总经理等由董事会依法聘任的高级管理人员。

（二）公司市场化经营负责人

原则上可以包括公司下属分公司、经营中心或事业部（利润中心）负责人，以所负责范围的市场化经营业绩贡献为导向，合理评估岗位价值并确定分享比例。公司高级管理人员兼任市场化经营负责人的，一般建议不再享受额外的利润分享比例。

三、公司中基层核心骨干人才

（一）公司中层职能管理负责人和核心骨干人才

一般包括公司关键职能部门负责人，职能部门内部具备高级职称或行业资质的骨干人才。

（二）公司技术负责人和核心骨干人才

一般包括对公司发展有战略价值的重点技术研发部门、技术负责人岗位和核心骨干人才。

（三）公司市场营销负责人和骨干人才

一般包括直接创造超额利润和市场价值的营销骨干人才。

（四）公司业务岗位骨干人才

一般包括直接创造超额利润的一线员工。

企业在实际操作过程中确定激励对象常见的问题有：职工代表监事是否可以参与超额利润分享；激励对象岗位变动如何衔接；如何有效识别确认价值贡献者等。

四、职工代表监事是否可以进行超额利润分享激励

根据《操作指引》规定，企业外部董事、独立董事、监事不得参与超额利润分享机制。职工监事属于监事，所以不属于超额利润分享激励范围。

五、激励对象岗位变动如何衔接

国有企业的中高层管理者，工作调动是非常频繁的，那么在一个激励周期内，激励对象岗位变动，激励如何衔接落实？

参考《操作指引》中关于退出时的兑现安排，一般按照以下方式处理。

激励对象因客观原因离开所在岗位，按照当年其在岗位任职时间比例（年度任职日/年度总工作日）兑现。以前年度已兑现部分，可按递延支付相关安排予以支付。该岗位接任者，按照三年期方案继续完成三年整体规划的任务目标，任期满一年后，方可按照上一年其在岗位任职时间比例（年度任

职日/年度总工作日）兑现，并按上一年的超额利润分享激励兑现方案，进行递延发放。任期未满一年者，不得发放超额利润分享激励。

六、如何有效识别确认价值贡献者

华为有个"奋斗者"，国有企业更需要奋斗者，但是如何识别，这个问题同时也直接涉及超额利润分享额的内部分配。

通常可以从以下三个维度考虑识别价值贡献者。

第一个维度是岗位价值，就是以岗位价值评估为基础。如果企业做过岗位价值评估，就可以参考评估结果，价值高的岗位上的合格员工无疑是对企业价值贡献大的人。

第二个维度是业绩价值，这个是价值贡献最直接的体现，以业绩贡献为基础（包括历史贡献及未来贡献的评估）。

第三个维度是奋斗价值，就是要与企业的价值观相一致，与奋斗者文化相匹配。这一点非常重要，比能力更重要。

第97问 如何确定目标利润?

企业设定目标利润时，需要注意三年整体目标利润应和年度目标利润指标相互衔接。企业可以根据实际情况选取利润总额、净利润、归母净利润等指标。下面以选取净利润为例说明如何确定目标利润。

一、激励周期内三年目标利润规划指标和主要依据

以企业战略规划和中长期发展目标为基本依据。三年期内净利润水平原则上应逐年稳健增长；三年期内净利润创造能力应与企业规模和战略发展要求匹配。

以行业市场对标和行业发展情况为基准要求。三年内目标利润应以行业对标为基准设定；三年内目标利润应结合行业发展情况进行调整。

充分考虑控股股东方对企业整体利润表现的考核要求。企业三年期目标利润的确定，应和上级控股股东对企业整体经营业绩的指标要求和对经营班子的净利润考核指标有效衔接，应满足上级对企业净利润的绝对值水平和增长率要求。

二、年度目标利润的确定和调整原则

企业设定年度目标利润应在超额利润分享周期内每年年初或上级控股股东方下达年度考核指标的同期确定，与企业战略规划充分衔接，年度目标利润原则上不低于以下利润水平的高者（以下简称"四个不低于"）。

（一）企业利润考核目标

企业年度目标利润应不低于上级控股股东对企业当年度考核目标中的净利润指标要求，即目标利润≥净利润考核指标。

（二）按照企业上一年净资产收益率计算的利润水平

企业年度目标利润应剔除净资产变动对企业当年利润可能产生的影响，进一步体现高质量发展的要求，因此需要按照上一年度净资产收益率核算利润水平，即目标利润≥企业当年加权平均净资产×上一年度净资产收益率。

（三）企业近三年平均利润

企业确定年度目标利润水平，应比对近三年历史经营业绩核算利润水平，即目标利润≥Σ（过去三年各年度净利润数值）÷3。

（四）按照行业平均净资产收益率计算的利润水平

企业确定年度目标利润水平，应与本行业（对标组）平均净资产收益率核算的利润水平比较，体现企业应有超出行业平均值的利润水平，即目标利润≥Σ（n家行业可比企业上一年度经核算的净资产收益率）÷n×企业当年加权平均净资产。

第（二）条和第（四）条在年初制定实施细则、确定目标利润时，采用估算值，年末制订兑现方案时，检验并确定最终数值。其中，加权平均净资产=（期初净资产+期末净资产）÷2+当期增资新增净资产×（自缴款结束日下一月份至期末的月份数-6）÷12

企业确定年度目标利润时，建议主办部门应与企业财务、人力资源等部门充分沟通，系统考虑净利润增长、超额利润分享兑现与工资总额核定的关联关系，做好激励额度测算工作。年度目标利润水平应根据上述原则确定，载于年度《超额利润分享实施细则》中。

企业应建立年度目标利润调整机制，如遇不可抗力影响或其他特殊情况，对企业当年净利润影响较大时，企业可以提出申请，经控股股东同意，对目标利润进行调整。

确定目标利润的三个实操难题是：年度目标与三年整体目标如何关联？对标企业数据不易获取，可以选用哪些数据替代？确定年度目标利润分哪两个步骤？

三、年度目标与三年整体目标的关联

基于《操作指引》的战略引领原则，企业推行超额利润分享机制，应在《超额利润分享方案》中依据企业战略规划目标明确未来三年目标利润规划指标。

在每年年初制定《超额利润分享实施细则》，根据年度考核要求及市场实际情况确定当年目标利润，年度目标利润需充分考虑三年目标利润的整体要求。

从三年整体目标到年度目标，应该协调统一，动态优化，是滚动规划渐进明晰的过程。

《操作指引》附件规定，《超额利润分享方案》中要明确年度目标利润确定和调整原则，《超额利润分享实施细则》中要进行年度目标利润值与三年目标规划值差异分析。

四、对标企业数据不易获取，可以选用哪些数据替代

《操作指引》规定，确定行业对标组可以综合参考国内外本行业上市公司数据、行业统计数据等。

对标企业的选择，应充分考虑企业发展阶段相同、规模相当，处于同一产业生态下的企业。

企业可以根据自身情况，参考中国证监会颁布的《上市公司行业分类指引》当中的种类（4位编码）或国务院国资委考核分配局编制的《企业绩效评价标准值》，以及国家统计局和相关行业协会定期统计和发布的行业数据。

《企业绩效评价标准值》由国务院国资委考核分配局根据《中央企业综合绩效评价管理暂行办法》等有关规定，依据全国国有企业财务决算数据、国家统计部门有关统计资料、各行业协会有关运行材料等，结合对上一年度国民经济各行业运行情况的客观分析，运用数理统计方法测算编制。

以上对标组选取依据、范围等情况应在《超额利润分享方案》中说明。

五、确定年度目标利润的两个步骤

具体来讲,目标利润应在每年初制定年度实施细则时,根据"四个不低于"的要求进行预估设定。

在次年年初制订上年度兑现方案时,根据当年净资产变化情况,确定按照企业上一年净资产收益率计算的利润水平,以及按照行业平均净资产收益率计算的利润水平,检验并最终核定确认目标利润。

所以是通过先设定、后确定两个步骤完成的。

第98问 如何确定超额利润？

所谓超额利润是指企业综合考虑战略规划、业绩考核指标、历史经营数据和本行业平均利润水平，合理设定目标利润，并以企业实际利润超出目标利润的部分作为超额利润。超额利润分享是一种体现增量激励原则的中长期激励机制。与企业股东税后利润分配不同，实现超额利润分享的基础是企业创造增量利润，通过约定的提取比例计算，在增量利润中实现对创造增量利润的企业关键岗位、核心骨干人才的激励。

年度超额利润为企业当年实际利润与目标利润的差额，具体确定标准如下。

（1）目标利润应在制定年度实施细则时，根据"四个不低于"的要求进行设定，即不低于企业的利润考核目标，不低于按照企业上一年净资产收益率计算的利润水平，不低于企业近三年平均利润，不低于按照行业平均净资产收益率计算的利润水平。换句话说，年初制定的《超额利润分享实施细则》中的目标利润至少是这四个利润水平的最高者。

在制订年度兑现方案时，根据当年净资产变化情况，确定按照企业上一年净资产收益率计算的利润水平，以及按照行业平均净资产收益率计算的利润水平，检验并最终核定目标利润。

（2）企业当年实际利润应根据经审计的年度经营业绩结果确定，核定时一般应考虑剔除以下因素影响。

第一，重大资产处置等行为导致的本年度非经营性收益。经审计的财务报表内，因重大资产处置带来的利润变动（增加或减少）在核算当年实际利润时应全部剔除。

第二，并购、重组等行为导致的本年度利润变化。并购、重组行为对企业利润的影响较为长远，原则上本年度因并购、重组行为导致的利润变化必须剔除后计算，但次年度是否依然进行剔除，应根据实际情况确定，并在次年度的《超额利润分享实施细则》中予以明确，经控股股东审批后实施。

第三，会计政策和会计估计变更导致的本年度利润变化。

第四，外部政策性因素导致的本年度利润变化。

第五，负责审批的单位认为其他应予考虑的剔除因素。

第六，对科技进步要求高的企业，在《超额利润分享方案》中说明必要性，经集团公司批准，可在计算超额利润时，将研发投入视同利润加回。

考虑到部分企业持续加大科研投入，提升创新能力，将对公司会计利润产生影响，所以参照《中央企业负责人经营业绩考核办法》，在《操作指引》中明确规定，对科技进步要求高的企业，在计算超额利润时，可将研发投入视同利润加回。其中，科技进步要求高的企业一般包括以下几种。

① "双百企业"及"科改示范企业"。

国企改革"双百行动"是国务院国有企业改革领导小组组织开展的国有企业改革专项行动之一，共选取百余户中央企业的子企业和百余户地方国有骨干企业，深入推进综合性改革，在改革重点领域和关键环节率先取得突破，打造一批治理结构科学完善、经营机制灵活高效、党的领导坚强有力、创新能力和市场竞争力显著提升的国有企业改革尖兵。

"科改示范行动"是国企改革专项工程之一，选取改革创新紧迫性较强的国有科技型企业，进一步推动深化市场化改革，重点在完善公司治理、市场化选人用人、强化激励约束等方面探索创新、取得突破，打造一批国有科技型企业改革样板和自主创新尖兵，在此基础上复制、推广成功经验。

② 转制院所企业、国家认定的高新技术企业。

转制院所企业是指根据38号文，国务院部门（单位）所属科研机构已转制为企业或进入企业的主要从事科学研究和技术开发工作的机构，以及各省、自治区、直辖市、计划单列市所属已转制为企业或进入企业的主要从事科学研究和技术开发工作的机构。

国家认定的高新技术企业是根据32号文和195号文认定的高新技术企业。

③高等院校和科研院所投资的科技企业。

高等院校和科研院所投资的科技企业包括两类情况,一是高等院校、科研院所直接投资的科技企业;二是高等院校、科研院所通过其独资设立的资产管理公司投资的科技企业。

④国家和省级认定的科技服务企业。

科技服务机构的主要业务符合49号文规定的范畴,包括研究开发及其服务、技术转移服务、检验检测认证服务、创业孵化服务、知识产权服务、科技咨询服务、科技金融服务、科学技术普及服务等,并经国务院有关部委、直属机构或省(自治区、直辖市、计划单列市)有关部门认定。

⑤以科技进步为导向,且能够实现过去3年研发费用逐年增加、上一年度研发费用占当年营业收入在3%以上的企业。

确定实际利润当中要剔除影响计算的因素,《操作指引》中列示了几项将影响年度会计利润的重要非经常性因素。总体上来讲,除了经营性原因之外,影响会计利润的情况绝不止《操作指引》当中列示的几条,由于企业经营环境的复杂性和不确定性,影响各年度会计利润的非经营性因素难以穷尽,建议审核单位在审核过程中加以关注,并结合本行业、本企业特点,一业一策、一企一策细化相关的剔除因素。

例如,确定超额利润时,企业获得的税收减免是否需要剔除?回答这个问题的依据是根据超额利润分享的基本原则之———增量原则。超额利润分享激励机制是以企业创造增量利润为前提,而税收的减免带来的利润增加不是企业直接创造的,需要在确定超额利润时进行剔除。

(3)年度超额利润为企业当年的实际利润与目标利润的差值。企业根据考虑剔除以上因素后的实际利润与最终核定的当年度目标利润指标,确定超额利润总额。

第99问 如何确定超额利润分享比例？

企业可以在《超额利润分享方案》中针对不同业务特点，确定差异化的超额利润分享比例。《操作指引》中要求，年度超额利润分享额一般不超过超额利润的30%。

具体可采用统一比例或累进计提等不同方法。统一比例法模式较为单一，累进计提法存在多种形式，两类方法多种模式之间各有优劣，企业可以根据实际进行选择。

一、统一比例法

即无论超额利润水平如何变动，均按照固定比例提取超额利润分享总额，再开展岗位分配与考核兑现。

利用统一比例法确定超额利润分享比例，应结合企业发展阶段、目标利润和预期能达到的超额利润水平确定。

企业处于利润增长期时，应提高设置目标利润标准，同时匹配较高的超额利润分享额度，最大化激励价值创造，此时分享比例参考值建议为25%或以上，可以按照30%最高限设定。

企业处于利润稳定期或平台期时，应适当设置目标利润，并根据上级单位、控股股东意见合理确定超额利润分享比例，在实施超额利润分享的同时，应考虑股东分红的要求，此时可以征求多方意见，灵活确定分享比例参考值。

通过统一比例法确定超额利润分享比例，无论创造多少超额利润，均按照固定比例进行提取，创造得多则多分，创造得少则少分。

统一比例法的优点是便于核算和发放兑现；缺点是采用平均化、线性化的思路，未能设计刺激整体超额利润长期增长的机制。

二、累进计提法

（一）总额整体累进计提

根据超额利润实际达成情况核算超额利润率，超额利润率为超额利润与目标利润的比值。即：超额利润率＝超额利润÷目标利润。

按照超额利润率设计梯度，不同梯度直接根据该梯度对应的超额利润分享比例核算超额利润分享总额，再开展岗位分配与考核兑现。例如，当企业超额利润率小于10%时，按照10%的超额利润分享比例提取全部的超额利润分享额；当企业超额利润率大于10%且小于20%时，按照15%的超额利润分享比例提取全部的超额利润分享额；依此类推，最高当企业超额利润率大于40%时，按照30%的上限超额利润分享比例提取全部的超额利润分享额。

总额整体累进法是最基本的累进计提方法，按照此种方法确定超额利润分享比例时，应注意合理确定阶数、超额利润率预期和超额利润分享比例三大核心参数。

阶数越多，分享越细，激励效果越强，但核算越困难，建议一般参考值不超过5阶。

超额利润率上限一般按照企业"摸高"能达到的超额利润水平核定，其余各阶按照等差数列设计。

超额利润梯度对应的最高超额利润分享比例上限不得超过30%，各阶对应的分享比例可以按照等差数列设计，各阶段差额可以根据实际情况灵活调节。

总额整体累进确定超额利润分享比例，侧重点在于激励创造更高超额利润，即创造的超额利润越高，分享的比例越高。

此种方法能够有效激励员工向预期的超额利润努力，达到超额利润值后可以最大化分享，且相对易于核算。但在未达到较高超额利润时，超额分享水平受到影响，团队挫败感强；预设超额利润率目标需要精准核定，设置太高会导致难以达成，只能按照较低比例分享；设置太低则容易满足，达成利润目标后分享比例不会再增加，影响团队经营动力。

（二）总额阶段累进计提

根据超额利润实际达成情况核算超额利润率，并按照超额利润率设计梯度，不同梯度采用不同的分享比例进行提取和分享，阶段累加核算超额利润分享总额，再开展岗位分配与考核兑现。总额阶段累进计提方式如表 9-1 所示。

表 9-1 总额阶段累进计提方式

梯度阶数 N	超额利润率（R）梯度（举例）	超额利润分享比例 α（举例）
1	$0\% < R_1 < 10\%$	$\alpha_1 = 20\%$
2	$10\% \leq R_2 < 20\%$	$\alpha_2 = 22.5\%$
3	$20\% \leq R_3 < 30\%$	$\alpha_3 = 25\%$
4	$30\% \leq R_4 < 40\%$	$\alpha_4 = 27.5\%$
5	$40\% \leq R_5$	$\alpha_5 = 30\%$

当超额利润率在 0% 到 10% 区间内时，该部分超额利润按照 10% 的比例计提；当超额利润率超越 10%，达到 10% 到 20% 区间内时，前 10% 的超额利润按照一阶分享比例计提，剩余超额利润按照二阶分享比例计提。依此类推，最高当企业超额利润率大于 40% 时，无论超过多少，超过 40% 部分的超额利润均按照上限值 30% 提取，再逐阶累加前序各阶段提取的超额利润分享额，得出超额利润分享总额，并确保累加后的超额利润分享额不超过超额利润的 30%，如超过，则按 30% 提取。

总额阶段累进法是最常用的累进计提方法，类似于日常生活中阶梯式累进电价或个人所得税阶梯式累进税率的算法模式。

按照此种方法确定超额利润分享比例时，也应参照上述总额整体累进法的相关做法，注意合理确定阶数、超额利润率预期和超额利润分享比例三大核心参数。

建议阶数一般不超过 5 阶，超额利润率上限"摸高"，最高分享比例不超过 30%。

总额阶段累进确定超额利润分享比例，侧重点同样在于"激励创造更高超额利润"，即创造的超额利润越高，允许分享的比例就越高。此种方法激励效果较好，是实践中应用较为广泛的累进计提方式。

第100问 超额利润分享的实施流程有哪些步骤？

超额利润分享按照"三年周期规划，年度滚动实施"的基本思路开展。企业需要以《超额利润分享方案》为总体引领和基本原则，规范各项制度并确定中长期指标。企业以各年度《超额利润分享实施细则》《超额利润分享兑现方案》为具体落地指导，开展超额利润分享额核定和兑现，整体流程如下。

企业在超额利润分享周期首年度期初制定《超额利润分享方案（T年至T+2年）》，以三年为周期开展超额利润分享管理；可同步制定《超额利润分享实施细则（T年度）》，明确首年度开展超额利润分享的各项依据。

次年度期初根据目标利润达成情况，制定《超额利润分享兑现方案（T年度）》，并以兑现方案为依据实施兑现并备案；同步制定《超额利润分享实施细则（T+1年度）》，明确次年度开展超额利润分享的各项依据，依此类推，滚动实施。

《超额利润分享方案》到期后，具备继续开展超额利润分享条件的，应根据下一周期战略发展目标重新制订方案，并开展实施。

推行超额利润分享机制方式，一般应履行以下基本操作流程。

一、制订方案

方案一般三年为一周期，主要内容包括企业基本情况、可行性分析、确定激励对象的原则和标准、设定高目标利润的原则和标准、分享比例、实施及兑现流程、约束条件、退出规定、监督管理和组织保障等。

企业《超额利润分享方案》由董事会发起制定，由经理层组织协调，由相关职能部门具体编制，编制完成后履行相关决策审批程序。

决策审批程序应分为内部审核与民主决策和上级审批程序两大阶段，针对不同级别、不同类型、不同实施条件的企业，对应程序也有所差别，企业应结合实际情况选择实施。

《操作指引》规定，方案制订后，企业应按照"三重一大"决策机制及有关规定，按出资关系报中央企业集团公司、地方国资委监管一级企业、控股股东（适用于国有资本投资、运营公司）或地方国资委同意。

二、制定实施细则

方案经审核同意后，企业一般每年年初制定实施细则，确定当年目标利润，报控股股东同意。实施细则一般与企业当年经营业绩考核方案同步制订，相互关联和匹配。

企业根据《超额利润分享方案》中确定的各项原则和指标，由董事会发起《超额利润分享实施细则》的制定，由职能部门组织实施，制订完成后，无须经过民主决策程序，由企业董事会审核后，报上级控股股东方同意。

三、制订兑现方案

企业应在年度经营业绩考核开展的同期，根据经审计的经营业绩结果等情况，核算年度超额利润，并根据当年《超额利润分享实施细则》核定超额利润分享额和激励对象个人分享所得，据此制定《超额利润分享兑现方案》。《超额利润分享兑现方案》应由董事会发起制定，由职能部门组织实施，制定完成后，无须经过民主决策程序，由企业董事会审核后，报上级控股股东方同意。审批通过后按照《超额利润分享兑现方案》实施兑现，兑现结果应报控股股东方备案。

上一年度《超额利润分享兑现方案》的决策审批主体和程序与下一年度《超额利润分享实施细则》的审批主体和程序高度重叠时，应同期同步进行。

四、实施兑现

企业根据经审核同意的兑现方案实施兑现，并将实际兑现结果报上级单位备案。年度超额利润分享实施与兑现的主要流程如下。

(一) 核定年度超额利润

企业根据当年净资产变化情况，对当年目标利润进行最终核定。

企业根据经审计的经营业绩结果，确定企业当年利润，核定时剔除相关影响因素。

根据最终核定的实际利润与当年目标利润指标，确定超额利润总额。

(二) 核定超额利润分享额

激励对象的超额利润分享额应以企业超额利润创造、岗位价值为基础，与激励对象岗位业绩考核结果挂钩，并主要依据企业当年超额利润分享额和激励对象的岗位分享比例确定。

企业当年超额利润分享额。在明确超额利润总额的基础上，企业依据约定的超额利润分享比例确定当年度超额利润分享额，即：超额利润分享额＝超额利润 × 超额利润分享比例。年度超额利润分享额一般不超过超额利润的30%。

激励对象的岗位分享比例。企业高级管理人员（或经营班子）内部分配总额一般不超过超额利润分享总额的30%。其他额度应根据岗位贡献系数或个人绩效考核结果分配给核心骨干人才，重点向做出突出贡献的科技人才和关键科研岗位倾斜。

(三) 开展兑现

各激励对象满足岗位履职基本要求的，有权获得超额利润分享奖金。一般情况下，具体履职要求岗位任职满一年的，有权获得分享期满当年及后续各年度的超额利润分享奖金。个人年度考核达到兑现要求的，有权获得当年的超额利润分享奖金。

具体考核兑现要求应结合岗位特征确定，原则上，对于企业高级管理人员（或经营班子），要同时满足党组织干部考核合格、企业整体经营业绩考核合格、个人岗位绩效考核（或业绩责任考核）合格。对于中层管理人员、研发或项目市场负责人、分公司/经营中心/事业部负责人，要同时满足所属部门/单位整体各项业绩指标或项目指标合格、个人岗位绩效考核（或业绩责任考核）合格。对于基层核心骨干人员，应确保个人业绩考核或关键绩效考核合格。

计划期内，激励对象岗位发生重大变动的，企业应根据岗位变化调整激励对象分配比例。

激励对象符合兑现条件的，企业应按照经审批和备案的当年的《超额利润分享兑现方案》中核定的奖金标准，在《超额利润分享兑现方案》相关决策审批通过后的次月付薪日以现金形式发放超额利润分享奖金，历史各年度超额奖金的递延支付部分同步发放。个人所得税由企业代扣代缴。

第101问 超额利润分享机制中递延支付如何操作？

一般来说，中长期激励工具会采用递延支付的兑现支付方式，《操作指引》明确要求，超额利润分享采用递延方式予以兑现，分三年兑现完毕。这是因为超额利润分享也属于中长期激励。为了避免短视行为，超额利润分享所得兑现应该采取递延支付方式。

相较于即期支付方式，递延支付方式将激励对象的利益与企业长远的发展结合起来，更加充分地体现风险—收益对称的原则，进而对激励对象产生更大的激励与约束效应。

递延支付广泛地运用于特定目标长期激励计划。特定目标计划旨在将激励对象的薪酬与公司的战略发展更紧密地联系在一起。由于一项战略计划的实施常常需要几年的时间，而传统的业绩评价方法通常是对短期业绩的评价，所以难免导致激励对象选择短期利益大的行为。采用递延支付，能促使激励对象关注特定战略计划的长期盈利能力，从而保证企业的可持续发展。

超额利润分享的递延支付需要根据实施企业经营情况的不同，参与计划员工分享额度、薪酬结构的不同，由企业根据经营情况，结合参与计划员工分享额度、薪酬结构等因素自主确定超额利润分享兑现方式。《操作指引》中明确提出，由企业根据经营情况，确定各年度支付比例，第一年支付比例不高于50%。

递延支付的具体操作方法如下。

由企业根据经营情况，确定各年度支付比例，第一年支付比例不高于50%。企业对每年产生的可分配的超额利润分享额按照约定比例、约定条件对满足兑现条件的激励对象延期足额发放。

年度超额利润分享核算结束后，对于各岗位当年经考核应发的超额利润奖金，第一年兑现奖金总额度的 $a\%$（不高于 50%），第二年兑现 $b\%$，第三年兑现 $c\%$，分三年兑现完毕，滚动管理。实践中常见 50%、30%、20% 的递延兑付模式，即 5:3:2 模式。也可采用 4:3:3 或 4:4:2 的模式。

设定兑现额度比例时，首年度兑现额度比例越高，激励效果越强；首年度兑现额度比例越低，越能体现约束效果。

需要特别说明的是，开展递延兑付比例核算时，应按照经考核应发的超额利润奖金计算，并直接按照对应额度兑现，避免出现重复考核的情况。即激励对象递延支付部分应仅与当年度支付的考核结果挂钩，不受次年年度考核结果影响，不得将第一年应递延兑付的部分与第二年岗位应发奖金相加后再和考核挂钩进行核算。

值得注意的是，超额利润分享期结束后，无论是否继续开展超额利润分享，未兑付部分均应按期足额兑现。各岗位超额利润分享奖金递延兑付具体支付与核算方式如表 9-2 所示。

表 9-2　各岗位超额利润分享奖金递延兑付具体支付与核算方式

		实施年数				
		第一年 (T+0)	第二年 (T+1)	第三年 (T+2)	第四年 (T+3)	第五年 (T+4)
超额利润奖金	M_1	$a\% \times M_1$	$b\% \times M_1$	$c\% \times M_1$	—	—
	M_2	—	$a\% \times M_2$	$b\% \times M_2$	$c\% \times M_2$	—
	M_3	—	—	$a\% \times M_3$	$b\% \times M_3$	$c\% \times M_3$
各年度应发额度		$a\% \times M_1$	$b\% \times M_1 + a\% \times M_2$	$c\% \times M_1 + b\% \times M_2 + a\% \times M_3$	$c\% \times M_2 + b\% \times M_3$	$c\% \times M_3$

计划期（三年）内企业净利润一般应保持稳健增长，若出现大幅递减或亏损，审核单位有权对上一年度超额利润分享额未兑现部分进行扣减，并对已兑现部分进行追回。

相对应地，《操作指引》并没有对激励对象个人年度超额利润分享所得做上限限制。激励对象个人的超额利润分享所得根据其岗位贡献系数或个人绩效考核结果计算确定，上不封顶。这是因为，作为中长期激励，超额利润分享机制鼓励企业创造超出历史、行业的超额利润，能够实现超额利润是有一定难度的，根据价值创造决定价值分配，形成差异化的薪酬激励。不设置个人收入封顶，避免削弱超额利润分享机制的激励效果。

在国有企业超额利润分享额的兑现支付实操过程中，在财务上遇到的问题是，由于《操作指引》的要求，超额利润分享分三年递延支付，那么递延支付的金额，是按照权责发生制在兑现当年计提，再分期给付，还是按照收付实现制在给付当年计入人工成本？由于超额利润分享奖金在工资总额（与当年的效益挂钩）中列支，建议当年兑现（当年计提但递延支付）的超额利润分享奖金计入当年人工成本，列入应付职工薪酬等相关科目。

第102问 超额利润分享机制的退出规定和约束条件有哪些？

超额利润分享是以结果为导向的激励机制，是先有超额利润，后有激励分配，没有超额利润就没有激励分配。这一属性决定了企业必须健康、稳定、可持续发展才能不断实施和兑现激励，所以，推行超额利润分享会促使企业提质增效，追求业绩利润不断增长。

相对应地，如果企业出现日常经营活动开展产生重大负面影响的情况，如出现经营性净现金流为负的情况，就不应该继续实施超额利润分享。

超额利润分享机制本质上是属于现金型激励的一种，激励对象无须出资，只要企业当年营业利润超过目标利润即可获得现金激励。虽然超额利润分享激励总额有限制，只是从超过目标利润的部分中提取一定比例，但激励对象个人获得的激励额度没有明确限制，在公平合理的范围内。企业可以自主设定，相对而言灵活度更大，员工获得感更高。

此外，超额利润分享机制还有退出容易、流转灵活的优点。企业原定的激励周期结束，或者激励对象离开企业等，即可停止或退出激励，不存在无法停止和退出的风险。同样，当员工升职或者降职，只需要按照新的岗位层级动态调整分配比例即可，操作更为简单。

一、退出规定

根据《操作指引》，在实施超额利润分享的周期内，激励对象出现违反企业管理制度受到重大处分的，因违纪违法行为受到相关部门处理或违反国家法律法规并被行政处罚、刑事处罚的，对重大决策失误、重大资产损失、重大安全事故、重大不良影响等负有主要责任的，本人擅自离职、提出离职或因个人原因被解聘、解除劳动合同的，其他负责审批本方案的单位认为不得继续参与超额利润分享的情况的，不得继续参与超额利润分享兑现，以前年度递延支付部分不再支付。

激励对象因岗位调动、退休、工伤、丧失民事行为能力、死亡等客观原因与企业解除或终止劳动关系不受上述限制，按照其在岗位任职时间比例（年度任职日/年度总工作日）兑现，以前年度未兑现部分可按递延支付相关安排予以支付。

二、终止实施条件

根据《操作指引》规定，企业在方案实施期间任意年度出现亏损，从出现亏损之日起终止实施超额利润分享。

企业出现重大风险事故、重大安全及质量事故或违规违纪等情况，出现主审会计师事务所对企业年度财务报告出具保留意见、否定意见、无法表示意见等非标准审计意见的情况，或其他对财务信息公允性产生重大影响的情况，出现经营性现金流为负或者对企业日常经营活动开展产生重大负面影响的情况，出现在兑现年度故意违反会计政策或财务制度、弄虚作假等行为，以及其他不得开展中长期激励的情况，应终止实施《超额利润分享方案》。

需要注意的是，企业的实际控制人发生变化（因上述情况之外的其他因素导致），超额利润分享原则上不终止。主要是考虑到国有企业可能存在混合所有制改革或其他合理原因导致的股权变更等情况，在不影响企业正常经营的前提下，应保证超额利润分享机制正常执行至周期届满。

三、追索扣回机制

根据《操作指引》规定，对于推行超额利润分享机制的企业，如经查实存在兑现年度故意违反会计政策或财务制度、弄虚作假等行为，除应及时终止实施《超额利润分享方案》外，还应对相关行为发生期间相关人员已兑现的超额利润分享所得予以追索扣回，并按照有关规定严肃追究相关人员责任。

追索扣回时应从激励对象未来绩效薪酬部分中扣减直至足额弥补已发放

的超额利润分享所得。

追索扣回制度不仅适用于在岗员工，离岗员工同样适用，情节严重时，企业可以采用法律手段进行追索扣回。

在企业经营中，利润是企业成长发展的血脉，人是创造利润的核心要素。超额利润分享机制可以将公司利益与员工利益相互捆绑，更重要的是超额利润分享让企业的核心人员立足企业利润目标，为实现企业业绩增长、利润倍增而努力奋斗。当前，国家政策鼓励商业一类企业建立超额利润分享机制，灵活开展中长期激励，商业一类企业应该把握机会、积极响应，推动企业发展迈上新的台阶，在国有企业改革中实现高质量发展。

第10章
CHAPTER 10

国企实践其他中长期激励工具

第103问　战略配售是什么，如何设计实施？

2021年11月26日，青岛云路先进材料技术股份有限公司（以下简称云路股份）在科创板成功上市，成为国内首家登录科创板的"科改示范行动"企业。

这家企业不仅给全国科改企业、国有科技公司带来了科改企业资本市场发行股票的好消息，而且送来了一个全新的中长期激励工具实际应用案例，那就是公司高级管理人员和核心员工参与股票发行战略配售。

云路股份公布，高级管理人员与核心员工为参与本次战略配售设立的专项资产管理计划参与战略配售的数量为本次公开发行股份的5%。

国有科技公司开展中长期激励，已经探索了多种形式，有的企业采用股权激励、员工持股、科技成果作价入股等股权类激励，有的企业采用岗位分红、项目收益分红等现金类激励，还有的企业运用了项目跟投。这些激励工具，各有特色、各有用途。核心人员参与战略配售是什么样的激励工具，它有哪些使用条件，有什么优缺点呢？

一、核心人员参与战略配售是怎么来的

只有弄明白历史，才能看清楚未来。

在上市公司发行股票的过程中，通过核心人员参与战略配售，进而形成中长期激励的这种新形式，其政策演进过程大致划分为三个阶段。

（一）第一阶段——战略配售

中国证监会颁布的《证券发行与承销管理办法》早就明确了公司在股票发行时可以向战略投资者进行配售的原则。

在2018年修订的最新版本中，具体表达了三个意思。

发行规模限定：首次公开发行股票数量在4亿股以上的，可以向战略投

资者配售。发行人应当与战略投资者事先签署配售协议。

战略投资者标准：发行人和主承销商应当在发行公告中披露战略投资者的选择标准、向战略投资者配售的股票总量、占本次发行股票的比例及持有期限等。

限售条件：战略投资者不参与网下询价，且应当承诺获得本次配售的股票持有期限不少于12个月，持有期自本次公开发行的股票上市之日起计算。

在这个政策规定内，并没有关于发行企业核心管理人员可以参与战略投资并认购股票的内容。

（二）第二阶段——科创板政策创新

2019年，科创板正式开始，为了鼓励科技型企业的发展，推动科技创新，科创板进行了大胆的政策创新。

在科创板发行股票并上市的企业高级管理人员和核心员工，可以参与战略配售，成为其中非常核心的一部分。《上海证券交易所科创板股票发行与承销实施办法》的第二十条明确对此进行了规定。发行人的高级管理人员与核心员工可以设立专项资产管理计划参与本次发行战略配售。前述专项资产管理计划获配的股票数量不得超过首次公开发行股票数量的10%，且应当承诺获得本次配售的股票持有期限不少于12个月。发行人的高级管理人员与核心员工按照前款规定参与战略配售的，应当经发行人董事会审议通过，并在招股说明书中披露参与的人员姓名、担任职务、参与比例等事宜。

这项政策有几个重要突破点。

第一点，科技型企业如果能够在科创板上市，即使前期没有做股权激励，还可以在发行股票时用发行价给核心团队成员提供一次购买股票并成为公司股东的机会。

第二点，这个激励方式可以通过专项资产管理计划来实现，用于核心团队成员的配售比例达到了发行量的10%。

第三点，核心团队的股票限售期和其他战略投资者配售股票是一样的，只有12个月。

(三) 第三阶段——创业板跟进

深圳创业板实行注册制改革后，平移采纳了科创板这个机制，推动创业板企业也可以在发行股票时向公司高级管理人员和核心员工战略配售，大大增加了本政策的适用范围。

2020年颁布的《创业板首次公开发行证券发行与承销特别规定》第十八条对此进行了说明，条款与科创板一样。

从战略配售到公司核心团队都可以参与战略配售，政策的演进说明了科技企业人才的重要性，也说明了资本市场和企业中长期激励的紧密相关性。

对于国有科技企业来说，这是资本市场释放的重要改革红利，需要学好、用好。

二、核心人员参与战略配售有什么优点

国有科技型公司可以采用的股权激励、分红激励方式不少，现在增加一种新的选择和可能性，怎么来进行取舍呢？把股权激励和战略配售这两种激励工具放在一起，比较一下就能知道。

(一) 价格

作为激励手段，股权激励的对应价格是最重要的指标。根据国有科技公司股权激励的4号文要求，可以采用股权出售和股权奖励等形式，公司核心团队受让股权的价格是以公司净资产的评估值为基础的。

战略配售是按照股票发行价进行的，根据目前国内资本市场的情况，股票发行价是通过询价机制产生的，一般都在较大程度上高于当时公司净资产价值。以云路股份为例，这家企业的股票发行价格是每股46.63元，同期每股净资产为5.36元，溢价倍数还是不少的。所以，从价格角度来看，战略配售较高，股权激励在这个方面有优势。

(二) 持股比例

国有科技公司股权激励，根据企业规模大小不同，按照5%～30%股比展开股权激励，不过对于能够在资本市场上市的科技公司而言，小型科技公司估计还达不到上市条件，将其剔除在外。剩下的国有大型和中型企业，政

策要求股权激励持股比例是不超过5%或者不超过10%。

战略配售，政策要求用于核心团队的部分，不超过发行量的10%。同时，一家公司首发上市的股票发行量，根据这家公司股本的规模，大公司（4亿股之上）不低于10%，其他不低于25%。如果按照这样推算的话，用于核心团队战略配售的股比就占总股份的1%～2.5%。如果这样比较的话，用于核心团队参与战略配售的股票比例要比股权激励的股比少很多，股权激励在这个方面的优势是明显的。

（三）流动性

股权激励是需要充分考虑流动性和退出问题的。在这个方面，科技型公司的股权激励如果和战略配售相比较，看起来后者更有优势。首先是战略配售锁定期只有12个月，而股权激励要执行60个月的时间要求。另外，由于战略配售是在公司发行股票的同时进行的，这就减少了公司上市前持股的等待期，也减少了上市不确定性引发的风险。

总体来看，股权激励和战略配售，各有特点、各有优势。战略配售开创了一个新的激励方式，到底怎么选择，怎么应用，广大国有企业需要全面衡量和判断。

三、核心人员参与战略配售要注意什么问题

战略配售是逐渐崭露头角的"新物种"，不少准上市公司选择它、利用它，热度在持续提升。

正因为是新情况、新形式、新政策，在实施落地过程中仍有需要注意的几个关键事项。

（一）合理选择激励人员

在战略配售政策中，并没有对什么人才算作"核心员工"进行详细定义，只是要求在招股书中披露，这样的规定给企业个性化实施留出了空间，但这既是优势也可能成为实施风险。

在很多的国有企业中长期激励政策里，都详细规定了"核心员工"的边界范围，同时所有政策都反复强调"不得重复激励"这个基本原则。

在实施战略配售时，企业要注意与其他中长期激励政策的衔接，也需要和企业已经实施的其他激励政策保持一致，将不重复激励作为首要原则，慎重、合理地选择激励对象，科学测算激励金额，以免造成分配机制走形，把长期激励变成快速致富的手段。

（二）合理设计激励周期

战略配售的激励周期很独特，企业上市时才出资购入，一年后便可以减持。这种激励周期，需要和企业成长周期，以及企业前期实施的股权激励周期紧密结合，才会发挥能量。

具体来看，公司可以在上市前尽早开展科技型企业股权激励，对核心团队开展激励。

战略配售的激励方式能作为股权激励第二步，是激励历程的继续，激励更多新加盟的核心团队员工，和公司团队规模扩大相配合，不断扩大激励覆盖面。

所以，这两种激励工具是非常好的前后搭配手段，最好组合使用。

同时，要注意到两种激励工具的限售期有重要差别，一个是60个月，一个是12个月。

在组合使用时要关注到时间协调一致，在企业上市时要充分考虑股权激励部分的股份剩余限售时间，必要时要制定政策合理延长战略配售的限售时间，以保证不产生"剪刀差"效应。

（三）激励实施合理合规

上海证券交易所或者深圳证券交易所明确规定，核心团队参与战略配售应当经发行人董事会审议通过。

如果对比其他国企中长激励的审批权限规定，就能看出交易所的这个规定是比较宽松的。这很正确，因为交易所只能根据上市公司的法人治理特点和要求来制定规则，也没法区分国有控股上市公司和其他所有制上市公司。

但是，如果是国有控股拟上市企业，决策采用战略配售进行核心团队激励时，我们认为就有必要参考已经出台的其他中长期激励政策审批流程，进行细化规定。

例如，科技型企业股权激励，一般是需要中央企业一级集团或者地方国资监管机构审批的，国有控股上市公司股权激励是需要国资监管机构审批的。在此情况下，拟上市的国有控股企业，准备开展核心团队参与战略配售时，也需要执行基本相同的审批流程，而不能仅仅由该董事会进行决策。这一点建议尽早制定相关政策。

核心团队参与战略配售是一种利用资本市场进行股权激励的最新形式。知道它是什么、为什么之后，各位国有企业的朋友就可以深入思考怎么用好这个新工具，为企业发展服务。核心原则只有一条，把所有激励工具都摆出来，比一比、算一算、组一组，充分体现战略，全面支撑成长。

第104问 如何开展"制度激励"?

国有企业普遍面临的一个问题,即薪酬待遇没有吸引力,公司缺乏激励机制,为数不少的人不是很满意。

国有企业改革,缺少了激励体系的建设、优化和改善显然是不行的。回顾四十年改革实践,从厂长经理承包责任制,到国企绩效工资改革,到管理、技术、技能岗位序列通道建设,到工资总额管理和三项制度改革,再到任期制和契约化管理,以及中长期激励机制建设,都是在这个核心音符上弹奏的不同乐章。

经历了这么多实践、这么长时间,有时候不禁要问自己,各种各样的激励工具,到底什么才是最管用、最有效、最长久的呢?

涨工资?

这种激励自然是大家高兴的事情,一下就感觉有了干劲,有了满意感,不过可能过了两个月,就麻木了,原本的激励效果不仅消失,而且会感觉涨得理所应当。企业的钱花了,激励收获不一定大。

给名誉?

对于企业中获得名誉的干部和职工自然是特别好的,也能在一定程度上树立榜样形象,但由于名誉称号不能泛滥,只能极少数人获得,对于企业内大量需要激励的人员来说,总是听到讲别人的故事,自我激励能量还是不太够。

还有其他办法能够有明显的激励能量,保持很长时间的激励效果,同时又能在组织内部影响大量的人员奋发上进,战斗冲锋吗?

有!我们讲两个例子。

故事一:是什么激励了高考学生?

每年的6月7日—6月9日,是全国人民关注的日子。高三学生,秣马厉兵，经过三年苦读，个人的前途、家庭的期待，都在这三天考试中进行检验，获得回报。

同样的情景，不只是发生在当下。我们都特别熟悉的"头悬梁，锥刺股"的故事，"囊萤照书"的故事，"凿壁偷光"的故事，都是历朝历代寒窗苦读的片段再现。

是什么激励机制能产生这样大的效果，可以跨越上千年，让全国家庭和青年人一代接一代地努力拼搏？

这就是竞争性选拔制度！

隋文帝时期开始使用的科举制度是历朝历代进行官员选拔的基本制度，这种制度的好处是，通过公开、公平的考试竞争方式，在尽可能大的范围内，选择最好的人才，再委以重任。

对于读书人来说，这是一种简单、透明和公平的方式，只要学问精、思想高，就有可能从根本上改变个人的命运、家庭的未来，所以大家会投入长时间的努力，即使吃大苦、受大累，也要拼一拼、冲一冲。

当前的高考制度，作为广大学生求学深造，进一步打开事业大门的关键考试，也是竞争性选拔制度的具体方式。

通过三天的考试，一层一层筛选优秀的学生进入高等院校深造，从国家的角度看，能够最有效地识别和发现青年人才；从学生和家庭的角度看，即使没有太多关系资源、经济基础的普通人家的孩子，也能通过努力考上"双一流""985""211"改变整个家庭的未来。

这个公平的竞争性选拔制度，虽然没有直接发钱，没有直接承诺，但却给了最广泛的机会、最透明的过程，产生了强大的激励力量。

回到企业的内部再看看激励安排。我们能不能把竞争性选拔制度的激励能量，在公司员工当中持续释放呢？

当然是可以的，也是很有必要的。

竞争性选拔制度，在国有企业校园招聘和社会招聘当中，已经得到了广泛应用，对吸引最优秀的人才起到了基础作用，但是目前作为激励工具在企业中进行深化普及，还有很多路要走。

国有企业改革三年行动，提倡竞争上岗、赛马机制，都是对企业竞争性选拔制度的具体要求。

故事二：是什么激励了抖音主播？

最近有一个短视频挺火。

拍的是在一个小镇的街道上，人挨着人，前后站着一二十个年轻人，都在大声吆喝，手舞足蹈……

他们不是在集市卖菜，而是在抖音上进行直播！

视频里的年轻人都是抖音主播，他们都在抢这个地方难得的画面资源，竭尽全力，边说边表演。

这种情况不是个例，抖音中有大量的主播，他们想尽各种方法吸引粉丝，增加关注。

前几天刷到一个年轻小姑娘，她站在家乡的一座山下直播，卖当地的水果，看到她时，正是室外温度最高的时间，她已经筋疲力尽，声音嘶哑，几乎要流下泪来。她说，自己已经一个人站着直播说话六七个小时了，但是没有什么人观看，也没有关注，更没有销售，特别希望每个看到她的朋友，帮助转发一下，哪怕多停几分钟也行。

虽然有点儿心酸，觉得这位小姑娘不容易，但是从她的话语中，根本感受不到太累太苦、不想继续，而是有一种"我要做好，请帮帮我"的精神头。

虽然在我们看来，他们每个人的平台是狭小的，把自己变成粉丝上千万的网红特别困难，但是什么样的激励的力量，能够让这位小姑娘，以及抖音平台上百万的主播们，能够把自己最大的创造力、斗志都激发出来，每天满血战斗呢？

这种激励效果，也来自一种制度安排，叫作"创业机制"。

一个淘宝网，带动了几百万个商家在这个平台上全力销售，现在抖音直播，又有几百万主播辛勤耕耘，互联网平台为什么会有这么大的作用呢？

从客观角度看，数字化技术的发展让平台的市场潜力充分发挥出来，这就给创业的成功带来机会保证，这种市场条件能让大家都相信，如果产品好、传播好，就很可能跑赢其他人，获得成功和高额回报。

从人的角度看，自己在网上开一家店，开通一个抖音视频号，资本投入有限，只要积极努力，卖的产品更吸引人，自己的表现更受观众喜欢，就能吸引关注和粉丝，也能实现销售，获得流量收益。

靠自己的力量取得成功，同时百分之百分享自己的创造和劳动收入，对自己的成败负责，成为自己的老板，这不正是我们每个自然人都在追求的目标吗？

所以，抖音也好，淘宝也好，它们的成长扩大，对社会是有很大价值的。因为这些平台企业的存在，让创业机制这种制度性激励成为可能和现实。

同时，正是由于每个人发自内心的创业激励动力，才使得不断有新的抖音主播加入创业平台，推动平台做大，形成良性互动。

创业制度能不能引入国企？

当然可以！

有一些企业搞过不少双创平台，也有实验创新孵化器，都取得了经验。但是，企业内部的创业制度，如果仅限于鼓励青年人进行创新孵化，可能视角就小了。

我们需要的国有企业创业制度设计，是鼓励企业当中最大量的组织和个人，为自己的投入产出负责，成为自己的老板，上汽集团的"人人成为经营者"和海尔集团的"青年创客计划"都给出了初步答案。

第105问 如何开展揭榜挂帅？

贵州省作为"西南煤海"，一直是我国南方煤炭资源极为丰富的省份之一，但是苦于喀斯特地貌，煤层赋存条件复杂，开采条件恶劣，其煤炭一直被人称为"傻大黑粗"。近年来，得益于"揭榜挂帅"制度，贵州省通过广发"英雄榜"收割了全球范围的智力及创新资源，攻克了煤炭转型升级的核心技术，实现了煤炭开采方式的迭代。

无独有偶，苏州工业园区在2022年年初正式发布了电子信息产业领域"揭榜挂帅"项目，项目涵盖信息通信、新型显示、集成电路、电子元器件与专用材料、人工智能及相关产业、计算机与智能消费设备制造6个重点方向。不得不提的是，苏州工业园区在国家级经济技术开发区2021年度考核中，综合排名第一。

2022年5月31日，内蒙古自治区科技厅发布2022年内蒙古"双碳"科技创新重大示范工程"揭榜挂帅"项目第一批技术榜单。

2022年6月7日，天津市工业和信息化局工业消费品处牵头组织了轻工产业链的"揭榜挂帅"。

2022年7月6日，宁夏科技厅组织召开"揭榜挂帅"项目廉政预警谈话暨工作推进会，正式启动实施首批"揭榜挂帅"科技项目。

2022年7月，泉州市科技局、财政局联合发布了2022年度科技重大项目"揭榜挂帅"重大技术需求榜单，榜单涵盖新一代信息技术、高端装备、新材料、食品加工与海洋生物产业等领域。

还有很多城市已经启动或者即将启动具备城市特点的"揭榜挂帅"榜单，为什么各大城市、园区争先恐后启动？"揭榜挂帅"到底是什么，有什么魔力？企业又该如何实施？

这就是我们要解答的三个问题。

一、什么是"揭榜挂帅"

十九届五中全会提出，要深入推进科技体制改革，改进科技项目组织管理方式，实行"揭榜挂帅"等制度。

"十四五"发展规划指出，改革重大科技项目立项和组织管理方式，实行"揭榜挂帅""赛马"等制度，健全奖补结合的资金支持机制。

2021年国务院政府工作报告的2021年重点工作提出，要改革科技重大专项实施方式，推广"揭榜挂帅"等机制。

以上内容解读下来，至少能够收获三点。

一是"揭榜挂帅"制度是新型的科技项目组织模式，适用于大部分国有科技型企业。

二是"揭榜挂帅"制度将打破原有的单一化的结构体系，给予科研单位、科研人员更多自主权，更多的奖金激励。

三是"揭榜挂帅"制度将充分激发市场的主体活力和人才的创新动力，盘活全社会的创新资源，深入推进科技体制改革。

二、"揭榜挂帅"有什么魔力

"揭榜挂帅"最大的魔力是不用受限于企业人才资源的缺失和漫长的技术研发周期。发布"英雄榜"就能最大限度地调动社会各界资源，让创新资源在高等院校、科研院所、企业及个人间不断流动，帮助企业以最快的速度找到切实可行的解决方案。

大庆油田勘探开发研究院（以下简称大庆油田）就尝到了"揭榜挂帅"的甜头，"英雄帖"让其与国内有研发实力的高校、科研机构顺利在15个项目上"牵手"，极大地刺激了企业内部年轻科研人员的创新热情，竞相参与到"揭榜挂帅"的项目中。

大庆油田抓住机会，让"揭榜挂帅"互相成就，既实施了"青年科技英才培养工程"，建设了高层次科技人才队伍，又解决了桎梏企业的多个核心技术难题。"风物长宜放眼量"，现如今，大庆油田已将目光瞄准了制约油田整体发展的问题了。

有的国有企业的朋友看到这儿可能心里就要纳闷了，"揭榜挂帅"制度不是针对最迫切的科研难题，是要解决"卡脖子"技术问题吗？我们企业没有这样类似的严峻的重大技术需求，还有必要实施"揭榜挂帅"制度吗？

当然！

"揭榜挂帅"制度不光针对"高精尖"的科研项目，也可以辐射"小革新"的日常一线生产问题。石上磨刀，事上磨人。流程性、协作性的生产工作中，也一定有需要解决的难题，有能够优化提升的空间。

大庆油田已经率先示范，其征集了65项群众性一线生产难题"揭榜挂帅"，预计2023年1月，就能将可复制、可借鉴的经验做法推广转化。

对企业存在的重大创新项目需求和"卡脖子"技术难点堵点，可以通过"揭榜挂帅"，广求海内外技术英才，借助全国乃至全球的力量解决难题。

对企业存在的一线生产问题，也可以通过"揭榜挂帅"，自下而上、内外联动激发企业内部人员的创新动能，对问题进行"定点清除"。

三、如何实施"揭榜挂帅"

自党的十八大以来，习近平总书记曾多次强调可以探索搞揭榜挂帅。揭榜挂帅的思路如图10-1所示。

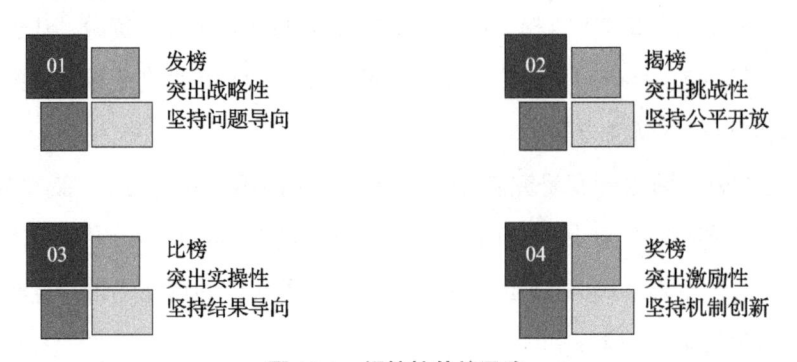

01 发榜 突出战略性 坚持问题导向	02 揭榜 突出挑战性 坚持公平开放
03 比榜 突出实操性 坚持结果导向	04 奖榜 突出激励性 坚持机制创新

图10-1　揭榜挂帅的思路

（一）发榜

"揭榜挂帅"重点突出在项目的征集和遴选阶段。拟实施"揭榜挂帅"

机制的企业应坚持问题和需求导向,针对内部长期解决不了的痛点、难点问题,设计技术榜单。在发榜时,应介绍不同项目及需求情况。

(二)揭榜

"英雄不论出处""谁有本事谁揭榜","揭榜挂帅"是开放式的创新形式,公平开放、能者居上,不论是个人还是团体,是院士在内的科研团队还是企业科研队伍,都可以参与揭榜。

(三)比榜

只要能够按照发榜项目要求,细化落实具体内容,形成揭榜攻关方案,凡是方案具备实践性,能够——解决企业的痛点、难点问题,就能"牵手成功"。

(四)奖榜

技术榜单制转变科技资金投入方式,让技术创新和机制创新协同运转。生产力提升了,生产关系自然也得匹配上。坚持资金支持模式多元化,让中榜单位、团队或个人既可以申报无偿资助,也可以申请股权投资。

还有几点特别提示。在征集和遴选项目后,正式发榜前,针对不同项目,建议企业制定《项目工作方案》,内容应包括约束机制、激励机制及监督机制。

一是在约束机制中,尤其是考核体系的建立。以实际需求和成果落地为导向,少设甚至不设考核指标会更受欢迎。建议企业针对不同项目,在广泛开展调研,征求专家、科研人员的建议的基础上,合理形成"揭榜挂帅"项目的考核体系,包括不同考核节点的考核指标和应达成的成效,以及最终科技成果呈现的形式等。

二是在激励机制中,资金支持模式从单一走向多元化。建议企业对于竞争类项目,根据项目团队的研究进展,实行多节点和事后成果兑奖,也可以借鉴设立"里程碑式资助""提前完成奖"等多种灵活的资金资助方式。当然,成果归属也可以再探讨。

三是在监督机制中,由于"揭榜挂帅"项目以成果作为衡量标准,转变了监督的重点和内容,提高了技术监督的要求,为刚好把握项目进度和质量,建议企业针对不同项目,建立科学、有效的技术就绪度评价指标体系。

第106问 如何用好虚拟产值激励？

市场化的薪酬激励机制是国企改革的核心工作之一，每个行业、每个地区都希望找到合适的激励工具，当下正在大力推动的科改示范工程，更加需要找到适合于科技型公司的激励工具。

除了近几年公布政策里包括的股权激励、超额利润分享、项目分红，还有没有更加"贴身"的科改专用激励工具呢？

有的！

从优秀国企改革标杆潍柴控股集团有限公司和中国重汽集团有限公司，就能够学到一个概念，叫作"虚拟产值"。

在2022年的一次会议上，中国重汽集团有限公司提出导入虚拟产值考核理念，加快落地项目激励、前置激励，科技人员薪酬与科研成果无缝衔接，大贡献、大奖励，进一步拉大收入差距。

什么是虚拟产值？为什么要引入这个激励考核工具？具体落实中要注意什么问题呢？

一、什么是"虚拟产值"

这个概念，实际是两个词，首要的是产值。产值可以是企业合同额，可以是收款金额，也可以是工作量，这个定义在不同的行业是不完全一样的。产值一般是实实在在的。如果一家企业可以直接面对外部市场，签订合同，获得营业收入，那这个产值数据就摆在面前，这叫实际产值。与此对应，虚拟产值并不是实实在在的合同和收入，而是一个企业制定的一个产值标准，简单地说，是用各种方式"拍"出来一个数据。

那为什么还要搞一个虚拟产值的概念呢？有以下几个原因。

第一个原因是，企业里某些工作和劳动，没有直接面对市场，而是内部中间过程，但要有效地衡量大家的工作量和成效，就需要有个量化的数据，因而需要主观"拍"一个数字。

第二个原因是，由于外部市场和竞争的压力，企业签订的合同可能大大偏离了成本价或者标准价，这个时候就需要制定一个合理的收入标准，来准确判断员工的工作投入产出，以免出现"越干越累，挣得越少"之类的问题。

仔细想来，虚拟产值这个概念，在科技型企业，特别是研发设计类企业里，确实很有实用空间！

对于研发设计类企业，如设计院、研究院等，有很多员工从事技术设计、工艺设计、产品设计工作，这一类开发设计工作，经常面对的是图版，产出的是图纸，系统性、流程性都很强，最终的设计成果提交给生产单元实施、施工、制造。

大量的研发设计工作，很有可能只是企业价值创造过程的一环，没有直接面对市场，所以就没法直接获得效益，那么在此情况下，如何对几十、数百、上千的研发设计人员进行有效的评价和激励呢？

虚拟产值就能解决这个问题。

每家研发设计单位都可以通过模拟市场的方式，在行业定额标准、人力市场成本、企业人均每小时劳动生产率等的基础上，系统制定和分解虚拟产值，总体上让每个设计单位、设计小组都有产值，让每名研发设计师都知道自己的劳动价值。

二、虚拟产值激励对于研发设计公司的价值是什么

研发设计类企业，都是知识密集型企业，员工都是智慧劳动贡献者。这样的创造性、流程性、协作性相结合的工作特点，是靠上班打卡、工作计件等考核方式没法衡量的。

怎么样才能激发他们的工作热情，发挥每个人最大的潜力呢？怎么样才能防止和杜绝出工不出力、身在曹营心在汉的毛病呢？

虚拟产值激励的应用价值就在这里。

知识型工作，靠的是脑力，同样一个设计、一张图纸，可以用之前的库

存积累凑合，也可以挖空心思创造创新，效果完全不同。对于这样的工作激励，如果不是内在的、主动的、自发的，光看出了多少张图纸，花了多少小时人工，是搞不定的。

最好的逻辑，就是让各个研究团队、设计师们，都能够为自己的工作效果和产出直接负责，成为自己的老板，本岗位的CEO，同时成为上游设计环节的客户和评价者。这样才能创造一个最佳的"激励场"！

虚拟产值，也就是设计研究项目的模拟收入，可以通过企业整体的综合平衡进行计算，然后再通过设计流程的分工，进行拆解和细分，最后可以落实到每一个设计师岗位，这就能够形成一个设计研究企业的虚拟产值树，每个设计师都会知道，自己干这项设计工作，能得到多少虚拟币。干得越多，干得越好，虚拟产值越高，能够获得的激励就会越高。

同时，设计研发企业的人工成本、综合配套成本都是确定和可估算的，能够通过会计计量的方式，详细进行计算。这样每个设计师也能够知道完成一项设计任务时，自己耗费了多少综合成本。

虚拟产值减去综合成本，就能够得到设计师的虚拟利润。虚拟利润是最好的价值增值衡量手段，企业可以将虚拟利润划分到设计部门、设计团队和设计岗位，将每个人的奖金直接和虚拟利润挂钩，按比例提取。

这样就可以使每个设计人员都能够通过虚拟产值的工具，看到自己的利润表，能够清楚算好自己的收益，主动增加虚拟产值，降低控制成本支出，从而形成干好每项工作的源发动力。

三、实施虚拟产值激励要注意两个环节

这个激励工具从理论上看，是挺完美的，但是如果实行不好，管理成本高，同时也没法持续起到作用。

成败在于两个关键点，特此提请注意。

（一）虚拟产值是"拍"出来的，但肯定不能"拍脑袋"

虚拟产值是评价考核每个研发设计人员工作成效的基本尺度，估算方法的科学性必须要把握好，才能起到准确的考核作用。

在一些研发设计企业的激励实践中，这个虚拟产值的确定，是要以本单位和相关同行同业公司，类似工作的市场价值水平（注意这里不是人工成本定额）为基数，同时，再考虑设计产品的差异性、创新难度、人员结构等因素，变换为若干系数，综合计算得出的。

一项研发设计的市场价值水平，可以通过类似的市场询价得到，或者通过本企业集团内部的市场价值调整确定，这就要求企业随时关注、收集和更新市场交易和工程设计价值的动态数据，能够做到本企业按年度更新迭代。

内部的产品设计差异系数、设计创新难度系数等，要根据历史的研发设计项目情况，进行内部统计分析，在此基础上综合分解确定，也是一项较为复杂的细活。

所以，有些研发设计公司，将这两项确定虚拟产值的内外部数据分析和计算工作，开发成一个小的软件系统，方便随时使用，我们觉得是一个挺好的尝试。

不管公司有没有这个系统，都可以利用这样的方法，量化确定虚拟产值，凭经验"拍脑袋"肯定是行不通的。

（二）基于 WBS（工作分解结构）的项目分解是虚拟产值激励的基础

研发设计是一个系统工程，像是兵团作战。

特别是在航空航天、电子通信、石油电力、大型装备等行业内，大系统由几十个子系统构成，每个子系统要由若干专业设计参加，项目总体设计步骤和流程多达数百个节点，这样的网络型研发设计系统，如果评价每个环节的研发设计人员的虚拟产值，必须要靠科学工具。

很多设计院都有使用 WBS 分解任务的基础，这个管理工具的应用对于虚拟产值激励应用是非常有帮助的。借助于 WBS，可以将项目总体虚拟产值，根据最优时间周期、最佳流程走向、平均人员配置的变量关系，从后向前，一层一层倒推确认到研发流程的每个环节，进而可以落实到每个研发设计师，确定岗位虚拟产值金额。

总体来看，虚拟产值是在科技型企业，特别是研发设计类组织里行之有效的考核激励工具，它可以用量化的方式，科学评定知识密集的脑力劳动价值，让企业把激励用在刀刃上，让员工都能焕发最大的潜能和活力。

第 11 章

国企中长期激励机制选择实施常见问题

第107问 员工持股与科技型股权激励有何区别，如何选择？

我们在讨论国企中长期激励的过程中，部分国有企业有时会对一些基本的概念要义有理解混淆的情况，尤其是股权类的中长期激励机制。在此，我们首先澄清以下三个概念。

一是中长期激励不等同于股权类激励。我们在相关问题中已经说明，本轮国企改革涉及的中长期激励工具有三类十四种，不仅包括股权类的激励，还包括投资类、现金分红类的激励。由此，中长期激励机制改革并不能等同于股权类激励改革。

二是员工持股不等同于或并不包括所有股权类激励。我们在谈到员工持股时，仅指符合133号文要求的针对国有控股混合所有制企业的员工持股，并不包括其他股权类的激励。除员工持股外，股权类激励包括针对国有科技型企业的股权激励和针对国有控股上市公司的股权激励，还包括其他诸如虚拟股权激励等方式。由此，我们在讨论或设计实施股权类激励的过程中，要明确具体的哪一种的股权类激励，而不是员工持股代表所有股权类激励。

三是员工持股不等同于股权激励。为什么称为"员工持股"，而不称为"员工持股激励"，或也称为"股权激励"呢？因为"员工持股"与"股权激励"最大的区别是，"员工持股"一般是以同股同价的方式交易，并不能进行折价交易或股权赠予、奖励等；而"股权激励"就不一样了，如科技型企业有股权奖励，间接体现了折价交易；上市公司限制性股票，可以以不低于公开交易价格平均水平的50%进行定价交易，直接体现了折价交易。

针对非上市公司实施股权类激励，更容易混淆的是员工持股（133号文）和科技型企业的股权激励（4号文），尤其是国有科技型企业在同时满足两个政策文件的情况下，这两种激励方式如何进行选择设计呢？在此，我们给大家就两种激励方式的区别和选择策略进行说明。

一、员工持股与科技型企业股权激励的区别

从整体上看，国企改革三年行动对于员工持股的导向为稳慎开展，而对于科技型企业股权激励的导向为鼓励支持范围。具体来看，员工持股和科技型企业股权激励在企业主体、股权来源、激励对象、交易方式、交易价格、激励比例、奖励成分方面存在较大差异（见表11-1）。

表 11-1　员工持股与科技型企业股权激励的区别

项目类型	员工持股（133号文）	股权激励（4号文）
企业主体	国有混合所有制企业	国有科技型企业
股权来源	增资扩股或新设	增资、回购、转让
激励对象	主要是关键岗位人员	侧重于科研技术人员
交易方式	同步引战，挂牌交易	无须引战或挂牌，协议有偿出售
交易价格	与战略投资方同股同价	不低于资产评估结果的价格
激励比例	30%	5%、10%、30%
奖励成分	无	有，可同步股权奖励

区别1：企业主体要求不同

员工持股（133号文）要求实施主体为国有控股混合所有制企业，即实施主体须有非公有资本股东且非公有资本股东有委派董事参与实施主体公司治理；而股权激励（4号文）是按国有科技型企业范围要求的，即实施主体属于4号文和54号文补充规定后的五类科技型企业。由此，若国有科技型企业同时是混合所有制企业的话，这两种激励方式都可以选择实施。

区别2：股权来源不同

按照增量引入的原则，员工持股（133号文）用于持股的股权来源只能是增资扩股或新设，不能进行现有股权转让；而股权激励（4号文）选择的方式就比较多了，可以选择股权转让，也可以根据需要选择增资扩股或回购后转让的方式。实践案例中，一般选择股权转让的方式会多一些。

区别 3：激励对象重点不同

根据 133 号文的要求，员工持股要求的激励对象为关键岗位对企业发展有直接或较大影响的核心人员，当然科研人员是属于重点的核心人员；而根据 4 号文的要求，股权激励要求为重要技术人员和经营管理人员，并在细分中主要强调科研人员。由此。股权激励（4 号文）更侧重于科研人员，与员工持股的激励对象重点稍有差异。

区别 4：交易方式选择不同

鉴于员工持股（133 号文）对股权结构的要求，实施员工持股的主体企业需同步引战（已是混合所有制的企业除外），且根据第 32 号令的要求，交易需要通过在国有产权交易机构挂牌交易；而对于股权激励（4 号文），国有科技型企业即使是在国有全资的情况下，也可以直接通过非公开协议的方式进行有偿转让，而无须同步引战或挂牌交易。

需要补充说明的是，对于已经是混合所有制的企业实施员工持股如何处理呢，是否也必须引战或挂牌交易呢？根据知本咨询的实践看，已经是混合所有制的企业没有必要为了实施员工持股而违背战略意图引战，即在不同步再次引战的情况下，针对已经是混合所有制的企业可以直接设计实施员工持股。

区别 5：交易价格要求不同

鉴于员工持股（133 号文）和股权激励（4 号文）在交易方式选择的差异，由此产生的两种激励方式对于交易价格的要求也大有不同。员工持股（133 号文）必须与同步引战的价格保持同股同价，这也是严格控制和要求的；而股权激励（4 号文）可以选择非公开协议方式进行交易，由此，按 4 号文的要求，对于交易价格可按不低于企业资产评估结果的价格为标准确定。

需要强调说明的是，4 号文的政策规定中明确了在不引战的情况下交易价格的要求，那么，若实施股权激励（4 号文），主体企业在同一评估期内同步引战的情况下，如何处理价格问题呢？结合知本咨询对政策的理解，以按不低于资产评估结果的价格确定交易价格是在不引战的情况下或无法找到公允价格的情况下要求的，若同步引战已经出现了市场价格，原则上，知本咨询认为股权激励（4号文）应该以同步引战形成的价格为参考标准进行确定。

区别 6：激励比例要求不同

根据政策规定，员工持股（133号文）的持股比例要求为，持股总量比例上限为30%，单一激励对象比例上限为1%；而股权激励（4号文）的持股比例要求为，持股总量针对大型、中型、小微型企业激励总量比例上限分别为5%、10%、30%，单一激励对象比例上限为3%。

从两种激励方式的激励比例要求看，员工持股相对于股权激励总量比例要求上会相对大一点，而股权激励相对于员工持股单一激励对象激励比例要求相对高一点，激励力度更好。

区别 7：奖励成分体现不同

根据相关政策规定，员工持股（133号文）要求以同股同价的方式进行交易，并不允许折价交易或奖励等；而股权激励（4号文）可结合近三年企业净资产增值额情况，同步于股权出售以不高于1∶1的配比设计实施股权奖励，间接体现了折价交易。

二、员工持股和科技型企业股权激励的选择策略

结合员工持股（133号文）和股权激励（4号文）两种激励方式的区别，针对国有科技型企业同时满足133号文和4号文政策要求的情况下，如何进行选择呢？具体选择策略如下。

策略 1：混改战略意图对选择激励方式的影响

鉴于员工持股对企业股权结构中非公资本参与的要求，若国有科技型企业推动混合所有制改革过程中同步实施股权类激励，员工持股和股权激励均可结合实际情况选择应用；若国有科技型企业仅在推动股权多元化或全资情况下实施股权类激励，则只能选择股权激励。

另外，鉴于股权激励（4号文）在股权来源、交易方式等方面的选择空间较大，在满足政策要求的情况下，还可以配套同步实施股权奖励，国有科技型企业可综合考虑对科研人员的激励效果，将股权激励作为重点选项之一。当然，国有非科技型企业只能选择员工持股。

策略 2：激励对象总量对选择激励方式的影响

鉴于股权激励（4号文）对于激励总量的要求有所不同，若在激励人数较多的情况下，可能涉及激励的覆盖面问题，会影响选择股权激励的决策。若激励总量比例能够很好地覆盖到预期激励的科研人员范围，仍考虑以选择股权激励（4号文）为主；若激励总量比例限制了预期激励的科研人员范围，科技型企业可综合考虑激励的力度和效果，考虑选择员工持股。

由此看，对于人员数量多且科研人员占比较大的科技型企业，需要结合战略意图和激励效果选择员工持股或股权激励，而人员数量相对少的企业仍可以优先考虑选择股权激励。

策略 3：股权奖励对选择激励方式的影响

根据4号文的规定，国有科技型企业实施股权奖励时，需要满足有关近三年企业净资产增值额的增长要求和当年年初未分配利润为正数的要求。若实施企业满足股权奖励的要求条件，可以优先考虑选择股权激励（4号文），并通过股权奖励的实施进一步强化创新激励导向。

当然，股权奖励作为鼓励科技型企业创新的激励工具之一，要用足，更要用好。股权奖励需要按政策要求，真正激励到对企业科研创新发展有直接或重大影响的重要技术人员，而不能盲目扩大范围。若涉及激励总量限制的问题，还需要同步参照策略2的内容进行决策选择。

总之，严格来说，股权类激励只有最适合的，没有最好的。我们需要在充分理解员工持股和科技型股权激励的七大区别和三大选择策略的基础上，以激励效果为前提，选择合适的，而不一定选择好操作的。

第108问 岗位分红与超额利润分享有何区别，如何选择？

超额利润分享操作指引作为现金分红类激励工具，进一步丰富了国企中长期激励工具箱。鉴于超额利润分享与科技型企业岗位分红都是以企业整体为实施对象，以企业利润为激励标的，存在诸多相似的内容，对于国有企业推动中长期激励机制改革而言，有必要充分了解两者的区别，以便更好地选择并应用合适的激励方式。

一、岗位分红与超额利润分享的区别

结合国有科技型企业分红激励相关政策（4号文和国资47号文）、超额利润分享机制政策的要求，知本咨询认为，岗位分红和超额利润分享这两种方式主要存在六个方面的区别，即主体对象、关键控制环节、激励对象重点、激励总额来源、激励力度，以及与工资总额的关系（见表11-2）。

表11-2 岗位分红与超额利润分享的区别

项目类型	岗位分红	超额利润分享
主体对象	国有科技型企业	商业一类企业
关键控制环节	净利润增长率高于近三年复合增长率水平要求	目标利润"四个不低于"的要求
激励对象重点	侧重于科研人员	价值贡献大的核心骨干人员
激励总额来源	存量+增量	完全增量
激励力度	总额：不超过净利润的15%；个人：不高于其薪酬总额的2/3	总额：不超过超额利润30%；个人：无明确的上限要求
与工资总额的关系	不纳入工资总额基数	在工资总额中列支

（一）主体对象要求不同

根据政策要求，拟实施岗位分红的企业须为4号文中要求的五类国有科技型企业。当然，除此之外，还要求科技型企业近三年净资产增值额超10%以上和当年年初未分配利润为正数。

而拟实施超额利润分享的企业主要针对商业一类企业，同时需要满足有关战略、治理机制、人力资源管理、财务管理等方面的要求。当然，也要求实施当年已实现利润及年初未分配利润为正值。

从整体上看，超额利润分享适用企业主体范围更广一些，而岗位分红仅在科技型企业范围内适用。

（二）关键控制环节不同

鉴于岗位分红和超额利润分享的激励标的均为企业利润，也是进行业绩目标考核并兑现激励的重要指标，实施企业在两种工具选择的过程中，需要结合企业自身发展速度或业绩达成预期进行关键控制。

对于实施岗位分红的企业，其业绩考核目标中至少应包括净利润水平，且原则上各年度净利润增长率应当高于企业实施岗位分红激励近三年的平均增长水平。简单理解就是净利润增长水平至少要持续提升，与纵向历史水平比都要高。

对于实施超额利润分享的，其关键控制指标为目标利润的水平，根据政策要求，明确了"四个不低于"的具体要求，即不低于企业的利润考核目标、不低于按照企业上一年净资产收益率计算的利润水平、不低于企业近三年平均利润、不低于按照行业平均净资产收益率计算的利润水平。简单理解，目标利润要比纵向历史水平高，要比行业平均水平高。同时，还需要排除由于资本性投入增加对目标利润的影响。

整体上看，超额利润分享对目标利润的要求和水平相对高一点，而岗位分红同步考虑到创新激励的要求，业绩目标要求相对低一点。

（三）激励对象侧重不同

对于国企中长期激励而言，普遍要求的激励对象一定是企业关键岗位的核心人才。但基于激励的导向差异，对于激励对象的要求还是有所不同的。

对于岗位分红激励方式，由于主要针对科技型企业，除强调业绩增长外，同时还有鼓励创新的考虑。由此，岗位分红的激励对象更侧重于科研人员，尤其是关键技术领域或对于技术创新有直接或重要贡献的人员。当然，侧重点是科研人员，但考虑到科技成果转化、产业化要求，也需要综合经营管理人员的参与，中高级经营管理人员也在激励选择范围之内。

对于超额利润分享机制，主要针对商业一类企业，且关注要点也是增量价值创造。由此，从政策规定看，超额利润分享激励对象明确为管理、技术、营销、业务等核心骨干人才，同时包括了与超额利润实施企业相关的兼职人员，直接以价值创造优先来确定激励对象。

整体上看，岗位分红激励对象确定过程需要兼顾与业绩和创新的关系，而超额利润分享激励对象确定要重点关注与增量业绩的关系。

（四）激励总额来源不同

岗位分红和超额利润分享的激励标的都是企业利润，也都体现增量激励的原则，但结合政策要求及提取方式，激励总额来源还是不同的。

对于岗位分红，激励总额要求为不高于企业净利润的15%，但并未明确规定激励总额必须包括在净利润增量范围内。由此，企业在确定激励总额的过程中，至少可以直接以净利润为基数进行提取，可能会产生激励共享存量净利润的情况。当然，在实践中，虽然会兼顾创新考虑，但一般会以存量＋增量的方式进行提取。

对于超额利润分享，激励总额要求为不高于超额利润的30%，并明确激励总额以超额利润为基数进行提取，完全体现了共享增量收益，有增量激励的导向，增量激励界限明确。

从整体上看，激励总额的差异，直接体现了岗位分红和超额利润分享的激励导向还是有差异的。

（五）激励力度不同

从激励总额看，岗位分红和超额利润分享两者有多大的差异呢？岗位分红激励总额上限为企业净利润的15%，超额利润分享上限为超额利润的30%，两者基数不同，提取比例上限不同。若我们以净利润指标为前提，以上限为提取比例计算，当净利润的超额部分为目标利润的 100% 时，两者的激励总额相同。而当净利润的超额部分为目标利润的 100% 以下时，岗位分红的激励总额会大一些；而当净利润的超额部分为目标利润的 100% 以上时，超额利润分享的激励总额会大一些。当然，这也仅仅是理论上的水平差异，实际差异还需要结合企业具体情况体现，如业绩目标具体水平、具体提取比例、提取方式等情况，从而决定激励力度的差异。

从单一对象激励额看，岗位分红单一激励额上限为不高于其薪酬总额（不含分红所得）的 2/3，超额利润分享单一激励额上限未明确要求。可以简单理解为，岗位分红对单一对象激励额进行了一定控制，以更好地兼顾创新的导向；而超额利润分享对单一对象激励额未明确，更好体现了增量创造多、分享可以多的导向。

（六）与工资总额关系不同

根据政策规定，岗位分红所需支出列入工资总额，但不纳入工资总额基数；而超额利润分享额在工资总额中列支。这与各个企业工资总额决定的市场化机制改革直接相关，从长期趋势看，在企业的工资总额与效益效率挂钩比较紧密的情况下，两者在该方面的差异影响会日趋减少。

二、岗位分红和超额利润分享的选择策略

从岗位分红和超额利润分享两种激励方式的区别看，可以基本看到选择时需要考虑的事项。但国企在具体选择的过程中有什么策略呢？具体如下。

（一）主体对象对选择激励方式的影响

结合岗位分红和超额利润分享在主体对象要求方面的区别，若企业是国有科技型企业，岗位分红和超额利润分享都可以结合实际情况选择；而非国有科技型企业只能选择超额利润分享机制。

另外，需要补充说明的是，岗位分红实施主体原则上从科技型企业整体开展，而超额利润分享机制除可以按企业整体实施外，结合超额增量分享的基本原则，企业内部可独立核算的事业部、分公司、业务单元等，也可以按政策要求探索实施。由此，若实施企业拟在非法人单位选择实施激励机制的

话，超额利润分享机制可作为备选方式之一。

（二）阶段战略对选择激励方式的影响

国企在不同发展阶段对战略目标的侧重要求差异性对岗位分红和超额利润分享的选择也会产生影响。若企业阶段性突破目标侧重于市场拓展、收益水平提升、经营效率提高等方面，那么，超额利润分享会更为适合一些；若企业阶段性战略意图不只看业绩，同时还关注技术，尤其是核心技术的创新、转化、产业化等问题，可能由于科研投入加大，产生对业绩目标大幅增长的影响，综合考虑的话，岗位分红会更为适合一些。

（三）工资总额管理对选择激励方式的影响

基于目前的政策，岗位分红和超额利润分享所需支出与工资总额的关系存在差异，工资总额管理的改革进程对选择激励方式产生一定的影响。结合激励力度和效果，若企业工资总额决定的市场化程度较大，基于聚焦加大岗位的激励力度，选择超额利润分享机制优点会多一些；若企业工资总额仍处于改革进程中，受限于工资总额整体水平，选择岗位分红优点会多一些。

总之，岗位分红和超额利润分享的适用场景各有差异，在了解两者六大区别和三大选择策略的基础上，需要企业结合自身的实际情况进行确定，没有最好，只有最合适。

第109问 中长期激励机制有关"上持下"的政策要求是什么,如何把握?

随着国企中长期激励机制改革的日趋深入,中长期激励可选择的工具越来越多。国企在选择实施中长期激励方式的过程中,部分企业会面临"上持下"的问题。在此,我们统一梳理一下有关"上持下"的政策要求,帮助大家理解一下"上持下"的本质内容。

一、对于"上持下",政策有什么要求

从整体来看,鉴于"上持下"本身的特点和可能存在的问题,政策上对于"上持下"的要求是比较严格的,国企也应该严格执行。本轮国企改革政策中,明确提出"上持下"要求的有四个政策,具体如下。

(一)《关于规范国有企业职工持股、投资的意见》

2008年,《关于规范国有企业职工持股、投资的意见》(国资发改革〔2008〕139号)政策文件发布,旨在规范企业改制工作。在有关规范国有企业改制中的职工持股行为中明确规定,科研、设计、高新技术企业科技人员确因特殊情况需要持有子企业股权的,须经同级国资监管机构批准,且不得作为该子企业的国有股东代表。该规定是本轮国企改革过程中提到的"上持下"主要的参考政策之一。

(二)《关于支持鼓励"双百企业"进一步加大改革创新力度有关事项的通知》

为支持鼓励"双百企业"加大改革创新力度,在《关于支持鼓励"双百企业"进一步加大改革创新力度有关事项的通知》文件中提出,科研、设计和高新技术类"双百企业"的科技人员确因特殊情况需要持有子企业股权的,可以报经集团公司或地方国资委批准后实施,并要求有关"双百企业"

应当在相关持股方案中明确关于加强对实施、运营过程监督的具体措施，坚决防止利益输送和国有资产流失。该文件主要是针对"双百企业"提出的。

(三)《百户科技型企业深化市场化改革提升自主创新能力专项行动方案》

在推动"科改示范行动"中，《百户科技型企业深化市场化改革提升自主创新能力专项行动方案》在有关强化市场化激励约束机制方面，提出了大力推行股权激励、分红激励、员工持股、超额利润分享、虚拟股权、骨干员工跟投等中长期激励方式。并对属于科研、设计、高新技术企业的，其科技人员确因特殊情况需要持有子企业股权的，也进行了进一步明确。

从以上三个政策的要求看，一是"上持下"主要针对国企专项改革工程的"双百企业"和"科改示范企业"明确了实施空间；二是"上持下"的激励对象范围也仅限于科技型企业的科技人员，经营管理人员不在范围内；三是"上持下"的实施审批监管的要求比较严格，坚决防止利益输送和国有资产流失。

(四)《中央企业控股上市公司实施股权激励工作指引》

178号文中提出，上市公司国有控股股东或中央企业的管理人员在上市公司担任除监事以外职务的，可以参加上市公司股权激励计划，但只能参加一家任职上市公司的股权激励计划，应当根据所任职上市公司对控股股东公司的影响程度、在上市公司担任职务的关键程度决定优先参加其中一家所任职上市公司的股权激励计划。该政策主要针对国有控股上市公司，且对"上持下"要求相对明确。

二、如何理解和把握有关"上持下"政策的要求

从目前提到的有关"上持下"的政策要求看，"上持下"作为严格管理控制的改革行为，国企在改革过程中可能涉及"上持下"问题时，该如何把握和处理呢？

（1）严格控制并规范执行。国企需要严格按政策有关激励对象范围、审核审批要求，以及防止利益输送或国有资产流失等方面的要求执行。

（2）综合考虑激励效果选择执行。是否有利于技术创新发展？是否有利

于技术迭代升级？是否有利于科技成果转化、产业化？是否有利于科研人才保留、吸引等？围绕以上几个方面综合考虑选择执行。

（3）强化全过程管理。对于"上持下"不仅需要在设计实施时严格管理，在后续经营发展过程中，也需要严格管理，以杜绝可能出现的问题。

（4）上市公司相对明确。相对而言，针对上市公司有关上级管理人员可参与下级上市公司股权激励计划的规定相对明确，对于国有控股上市公司设计实施股权激励机制并解决"上持下"有比较好的参考依据。

另外，需要补充说明的是，中长期激励工具中提到的项目跟投机制，结合实践案例，"上持下"在项目跟投中普遍存在，企业可结合实践探索实施。

总之，涉及"上持下"问题时，需要严格按政策要求执行，需要以围绕激发创新动能为目标选择，需要全过程地监督管理。

第110问 避免重复激励的政策要求有哪些，如何理解把握？

国企改革中长期激励工具非常丰富，为国企设计实施中长期激励机制提供了较大的政策空间。基于灵活应用各类中长期激励方式的导向，很多国有企业为达到较好的激励效果，往往希望多种激励工具组合应用，但面临的直接挑战就是重复激励的问题。那么，针对中长期激励机制实施过程，政策对防止重复激励有哪些明确的政策要求呢？如何有效避免重复激励的问题呢？具体说明如下。

一、关于避免重复激励的主要政策要求

（1）4号文中第三十一条规定，对同一激励对象就同一职务科技成果或者产业化项目，企业只能采取一种激励方式、给予一次激励。对已按照本办法实施股权激励的激励对象，企业在5年内不得再对其实施股权激励。

该规定实际上明确了两个方面有关重复激励的要求，一是针对科技成果或产业化项目，政策中提到的有关项目转让、许可、作价投资、自行或合作实施方式实施项目分红的，对项目相关人员只能开展一种且一次激励，以项目为界定标准，对同一激励对象不允许再以该项目为标的对其进行激励，即同一项目同一激励对象只能组合一次；二是针对企业实施股权激励的，以5年时间为界定标准，5年内不允许对前5年已经参与股权激励的对象再次实施股权激励。换句话而言，实现股权激励达到5年后，才有可能对已经参与股权激励的对象再次实施股权激励。

（2）《三部门关于〈国有科技型企业股权和分红激励暂行办法〉的问题解答》第7问的回答为："符合国有控股混合所有制企业员工持股试点与《办法》股权激励政策的国有科技型企业，可自主择一实施，不可以

同时开展。主要考虑，国有控股混合所有制企业员工持股试点政策实质是允许员工购买企业股权，与《办法》股权激励的标的来源是一致的，即都是企业股权。因此，企业可按照自身发展要求和发展战略，实施不同的政策，但不可以同时开展员工持股试点和股权激励，避免重复激励。"

该回答有两层含义：一是员工持股与股权激励不能同时开展，以避免重复激励；二是结合股权激励有关5年内不允许对同一激励对象实施股权激励的规定，有两个可以探讨的空间：5年内可以探索针对未参与激励的对象追加实施员工持股或股权激励，5年期满后，可以探索再次实施员工持股或股权激励。当然，这些探索的空间是以仍满足政策中其他方面的规定要求为前提的。

（3）1号文中提出，实施超额利润分享机制的企业，一般不在同期对同一对象开展岗位分红等现金类中长期激励机制。参照有关员工持股和股权激励避免重复激励的问答，我们可以理解，超额利润分享与岗位分红激励的标的来源是一致的，都是企业利润，同期对同一激励对象实施确实存在重复激励的问题。

二、如何有效避免重复激励的问题

从已经明确的有关避免重复激励的政策要求看，产生重复激励的问题是有规律可循的，即有三个关键要素同时组合时，一般会产生重复激励的问题。哪三个因素呢？一是同一周期，二是同一激励标的，三是同一激励对象。

即在同一周期内，对同一激励对象实施激励标的一致的多种激励方式时就会产生重复激励的问题。

由此，结合政策中已经明确的避免重复激励的要求，按照三个关键要素同时组合的情形，知本咨询认为，至少在以下几种情形下会产生重复激励问题。

（1）以企业股权为激励标的来源时，不能在同一激励周期内对同一激励对象组合开展员工持股、股权激励、跟投机制中的任意两种。

（2）以企业利润为激励标的来源时，不能在同一激励周期内对同一激励对象组合开展岗位分红和超额利润分享机制。

（3）以企业利润整体为最终激励标的来源时，不能在同一激励周期内对同一激励对象组合开展员工持股、股权激励、跟投机制、岗位分红和超额利润分享机制中的任意两种（虽然直接激励标的来源有差异，但最终均为企业利润整体，激励对象范围基本一致）。

（4）以项目股权或收益为激励标的来源时，对同一激励对象就同一职务科技成果、产业化项目或项目公司只能采取项目分红或跟投机制其中一种激励方式，给予一次激励。

以上为结合政策明确要求及可能产生重复激励的情况进行的初步说明，但在实际设计实施组合中长期激励机制的过程中还会产生更多可能的情况，建议可以把握以下几个原则。

一是严格满足政策要求，即相关政策中已经明确不允许同时实施激励工具规定的，要严格按政策要求执行。

二是严守国有资产流失底线，即无论采取何种激励组合，都不能因组合激励工具造成激励额度超过增量收益水平的情况，或实施激励后不及企业正常的业绩增长水平。

三是严防激励过度问题，即组合激励需兼顾内部公平性和外部竞争性，不能因组合激励损害全体职工的权益；同时，不能超过同类行业同类岗位人员的激励水平，从而导致激励过度问题。

第111问 中长期激励方式如何组合应用，兼顾合规性和激励性？

鉴于同一周期、同一激励标的、同一激励对象三个关键要素同时组合时实施多种激励方式会产生重复激励的问题，在有效避免重复激励的情况下，以兼顾组合激励的合规性和激励性为目标，会有哪些中长期激励的组合方式呢？

（1）总分搭配，激励标的来源不一致。对同一企业实施员工持股、股权激励岗位分红或超额利润分享中的任意一种时，并不影响企业在内部选择项目开展项目分红或跟投机制。

（2）错期搭配，激励周期不一致。对同一企业已经实施员工持股、股权激励、岗位分红或超额利润分享中的任意一种的，在已经实施激励方式激励周期期满或结束后，并不影响该企业对满足条件的核心员工再次实施同一激励方式。

（3）平行搭配，激励标的来源不一致。对同一激励对象参与某一项目分红或跟投机制的，并不影响其同时参与其他项目分红或跟投机制。

（4）差异搭配，激励对象不一致。针对某一项目已经实施项目分红或跟投机制中的任意一种期间，并不影响满足条件的新进或未参与激励的核心员工参与同一项目对应激励机制。

以上这些激励组合方式，全部与目前政策中有关防止重复激励的明确要求不冲突，或至少在目前的政策中尚未明确，基于激励与约束的匹配，国有企业可探索实践。

第112问 如何"破解"工资总额限制建立中长期激励机制?

如何破解工资总额限制的天花板?国有企业薪酬总额控制与员工持股等激励手段之间的矛盾如何平衡?中长期激励机制所涉及的工资总额是否可以单独申请?这些是企业在实施中长期激励时经常遇到的问题。工资总额与各个中长期激励工具的关系是什么呢?

中长期激励工具可以分为股权类、分红类和投资类,也可以分为股权型、现金型和创新转化型,无论哪种分类方式都是根据中长期激励工具的内涵和特点进行划分的。我们把中长期激励工具重新进行分类,根据其与工资总额的关系进行划分(见图11-1)。

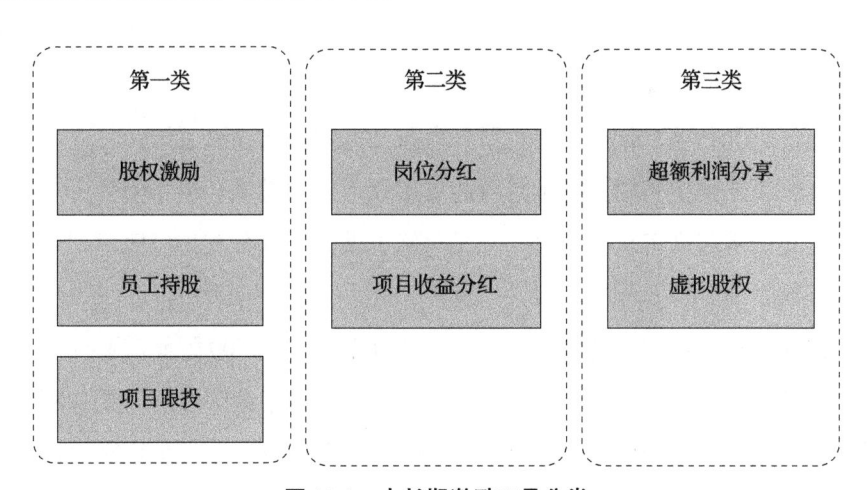

第一类	第二类	第三类
股权激励	岗位分红	超额利润分享
员工持股	项目收益分红	虚拟股权
项目跟投		

图11-1 中长期激励工具分类

一、第一类:不计入工资总额

对于股权激励(上市公司与非上市公司)、员工持股(上市公司与非上市公司)和项目跟投,可以划分为第一类中长期激励工具。

实施第一类中长期激励工具的所需支出不计入工资总额。也就是说，无论员工因持有企业股权获得多少分红额，都不受工资总额限制，不影响工资总额其他部分的发放。

这类工具的特点是什么呢？股权激励和员工持股都属于股权类，而项目跟投属于投资类或者创新转化型，看起来好像跟前者并不一样。它的本质其实是本级员工和跟投项目公司员工出资购买跟投项目公司的股权，它还是属于股权性质的投资。对于股权类的激励工具，并不是轻易可以实施的，除了要满足政策规定的实施条件外，企业要么要有较强的盈利能力，要么要有很好的发展前景（如有上市预期），否则员工并不愿意出资购买企业的股权。

为什么说这类中长期激励工具所产生的激励额不计入工资总额呢？根据国家统计局发布的《劳动工资统计报表制度》，工资总额不包括入股分红、股权激励兑现的收益和各种资本性收益。另一个政策文件《国家统计局关于工资总额组成的规定》第十一条第九项也规定了对购买本企业股票和债券的职工所支付的股息（包括股金分红）和利息不列入工资总额的范围。

二、第二类：单列

岗位分红和项目收益分红被划分为第二类中长期激励工具。

实施第二类中长期激励工具所需支出计入工资总额，但不受工资总额限制。这句话听起来有点像绕口令，简单来说就是这部分支出可以单列于工资总额基数之外。

例如，A公司实施岗位分红，支出300万元，这300万元需要计入工资总额相关科目，如应付职工薪酬。而A公司2021年经核准的工资总额预算为5000万元，岗位分红支出的300万元不占用5000万元的预算额度，企业仍可以发放5000万元工资总额，最终2021年度工资总额共5300万元。

岗位分红和项目收益分红也可以"破解"工资总额限制。这类中长期激励工具有两个共同特点，一是必须是科技型企业，二是必须配套考核约束。对于科技型企业来说，需要有这样的激励机制激发科研人员的积极性，促进科技成果转化，毕竟建设世界科技强国是长期目标。同时，岗位分红和项目收益分红都必须设定考核目标，未达到考核目标的将终止激励或调减激励额度。

那么实施这类中长期激励所需支出可以单列是否有依据呢？4号文明确提出，企业实施分红激励所需支出计入工资总额，但不受当年本单位工资总额限制，不纳入本单位工资总额基数，不作为企业职工教育经费、工会经费、社会保险费、补充养老及补充医疗保险费、住房公积金等的计提依据。

三、第三类：在工资总额中列支

最后一类中长期激励工具就是超额利润分享和虚拟股权了。

实施第三类中长期激励工具所需支出在工资总额中列支。什么叫列支呢？就是计入工资总额，受到当年本单位工资总额限制，且纳入本单位工资总额基数。

接下来分别分析一下超额利润分享和虚拟股权的特点。

超额利润分享的本质是将企业产生的超出预期目标的利润按照一定比例分配给核心员工，超额利润越多，激励支出越多，所需的工资总额越多，当一家企业实施工资总额备案制，且建立了工资总额决定机制后，能够在企业效益提升的情况下获得更多的工资总额，且效益提升越多，工资总额增量越多。对于上述类型的企业来说，企业无须将超额利润分享额单列就能够覆盖住其所需工资总额，也不存在受到工资总额限制的问题。可以看出，建立与效益、效率联动的工资总额决定机制是实施超额利润分享的非常重要的隐形条件。

那虚拟股权呢？虚拟股权没有与股权激励等股权类激励工具划分到一类。虚拟股权到底是不是股权类激励工具？显然不是。

虚拟股权指公司授予被激励对象一定数额的虚拟股份，被激励对象不需出资而可以享受此部分股权的分红收益或增值收益。被激励者没有虚拟股份的表决权、转让权和继承权，只有分红权和增值权，所以虚拟股权本质上还是属于分红类激励。

《操作指引》明确提出，超额利润分享额在工资总额中列支。而虚拟股权目前暂时没有单独的指导政策，但根据虚拟股权的本质和国家统计局《关于工资总额组成的规定》列示的工资总额组成部分，可以判断虚拟股权的支出需要计入工资总额。

对于这三类中长期激励工具，无论是不计入工资总额的工具，还是计入工资总额但可以单列的工具，又或者是计入工资总额且不单列的工具，企业若想在现行工资总额管理的体系下实施中长期激励，并真正发挥中长期激励的激励效果，都少不了以下两个关键要素。

一是实施工资总额备案制，并建立与效益、效率联动的工资总额决定机制，实现效益增、工资总额增，即使激励支出计入工资总额也不受限制。

二是提升企业盈利能力和发展空间，如果企业自身发展不好，即使是股权激励也发挥不了激励作用，即使是岗位分红也很难兑现。

第113问 如何检查员工持股是否规范,能否上市?

东方航空物流股份有限公司(以下简称东航物流)进行混改并成功上市,这对于东航物流是大喜事,对于参与东航物流员工持股的核心岗位人员是大喜事,对于改革关键阶段中的全国国企也是大喜事。

值得祝贺的内容很多,其中一条就是东航物流在混改中配套开展的员工持股计划,通过本次IPO,顺利成为即将在资本市场流通的、有市场价格的股票,中长期激励的效果直接体现出来。

这个成功的案例对于过去几年来实施混改并推动员工持股的国企,以及一些通过股权激励落实中长期激励的国有科技型企业来说,都是令人振奋的。大家可以从东航物流的实践总结出如何顺利走过混改、持股、股改的多道关隘,实现员工持股或者股权激励股份的上市、流转、退出。

很多国企的朋友都不约而同地询问,开展了员工持股或者股权激励后,不太清楚在未来可能的股份制改革和上市IPO申报审核中会遇到哪些情况、问题和难点,也特别想搞清楚如何把正在进行的、已经完成的、准备开展的员工持股,严格按照上市标准一次性搞清,避免今后的麻烦。

这个问题确实很重要,我们解析、总结形成一张员工持股上市核心问题检查清单(见表11-3),供大家参考借鉴。

表11-3 员工持股上市核心问题检查清单

序号	内容与规范	解释	判断标准
1	政策合规与审批流程规范	实行员工持股或股权激励应满足133号文或者4号文等政策条件要求,满足国资监管和股东单位的企业范围或者名单要求,所有环节审批要件齐备	①是否具备员工持股行为的审批依据;②是否完全符合相关政策文件的核心内容要求;③是否经过本企业及上级股东授权批准流程

续表

序号	内容与规范	解释	判断标准
2	持股范围和时间规范	开展员工持股或者股权激励企业确定的激励对象完全符合政策规定，同时不存在在上市前一年内突击入股等行为	①持股人员比例是否符合规定；②持股人员名单中是否存在不适宜持股人员；③持股协议签订时间、入资时间和IPO申报时间是否符合规定；④持股协议签订后至IPO申报时的股权和持股对象变动是否符合限售、锁定等政策规定；⑤员工持股名单中是否有代持行为
3	员工出资和对价规范	员工持股或股权激励对象严格按照政策文件要求据实按期足额缴纳增资或股权转让价款，不存在不合规的融资行为	①员工持股对价是否与产权交易所摘牌价格一致；②股权激励价格是否采用以资产评估为基础的协议转让价格；③是否有变相降低股权公允价值以降低员工持股出资金额的行为；④实际缴纳出资是否按期足额到位；⑤员工持股的出资是否涉及外部融资，是否符合规定
4	员工持股平台设置与管理规范	严格根据政策要求通过持股平台管理持股活动，以有限合伙企业作为持股平台的，普通合伙人和有限合伙人均要符合法律政策要求	①员工持股平台管理机制是否完备；②普通合伙人（GP）组建是否合规；③有限合伙人数量是否合规；④股权池、预留股权是否合规并管理到位；⑤持股平台对持股员工股权流转操作是否符合规定
5	员工持股锁定期与上市限售期规范	严格执行员工持股或股权激励的锁定要求，并与股份上市后的限售期限协调一致	①员工持股股权在锁定期内、上市前是否有违规变动；②员工股股权锁定期与上市限售期是否协调一致；③股权锁定期内是否有必要管理机制；④在锁定期和限售期满后的股权变动规定是否符合规定
6	员工持股减持规范	明确规定员工持股或股权激励的减持和流转事项，合理合规，符合国资监管政策和资本市场监管政策要求	①员工持股减持内容要求和批准程序是否符合规定；②上市后股权减持安排是否完备；③员工股减持是否造成明显造富效应，有无对应措施

续表

序号	内容与规范	解释	判断标准
7	员工持股退出价格规范	严格规范员工持股在上市前和上市后的退出价格确定机制,实现有机衔接国资监管和上市公司股权退出要求	①是否对员工持股股权上市前和上市后的退出价格分别进行明确;②是否对员工持股锁定期满但上市前的退出价格进行明确;③是否对强制退出的退出价格进行明确
8	员工持股收益管理规范	保障员工持股或者股权激励的收益兑现过程和效果合理合规	①股权分红收益分配是否符合政策要求;②股权流转产生的收益归集是否合理;③所有收益是否按期足额缴纳个人所得税和其他税收;④资金池、预留股权池收益管理是否规范合规

一、员工持股和上市八大规范

首先我们要建立一个整体的认识,按照133号文或者4号文等政策文件开展的员工持股或股权激励是可以上市的,东航物流案例再次说明了这一点。

不过,并不是全部企业的员工持股都满足上市要求,一些企业不规范的员工持股,甚至会成为企业短期内难以上市的"硬伤"!

成功和失败的分水岭,就是两条标准线。

第一条线:符合国资国企改革中相关员工持股的监管规范要求。

第二条线:符合资本市场中相关个人持股的监管规范要求。

达到第一条线,国企改革合规、成功,达到第二条线,资本市场认可、达标。员工持股要顺利上市,那就要达到两条监管政策线的基本要求。

如何来判断本企业员工持股是不是完全合规并达到上面这两条标准线呢?这里有"八项规范"(见图11-2)。

员工持股涉及"八项规范",从政策与审批流程合规开始,企业员工持股的对象范围、持股时间、出资对价、持股平台方式、股权锁定期、持股退出、持股减持、收益管理等方面都要按照严格要求进行设计,不留死角。

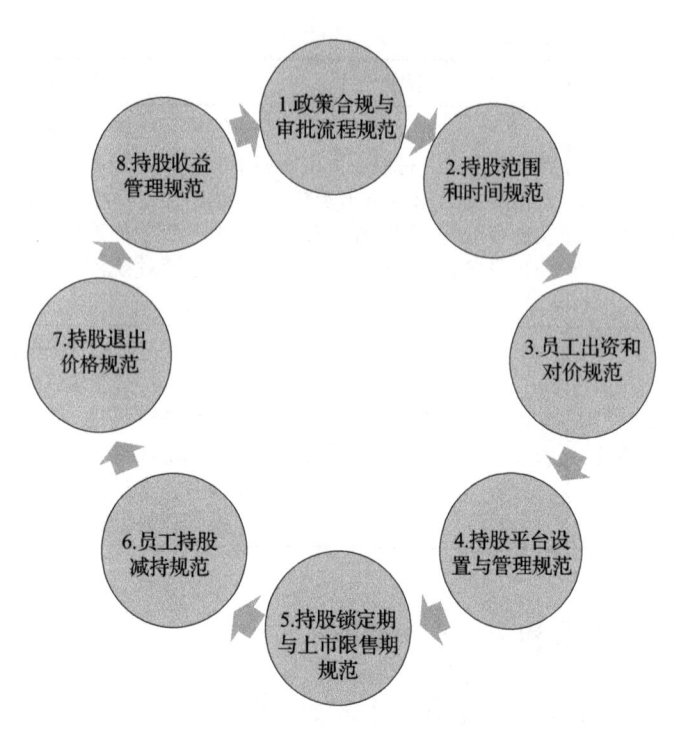

图 11-2　员工持股"八项规范"

1. 政策合规与审批流程规范
2. 持股范围和时间规范
3. 员工出资和对价规范
4. 持股平台设置与管理规范
5. 持股锁定期与上市限售期规范
6. 员工持股减持规范
7. 持股退出价格规范
8. 持股收益管理规范

员工持股和上市，涉及资本、股权、激励等方面的问题，所以各级管理机构都高度重视，也高度谨慎。

同时，股权行为是具有历史刚性的，一旦发生就难以调整或纠偏，如果企业应用长期激励并选择了员工持股工具，且准备在未来推动企业走进资本市场，那么从一开始就要把各项规范都落实到位，不能留下历史隐患。

有些几年前通过创新创业等方式新设成立的科技型企业准备申报上市，但是在合规性审查时发现部分下属公司在持股人员合同身份、持股比例、关联交易等方面存在瑕疵，需要整改，有的问题不得不通过清退所有持股来解决，这必然会大大拖后其上市的计划……回想当年，为何没有严格参照政策要求呢？

为了让员工持股成为国企激发活力、推动上市的发动机，国企在设计实施员工持股时更有必要对照这八大领域详细展开自查工作。

二、32个核心检查点

"八项规范",给国企朋友提供了一个参考框架,但是还不能落实具体的检查和对照分析。

知本咨询的检查清单,对每个领域的具体检查点,进一步做了细化说明,一共有32个,我们分别进行说明。

(一)政策合规与审批流程规范

在上市申报过程中,特别强调经济行为的合规性。员工持股属于重大经营管理事项,就此133号文和4号文对企业本级的"三重一大"决策审批、职工民主参与,以及上级国有股东应履行的审批程序和拥有的审批权限进行了明确规定。在企业实际执行中,需要做到每个审批环节程序文件的完整性,这样才能在流程审核中符合要求。

这个规范的判断标准一共有三个。

(二)持股范围和时间规范

上市前的审核会重点检查开展员工持股或者股权激励企业确定的激励对象是不是完全符合政策规定的岗位要求,有没有违规的"上持下"行为,有没有委托持股或者代持行为。

同时,如果企业实施员工持股的时间和申报IPO的时间相距过于短暂,将有可能引发对"上市前一年内突击入股"等行为的担心。所以,各个企业对持股的范围、持股的时间节点与上市的要求都需要全面评估。

本规范的判断标准共计五个。

(三)员工出资和对价规范

合规对价、据实出资、融资透明,这三条是员工出资和对价规范的核心要义。

合规对价。要求拟上市激励股权在取得时需要根据政策要求规定,通过公开市场同股同价的方式,或者科技型企业以评估价值协议转让的方式,进行出资对价。对于一些显著有失客观公允价值的对价方式,即使政策没有规定，也要十分谨慎，因为上市股权对此更为严格。

据实出资。需要员工根据增资或者股权转让协议规定，在确定时间内完成出资，在交易所完成场外增资获得员工持股的，需要在12个月内出资到位。员工入股应主要以货币出资，在整体变更为股份公司之前，完成据实、及时、足额缴纳出资的义务。

融资透明。根据政策规定，员工持股可以自行融资，但企业及国有股东不得提供融资帮助。在上市申报过程中，需要详细说明员工出资的资金来源，涉及融资的，需要全面披露、解释融资的方式、方法。

本规范的判断标准共计五个。

（四）持股平台设置与管理规范

无论采用个人持股、合伙制企业持股、资产管理计划持股、公司制企业持股等各种形式的哪一种，企业都需保证持股平台设立的合规性，要满足上市公司股东核查中的层层穿透要求。

如果公司采用一个或者多个合伙企业方式作为员工持股平台，需要注意所设立合伙企业的合规性，特别是合伙企业中普通合伙人（GP）的角色。员工持股过程中如果涉及预留股权或者股权池，需要合法合规。

持股平台需要建立完善的内部治理和管理机制，并有效执行落实。

本规范的判断标准共计五个。

（五）持股锁定期与上市限售期规范

严格执行员工持股或股权激励的锁定要求，并与股份上市后的限售期限协调一致。

根据133号文的规定，混改企业员工持股有36个月股权锁定期；根据4号文规定，科技型企业股权激励有60个月股权锁定期。

上市公司监管要求规定，员工持股计划遵循闭环原则，承诺在上市后36个月内不进行转让（针对试点创新企业）。

以上锁定期与上市限售期的规定，需要企业前后衔接一致，严格遵守。

本规范的判断标准共计四个。

（六）员工持股减持规范

明确规定员工持股或股权激励的减持和流转事项，合理合规，符合国资监管政策和资本市场监管政策要求。

如果企业员工持股股份上市前，锁定期满的股权由于持股人退出或转让发生变化，需要按照闭环管理原则进行股权流转。

如果员工持股股份上市限售期结束，需要明确员工减持原则和管理程序。

本规范的判断标准共计三个。

（七）持股退出价格规范

严格规范员工持股在上市前和上市后的退出价格确定机制，实现有机衔接国资监管和上市公司股权退出要求。

由于在133号文或者4号文中对员工持股退出价格规定了若干方式，如果员工持股股份在上市前达到退出条件，需要根据实际情况判断适用的退出价格，同时对上市前和上市后的退出条件和退出机制进行衔接安排。

本规范的判断标准有三个。

（八）持股收益管理规范

保障员工持股或者股权激励的收益兑现过程和效果合理、合规。

本规范的判断标准共四个。

以上"八项领域"，一共有32个核心检查点。国有企业在应用时，可以对照这张检查清单的内容依次进行梳理判断，以实现不重不漏，达到员工持股顺利上市的基本标准线。

同时，每家企业也需要根据自身特点，在我们建议的清单核查点的基础上进行补充，一企一策，更有针对性。

员工持股上市问题值得每家有意愿走入资本市场的国企认真思考、反复研究，这张清单作为一个管理工具，应该可以起到一些作用。